契約の法務

第2版

喜多村勝德
Kitamura Katsunori

勁草書房

第 2 版はしがき

　このたび『契約の法務』の第 2 版を出版することになりました。内容と特徴に大きな変更はありませんが、平成 29 年 6 月 2 日に「民法の一部を改正する法律」（平成 29 年法律第 44 号）が公布されたことから、主としてそれに伴う所要の改訂をほどこしたものです。読者の理解を助けるため、立法担当官の説明を多く引用しました。

　また、契約交渉の事実的側面について、交渉の準備という観点から叙述を追加しました。この点については、株式会社明電舎の常勤監査役である加藤誠治氏から有益なご指摘を受けました。この場を借りて御礼申し上げます。

　そのほか、誤記等の訂正を行っています。

　今回も勁草書房の山田政弘氏に大変お世話になりました。深く感謝いたします。

2018 年 12 月

　　　　　　　　　　　　　　　　　　　　　　　　　　喜多村　勝德

はしがき

　このたび、勁草書房から『契約の法務』と題する本を出版することになりました。名著を世に送り出してきた出版社から自分の本が出ることになるとは夢にも思いませんでした。本当に光栄の至りです。しかも、学者でもない身分で契約法について書くなどと、穴があったら入りたいような気持ちですが、同社編集部の山田政弘氏の勧めもあり、思い切って書くことにしました。判例や諸先生の学説を引用して好き放題に論じていますが、間違いがあるかも知れません。どうかご容赦願いたく存じます。

　本書の内容と特徴は本文冒頭に記載したとおりです。本書が若手の法律実務家や学生諸君それに契約実務を担当している若手ビジネスマンの方々に些かでも参考になれば幸いです。

　最後に、勁草書房の山田政弘氏の激励と助言なくして本書は成り立ちえませんでした。ここに深く感謝申し上げます。

2015 年 7 月

喜多村　勝徳

目 次

本書の内容と特徴 …………………………………………………………1

第1章　契約の理論

1　はじめに …………………………………………………………………4
2　契約の意義と法的拘束力 ………………………………………………4
　(1) 意義 ……………………………………………………………………4
　(2) 法的拘束力 ……………………………………………………………4
　(3) 法的拘束力の根拠 ……………………………………………………5
3　法的拘束力のない合意 …………………………………………………5
　(1) カフェー丸玉事件 ……………………………………………………5
　(2) 合意（約束）と契約 …………………………………………………6
　(3) 法的拘束力の要素 ……………………………………………………7
　(4) 最近の判例 ……………………………………………………………7
4　附合契約（約款） ………………………………………………………8
　(1) 意義 ……………………………………………………………………8
　(2) 法的拘束力 ……………………………………………………………8
　(3) 民法以外の規律 ………………………………………………………9
　(4) 改正民法の定め ………………………………………………………9
　(5) 改正のポイント ………………………………………………………11
　　（A）定義（民法548条の2第1項）……………………………………11
　　（B）みなし合意（民法548条の2第1項、第2項）…………………11
　　（C）内容の表示（民法548条の2第3項）……………………………12
　　（D）変更（民法548条の2第4項）……………………………………13
5　契約の種類 ………………………………………………………………14
　(1) 典型契約（有名契約）と非典型契約（無名契約） ………………14

(2) 双務契約と片務契約 …………………………14
　　(3) 有償契約と無償契約 …………………………14
　　(4) 諾成契約と要物契約 …………………………15
　　(5) 一時的契約と継続的契約 ……………………15
6　契約の成立 …………………………………………16
　　(1) 意思の合致 ……………………………………16
　　　(A) 共通の意思 …………………………………16
　　　(B) 鏡像理論と書式の戦い ……………………17
　　(2) 意思の不合致 …………………………………19
　　　(A) 契約の不成立 ………………………………19
　　　(B) 契約の無効 …………………………………19
　　　(C) 不成立と無効の違い ………………………19
　　(3) 「めくら判」による契約 ……………………20
　　　(A) 法的拘束力 …………………………………20
　　　(B) 契約の不成立 ………………………………21
7　意思と表示の不一致 ………………………………22
　　(1) 意思主義と表示主義 …………………………22
　　(2) 心裡留保 ………………………………………23
　　　(A) 意義 …………………………………………23
　　　(B) 判例 …………………………………………24
　　　(C) 改正のポイント ……………………………24
　　(3) 虚偽表示 ………………………………………25
　　　(A) 意義 …………………………………………25
　　　(B) 第三者の保護 ………………………………25
　　　(C) 第三者保護の拡大 …………………………26
　　　(D) 改正のポイント ……………………………27
　　(4) 錯誤 ……………………………………………27
　　　(A) 意義 …………………………………………27
　　　(B) 動機の錯誤 …………………………………28
　　　(C) 取消の制限 …………………………………28

（D）意思の不合致 …………………………………………29
　　（E）改正のポイント …………………………………………29
　　　（a）錯誤の効果 ………………………………………29
　　　（b）動機の錯誤 ………………………………………29
　　　（c）表意者の重大な過失 ……………………………29
　　　（d）第三者保護規定 …………………………………30
　（5）瑕疵ある意思表示 ……………………………………………30
　　（A）詐欺と強迫 ………………………………………………30
　　（B）第三者の保護 ……………………………………………31
　　（C）対抗要件 …………………………………………………31
　　（D）改正のポイント …………………………………………31

8　契約自由の原則とその例外 ……………………………………32
　（1）契約自由の原則 …………………………………………………32
　　（A）意義 ………………………………………………………32
　　（B）改正のポイント …………………………………………33
　　（C）市場取引の原則の制限 …………………………………33
　　（D）合意優先の原則の制限 …………………………………34
　（2）強行規定違反 ……………………………………………………34
　　（A）意義 ………………………………………………………34
　　　（a）法令の規定がある場合 …………………………34
　　　（b）法令の規定がない場合 …………………………34
　　（B）取締規定と効力規定 ……………………………………35
　　（C）判例 ………………………………………………………36
　（3）公序良俗違反 ……………………………………………………37
　　（A）意義 ………………………………………………………37
　　（B）芸娼妓契約 ………………………………………………37
　　（C）現代型の公序良俗違反 …………………………………38
　　（D）改正のポイント …………………………………………39
　（4）契約の解釈 ………………………………………………………40
　　（A）意義 ………………………………………………………40

（B）本来的解釈 ………………………………………………40
　　　　（a）中間試案 ……………………………………………40
　　　　（b）ユニドロワ原則 ……………………………………41
　　　（C）規範的解釈 ………………………………………………43
　（5）消費者契約法 …………………………………………………45
　　　（A）意義 ………………………………………………………45
　　　（B）消費者の利益を一方的に害する条項 …………………45
　　　（C）損害賠償の予定 …………………………………………47

9　契約の当事者（代理と代表） ……………………………………49
　（1）代表権・代理権 ………………………………………………49
　　　（A）意義 ………………………………………………………49
　　　（B）代表 ………………………………………………………49
　　　（C）代理 ………………………………………………………50
　（2）代表権・代理権の制限 ………………………………………51
　　　（A）代表権の制限 ……………………………………………51
　　　　（a）競業及び利害相反取引の制限 ……………………51
　　　　（b）取締役会による監視 ………………………………52
　　　（B）第三者の保護 ……………………………………………52
　　　（C）無効主張の制限 …………………………………………53
　（3）代表権・代理権の濫用 ………………………………………53
　　　（A）代理権の濫用 ……………………………………………53
　　　（B）民法93条（心裡留保）の類推適用 ……………………54
　　　（C）改正のポイント …………………………………………54
　（4）表見法理 ………………………………………………………55
　　　（A）意義 ………………………………………………………55
　　　（B）表見代表取締役 …………………………………………55
　　　（C）表見支配人 ………………………………………………55
　　　（D）表見代理 …………………………………………………56
　　　　（a）代理権授与の表示による表見代理 ………………56
　　　　（b）権限外の行為の表見代理 …………………………58

（c）代理権消滅後の表見代理 …………………………………………59
　　　（d）民法109条2項、112条2項 ……………………………………60
　　（E）第三者保護要件の主張立証責任 ……………………………………61
　　（F）改正のポイント ………………………………………………………62
　（5）無権代理人の行為と責任 ………………………………………………62
　　（A）追認・追認拒絶・取消 ………………………………………………62
　　（B）無権代理人の責任 ……………………………………………………62
　　（C）改正のポイント ………………………………………………………64

10　双務契約に特有な効力 ………………………………………………………65
　（1）同時履行の抗弁権 ………………………………………………………65
　　（A）意義 ……………………………………………………………………65
　　（B）判例 ……………………………………………………………………66
　　（C）改正のポイント ………………………………………………………66
　（2）危険負担 …………………………………………………………………67
　　（A）意義 ……………………………………………………………………67
　　（B）民法の定め ……………………………………………………………68
　　　（a）債務者主義 …………………………………………………………68
　　　（b）債権者の責めに帰すべき履行不能 ………………………………68
　　　（c）売買における債権者主義 …………………………………………69
　　（C）改正のポイント ………………………………………………………69
　　　（a）債権者主義を定めた規定の廃止 …………………………………69
　　　（b）危険負担の効果 ……………………………………………………70
　　　（c）売買における債権者主義 …………………………………………71

11　契約の終了 ………………………………………………………………………71
　（1）終了原因 …………………………………………………………………71
　　（A）合意解除 ………………………………………………………………71
　　（B）期間満了（解約申入れ）……………………………………………72
　　（C）解除 ……………………………………………………………………72
　　（D）論点 ……………………………………………………………………72
　（2）債務不履行による解除 …………………………………………………73

（A）解除の要件 …………………………………………………73
　　　（a）催告による解除 …………………………………………73
　　　（b）催告によらない解除 ……………………………………73
　　　（c）契約の一部の解除 ………………………………………74
　　　（d）債権者の責に帰すべき事由による場合…………………74
　　　（e）判例 ………………………………………………………74
　　（B）解除の効果 …………………………………………………75
　　（C）改正のポイント ……………………………………………76
　　　（a）催告解除 …………………………………………………76
　　　（b）無催告解除 ………………………………………………76
　　　（c）一部解除 …………………………………………………76
　　　（d）債務者の帰責事由 ………………………………………76
　　　（e）債権者の帰責事由 ………………………………………77
　　　（f）原状回復の内容 …………………………………………77
　　　（g）複数契約の解除 …………………………………………77
　(3) 更新拒絶 …………………………………………………………77
　　（A）意義 …………………………………………………………77
　　（B）更新拒絶の制限 ……………………………………………77
　　（C）継続性の原理 ………………………………………………78
　　（D）中間試案 ……………………………………………………79
　(4) 留保解約権の行使 ………………………………………………80
　　（A）意義 …………………………………………………………80
　　（B）留保解約権の制限 …………………………………………80
　(5) 解約申入れ ………………………………………………………81
　　（A）意義 …………………………………………………………81
　　（B）解約申入れの制限 …………………………………………82
　　　（a）正当事由を要するとした判例 …………………………82
　　　（b）正当事由を要しないとした判例 ………………………82
　　　（c）両判決の比較検討 ………………………………………83
　　（C）中間試案 ……………………………………………………83

第2章　契約書

1　はじめに ……………………………………………………………86
2　契約書の意義と機能 ………………………………………………86
　(1)　意義 ……………………………………………………………86
　(2)　機能 ……………………………………………………………87
　　（A）確認機能 …………………………………………………87
　　（B）紛争予防機能 ……………………………………………87
　　　（a）民法の条文を補充する場合 ………………………89
　　　（b）民法の条文と異なる処理を定める場合 …………89
　　　（c）民法の条文が明示していない事態に対処する場合 ……90
　　　（d）民法の規定と同一内容の契約条項 ………………90
　　（C）立証機能 …………………………………………………91
　(3)　契約書の証拠価値 …………………………………………91
　　（A）形式的証拠力と実質的証拠力 …………………………91
　　（B）契約書の実質的証拠力 …………………………………92
　　（C）契約書の形式的証拠力 …………………………………93
3　書面によらない契約の効力 ……………………………………95
　(1)　口頭の契約 …………………………………………………95
　(2)　黙示の契約 …………………………………………………95
　(3)　書面が必要な場合 …………………………………………95
　　（A）法令の定めによる場合 …………………………………96
　　（B）英米法の場合 ……………………………………………96
　　（C）判例による場合 …………………………………………96
　　（D）改正民法 …………………………………………………97
4　完全合意条項 ……………………………………………………97
5　契約書作成の基本 ………………………………………………98
　(1)　要件に過不足のないこと …………………………………98
　　（A）保証契約 …………………………………………………98
　　（B）農地売買契約 ……………………………………………99

（C）集合動産譲渡担保 ……………………………………………99
　　（D）手付 ……………………………………………………………99
　(2) 想定されるリスクに対応するものであること ………………100
　　（A）著作権譲渡契約………………………………………………100
　　（B）著作者人格権…………………………………………………101
　　（C）著作物の利用許諾……………………………………………101
　(3) 文意が明確であること …………………………………………101
　　（A）「原則として」…………………………………………………102
　　（B）「等」……………………………………………………………102
　　（C）「甲が認めた場合」……………………………………………102
　　（D）「1回でも怠ったとき」………………………………………103
　　（E）定義規定………………………………………………………103
　　（F）業界用語………………………………………………………103
　(4) 理解しやすいこと ………………………………………………104
　　（A）分かりやすい文章……………………………………………104
　　（B）法律用語………………………………………………………105
　　（C）用語の繰り返し………………………………………………105
　(5) 内容が適正であること …………………………………………106
　　（A）借家契約の更新拒絶…………………………………………106
　　（B）自力執行………………………………………………………106

第3章　契約書の文例

1　はじめに ………………………………………………………………110
2　一般条項 ………………………………………………………………111
　(1) Whereas Clause（前文）…………………………………………111
　(2) 契約期間 …………………………………………………………112
　(3) 解約権の留保 ……………………………………………………113
　(4) 解除 ………………………………………………………………113
　　（A）解除事由の趣旨………………………………………………114

目　次

　　　（B）説明……………………………………………………114
　　　　　（a）契約違反…………………………………………114
　　　　　（b）仮差押・仮処分…………………………………115
　　　　　（c）破産申立…………………………………………115
　　　　　（d）支払停止…………………………………………116
　　　　　（e）チェンジ・オブ・コントロール条項…………116
　（5）完全合意……………………………………………………117
　　　（A）口頭証拠の原則………………………………………117
　　　（B）完全合意条項の例外…………………………………118
　（6）不可抗力……………………………………………………119
　　　（A）「債務者の責めに帰すことのできない事由」との関係 ………119
　　　（B）不可抗力となる事由…………………………………120
　　　（C）契約の終了……………………………………………120
　（7）管轄裁判所…………………………………………………121
　　　（A）合意管轄………………………………………………121
　　　（B）専属的合意管轄………………………………………122
　　　（C）国際的合意管轄………………………………………122
　（8）仲裁…………………………………………………………123
　　　（A）意義……………………………………………………123
　　　（B）仲裁合意………………………………………………123
　　　（C）仲裁を選択する理由…………………………………124
　　　　　（a）仲裁のメリット…………………………………124
　　　　　（b）仲裁のデメリット………………………………125
　　　（D）仲裁と裁判……………………………………………125
　（9）準拠法………………………………………………………126
　(10）譲渡禁止……………………………………………………126
　　　（A）意義……………………………………………………126
　　　（B）第三者の保護…………………………………………127
　(11）存続規定……………………………………………………128
　(12）その他………………………………………………………129

（A）通知 …………………………………………………129
　　　（B）権利の放棄 ……………………………………………129
　　　（C）可分性 …………………………………………………130
　　　（D）独立当事者 ……………………………………………130
　　　（E）見出し …………………………………………………131
　3　秘密保持契約 ………………………………………………131
　　（1）目的 ………………………………………………………132
　　（2）定義 ………………………………………………………133
　　　（A）秘密情報の定義 ………………………………………133
　　　（B）秘密情報の拡張 ………………………………………134
　　　（C）除外規定 ………………………………………………134
　　（3）管理責任者 ………………………………………………134
　　（4）守秘義務 …………………………………………………134
　　　（A）意義 ……………………………………………………135
　　　（B）例外規定 ………………………………………………135
　　　（C）開示命令への対応 ……………………………………135
　　（5）目的外使用の禁止 ………………………………………137
　　（6）知的財産権 ………………………………………………137
　　　（A）不争義務 ………………………………………………137
　　　（B）利用許諾 ………………………………………………137
　　　（C）保証 ……………………………………………………138
　　（7）返還 ………………………………………………………138
　4　継続的売買契約 ……………………………………………139
　　（1）基本契約 …………………………………………………139
　　（2）売買条件 …………………………………………………140
　　　（A）支払方法 ………………………………………………140
　　　（B）引渡方法 ………………………………………………141
　　（3）個別契約の成立 …………………………………………141
　　（4）担保責任 …………………………………………………143
　　　（A）検査義務 ………………………………………………145

（B）直ちに発見することができない契約不適合……………………145
　　　（C）契約不適合の概念……………………146
　　(5) 所有権の移転……………………147
　　　（A）目的物の確定……………………147
　　　（B）所有権留保……………………147
　　(6) 危険負担……………………148
　　(7) 製造物責任……………………149
　　　（A）損害の発生・拡大の防止……………………149
　　　（B）対処義務……………………150
　　　（C）補償義務・協議義務……………………150
　　(8) 保証……………………150
5　販売店（代理店）契約……………………151
　　(1) 独占的販売権の付与……………………152
　　　（A）独占的販売権……………………153
　　　（B）販売地域……………………153
　　　（C）供給者自身の販売……………………154
　　(2) 当事者の関係……………………154
　　(3) 競争品の取扱制限……………………155
　　(4) 最低購入義務……………………155
　　(5) 商標……………………156
　　(6) 販売店の活動……………………157
　　(7) 報告……………………158
　　(8) 契約終了時の取扱い……………………159
6　製作物供給契約……………………159
　　(1) 契約の性質……………………160
　　　（A）請負と売買の区別……………………160
　　　（B）請負と雇用の区別……………………161
　　(2) 引渡と所有権移転……………………161
　　(3) 危険負担……………………162
　　　（A）債務者主義と出来高補償……………………162

（B）改正民法……………………………………………………163
　（4）検収…………………………………………………………164
　　（A）契約不適合……………………………………………………165
　　（B）契約不適合と未完成の区別……………………………………165
　　（C）検収の意義……………………………………………………166
　（5）報酬…………………………………………………………167
　（6）下請…………………………………………………………167
　　（A）下請の意義……………………………………………………167
　　（B）入金リンク……………………………………………………168
7　ライセンス契約……………………………………………………169
　（1）定義…………………………………………………………169
　（2）独占的ライセンス……………………………………………171
　　（A）特許の実施権…………………………………………………171
　　（B）再許諾と製造委託……………………………………………172
　（3）ロイヤルティ…………………………………………………172
　　（A）権利金（イニシャル・ロイヤルティ）とランニング・ロイヤルティ…172
　　（B）ミニマム・ロイヤルティ……………………………………174
　　（C）前払金…………………………………………………………174
　　（D）不返還特約……………………………………………………175
　（4）帳簿保存義務・検査受忍義務…………………………………175
　（5）ライセンサーの保証…………………………………………176
　（6）第三者による権利侵害………………………………………177
　　（A）対処義務………………………………………………………177
　　（B）侵害者との和解………………………………………………178
　（7）原料調達先の指定……………………………………………179
　（8）禁止行為……………………………………………………180
　　（A）輸出禁止………………………………………………………180
　　（B）競争品の製造販売の禁止……………………………………180
　　（C）不争義務………………………………………………………181
　（9）改良技術……………………………………………………182

（A）改良技術の取扱……………………………………………182
　　　（B）公正競争阻害性……………………………………………183
8　マーチャンダイジング（商品化）契約……………………………184
　（1）権利の保証 ………………………………………………………185
　（2）商品化の独占的許諾……………………………………………187
　（3）原画等の貸与 …………………………………………………188
　（4）ライセンシーの遵守事項………………………………………188
　（5）ライセンサーによる品質管理…………………………………189
　（6）権利表示…………………………………………………………190
　（7）ロイヤルティ …………………………………………………191
　（8）証紙の貼付 ……………………………………………………191
　（9）在庫処分等 ……………………………………………………192
　（10）商標・意匠登録…………………………………………………193
　（11）テレビ番組のキャラクター……………………………………194
　（12）その他……………………………………………………………195
9　M＆A契約……………………………………………………………195
　（1）前文………………………………………………………………196
　（2）定義………………………………………………………………197
　（3）譲渡条件…………………………………………………………198
　（4）表明保証…………………………………………………………199
　　（A）目的…………………………………………………………200
　　（B）買主が悪意又は重過失の場合……………………………200
　　（C）表明保証責任の限定………………………………………201
　（5）誓約条項…………………………………………………………202
　（6）クロージング条件………………………………………………203
　（7）解除………………………………………………………………204
　（8）損害賠償…………………………………………………………204
　　（A）無過失責任…………………………………………………205
　　（B）損害賠償の予定……………………………………………205
　　（C）第三者からの請求…………………………………………205

10 合弁契約 ··· 206
(1) 設立 ··· 207
(A) 目的 ··· 208
(B) 商号 ··· 208
(C) 本店所在地 ··· 208
(D) 出資額 ··· 209
(2) 定款 ··· 209
(A) 定款の記載事項 ··· 209
(a) 相対的記載事項 ··· 209
(b) 任意的記載事項 ··· 210
(c) 無益的記載事項 ··· 210
(B) 合弁契約の効力 ··· 210
(3) 株式・資本金 ··· 210
(A) 発行可能株式総数 ··· 211
(B) 出資比率 ··· 211
(C) 資本金の額 ··· 212
(4) 株式の譲渡制限 ··· 212
(A) 譲渡の承認 ··· 213
(B) 買取請求権 ··· 213
(C) 合弁契約の地位の承継 ··· 214
(5) 株主総会 ··· 214
(A) 定足数と決議要件 ··· 214
(B) 議決権行使の拘束 ··· 215
(6) 取締役及び取締役会 ··· 215
(A) 取締役 ··· 216
(B) 取締役会 ··· 216
(C) デッドロック ··· 216
(7) 監査役 ··· 217
(8) 重要事項に関する事前の合意 ··· 217
(9) 資金調達 ··· 219

(10)　合弁会社との契約 …………………………………………220
　(11)　解除 ……………………………………………………………221

第4章　契約をめぐる紛争の解決手段

1　はじめに …………………………………………………………224
2　紛争の不可避性 …………………………………………………224
3　紛争解決手段 ……………………………………………………225
　(1)　合意による解決 …………………………………………………225
　　(A)　示談…………………………………………………………225
　　　(a)　示談契約 ………………………………………………225
　　　(b)　示談契約の履行強制 …………………………………226
　　　(c)　錯誤との関係 …………………………………………226
　　(B)　調停…………………………………………………………227
　　(C)　仲裁…………………………………………………………227
　　(D)　即決和解 …………………………………………………227
　(2)　民事訴訟 …………………………………………………………228
　　(A)　管轄…………………………………………………………228
　　　(a)　管轄の種類 ……………………………………………228
　　　(b)　事物管轄 ………………………………………………228
　　　(c)　土地管轄 ………………………………………………228
　　　(d)　合意管轄・応訴管轄 …………………………………229
　　　(e)　移送 ……………………………………………………229
　　　(f)　専属管轄 ………………………………………………229
　　(B)　重複起訴の禁止 …………………………………………230
　　(C)　口頭弁論・弁論準備手続…………………………………230
　　(D)　証拠調べ …………………………………………………231
　　(E)　和解…………………………………………………………232
　　(F)　判決…………………………………………………………233
　　(G)　特殊な訴訟 ………………………………………………233

　　　　（a）手形訴訟……………………………………………233
　　　　（b）少額訴訟……………………………………………234
　　　　（c）督促手続……………………………………………235
　（3）強制執行……………………………………………………235
　　　（A）債務名義…………………………………………………235
　　　（B）請求異議・第三者異議………………………………236
　　　（C）強制執行の方法………………………………………236
　　　　（a）強制執行の種類……………………………………236
　　　　（b）直接強制……………………………………………237
　　　　（c）代替執行・間接強制………………………………237
　　　　（d）改正民法……………………………………………238
　（4）保全処分……………………………………………………239
　　　（A）意義………………………………………………………239
　　　（B）保全処分の種類………………………………………239
　　　（C）仮差押……………………………………………………240
　　　（D）係争物に関する仮処分………………………………240
　　　（E）仮の地位を定める仮処分……………………………241
4　国際取引紛争………………………………………………………242
　（1）国際裁判管轄………………………………………………242
　　　（A）民事訴訟法改正…………………………………………242
　　　（B）国際裁判管轄に関する定め…………………………242
　　　（C）判例………………………………………………………243
　（2）準拠法………………………………………………………244
　　　（A）準拠法の定め方…………………………………………244
　　　（B）法の適用に関する通則法……………………………244
　　　（C）公序良俗違反の外国法………………………………245
　　　（D）外国法の証明……………………………………………245
　（3）外国判決の承認……………………………………………246
　　　（A）意義………………………………………………………246
　　　（B）承認の要件………………………………………………246

（a）間接管轄 ……………………………………………246
　（b）適式な呼出 …………………………………………246
　（c）公序良俗 ……………………………………………247
　（d）相互主義 ……………………………………………248
(4) 外国判決の執行 …………………………………………248
　（A）意義………………………………………………248
　（B）判例………………………………………………248
(5) 国際的訴訟競合 …………………………………………249
(6) 国際仲裁 …………………………………………………250
　（A）国際仲裁のメリット ……………………………250
　（B）国際仲裁機関 ……………………………………250
　（C）効力………………………………………………250

第5章　契約交渉

1　はじめに …………………………………………………254
2　交渉の準備 ………………………………………………254
　(1) 会社の狙いや方針の再確認 …………………………254
　(2) 取引の相手方と取引の対象についての事実確認 …255
　(3) 交渉の目的の設定 ……………………………………255
　(4) 会社の利益を極大化する取引形態（取引の枠組）の検討 ……256
　(5) 具体的な交渉の戦略と戦術の立案 …………………257
3　交渉術 ……………………………………………………258
　(1) 交渉の分析概念 ………………………………………258
　　（A）ウィン・ウィン型交渉 …………………………258
　　（B）BATNA …………………………………………258
　　（C）留保価格 ………………………………………259
　(2) 交渉戦術 ………………………………………………259
　(3) 交渉倫理 ………………………………………………264
　(4) 交渉コンペ ……………………………………………264

4 契約締結上の過失 ……………………………………………266
(1) 意義と類型 …………………………………………………266
(2) 契約締結の自由と契約交渉の不当破棄 …………………268
(A) 契約交渉の不当破棄と信義則 ……………………………268
(B) 判例 ……………………………………………………………268
(C) 補足説明 ………………………………………………………269
(3) 契約締結過程における情報提供義務 ……………………270
(A) 情報提供義務違反と信義則 ………………………………270
(B) 判例 ……………………………………………………………271
(a) 説明義務違反を認めた判例 ………………………………271
(b) 説明義務違反を認めなかった判例 ………………………271
(c) 両判決の検討 ………………………………………………272
(C) 説明義務の主体 ……………………………………………272
(D) 補足説明 ………………………………………………………273
(4) 契約締結上の過失による損害賠償の範囲 ………………275
(A) 履行利益 ………………………………………………………275
(B) 信頼利益 ………………………………………………………276
(C) 慰謝料 …………………………………………………………276
(5) 契約締結上の過失の法的性質 ……………………………276
(A) 不法行為か債務不履行か …………………………………276
(B) 安全配慮義務 ………………………………………………277
(C) 関係的契約理論 ……………………………………………278

5 レター・オブ・インテント ……………………………………279
(1) 意義と効力 …………………………………………………279
(A) 意義 ……………………………………………………………279
(B) 事実上の効果 ………………………………………………280
(C) 契約締結上の過失との関係 ………………………………280
(2) 最終契約との関係 …………………………………………280
(A) 問題の所在 …………………………………………………280
(B) 米国の判例 …………………………………………………281

目　次

　　　（C）我が国の判例 …………………………………………282
　　(3) 文例 ………………………………………………………283
　　　（A）法的拘束力 ……………………………………………285
　　　（B）誠実交渉条項 …………………………………………285
　　　（C）秘密保持条項 …………………………………………285
　　　（D）独占的交渉条項 ………………………………………287
　　　　（a）意義 …………………………………………………287
　　　　（b）住友信託対 UFJ 事件（保全の必要性）……………287
　　　　（c）被保全権利 …………………………………………288
　　　（E）買収監査 ………………………………………………290
　　　　（a）意義 …………………………………………………290
　　　　（b）買主の取締役の善管注意義務 ……………………290
　　　　（c）売主の情報開示義務 ………………………………292

・判例索引 ………………………………………………………293
・事項索引 ………………………………………………………299

凡　例

民集　　　大審院及び最高裁判所民事判例集
民録　　　大審院民事判決録
集民　　　最高裁判所裁判集民事
高民集　　高等裁判所民事判例集
下民集　　下級裁判所民事裁判例集
無体裁集　無体財産権関係民事・行政裁判例集
新聞　　　法律新聞
判時　　　判例時報
判タ　　　判例タイムズ
評論　　　法律評論
金法　　　旬刊金融法務事情

本書の内容と特徴

　本書は、契約について、平成29年改正民法（以下「民法」または「改正民法」という）を前提として、理論と実務の両面からその概要を説明したものである。本書の特徴としては、以下の点が挙げられるように思う。

　第1に、判例を中心として説明することを心がけた。また、その際、できるだけ判例の原文を引用するようにした。判例の結論だけでなく、その論理構造や論証過程が大事だと考えたからである。判例研究の意義もそこにあるというべきであり、若手法曹のみならず、企業法務担当者等にも、判例の読み方に習熟していただけたらと思う。読者が原典に当たる手間を省くという意味もある。判例の検索と判決文の引用については、第一法規のD1－LAWを利用させていただいた。

　第2に、比較法的観点から、契約法の一般原則を記した「ユニドロワ原則」を引用した。ユニドロワ（UNIDROIT）は、国際連盟の補助機関として1926年にローマで設立された私法統一国際協会（The International Institute for the Unification of Private Law）の別称であり、ユニドロワが、アメリカのリステイトメントを国際的なレベルで実現することを意図して作成したのが「ユニドロワ原則」である。各国の法令や判例から抽出した契約法の一般的原則を条文形式で記しており、それ自体は法令ではないが、契約に関する多くの論点を網羅しており、契約の理論を理解するのに有益な考え方をいくつも提示している。このような「ユニドロワ原則」の重要性に鑑み、本書ではいくつかの箇所でそれを引用している（内田貴ほか訳「ユニドロワ国際商事契約原則2010」（商事法務）に拠った）。

　第3に、改正民法の説明に当たっては、法務省民事局参事官室が平成25年4月付で作成した「民法（債権関係）改正に関する中間試案の概要及び補足説明」（以下「補足説明」という）及び民法（債権関係）部会資料88－2

1　フランス語の組織名（Institute International pour l'unification du droit privé）の「統一（unification）」の「ユニ（uni）」と「私法（droit privé）」の「ドロワ（droit）」を合体させた造語である。

「民法(債権関係)の改正に関する要綱案(案)補充説明²」(以下「補充説明」という)並びに筒井健夫・村松秀樹『一問一答　民法(債権関係)改正』(商事法務、2018)(以下「一問一答」という)を適宜参照・引用した。立法者意思を知ることは法令解釈において重要だと考えるからである。

　第4に、契約における紛争を前提とする民事訴訟(仲裁や和解・調停を含む)について紙幅を費やしている。また、契約法の説明においても、主張立証責任や書証の形式的証拠力等、民事訴訟法上の論点も紹介している。これは、裁判官であった筆者の興味を惹く部分だからであるが、読者が契約法を立体的に理解するのに役立てればとの願いもある。

　最後に、法曹以外の読者にも理解が容易になるように、できるだけ平易な表現を用い、また、法的な概念をできるだけ分かりやすく丁寧に説明するよう心がけたつもりである。

　巷に契約法の関連書籍はあまた出版されているなかで、あえて類書である本書を出すことに些かの価値を見出すことができるとすれば、以上のような特徴にあるのではないかと僭越ながら思うところである。

2　http://www.moj.go.jp/content/001132329.pdf

第 1 章

契約の理論

第1章　契約の理論

1　はじめに

　まず、第1章として契約の理論的側面について説明する。ここでは、契約の法的拘束力、契約の成立と効力、契約の当事者、契約の終了、大まかにいえば以上の観点から各種の法的論点について説明を加えている。
　ただし、一般の概説書とは異なり、契約法に関する全ての論点に触れているものではなく、また、触れている内容にも偏りがある。これは、筆者が実務家として特に必要と思われる論点を中心に説明したためであって、読者にはこの点を留意していただきたい。

2　契約の意義と法的拘束力

(1) 意義

　契約とは、当事者の自由な意思によって取り決められた合意であって、債権の発生原因となるものを指す（平井宣雄『債権各論Ⅰ上契約総論』27頁）。具体的には、売買、消費貸借、賃貸借、請負、委任など、当事者間でなされた一定の行為（作為・不作為）を行う旨の合意（約束）である。

(2) 法的拘束力

　民法が契約という制度を設けた目的はどこにあるか。それは、当事者間の合意に法的拘束力を付与するためである。ここにおいて、法的拘束力とは、契約に定めた合意を遵守しない当事者に対し、相手方は裁判所に訴えてそれを強制的に実現することができるということを意味する。たとえば、消費貸借契約の借主が期限に債務を返済できない場合、貸主は、借主に対する貸金

返還請求訴訟を提起し、勝訴判決を得ることによって、借主の土地建物を差し押さえて競売にかけ、その代金から返済を受けることができるということである。

(3) 法的拘束力の根拠

 なぜ契約にこのような強い効力が与えられるのか。それは、人は自らの意思にのみ拘束されるのだから、自らが自由な意思で行った合意は、必ず守られるべきだという考え方が基礎にあるからである。これを意思主義という。
 近代的自由主義は、人は身分や社会的地位によって行動を束縛されることはなく、自らの意思によって自由に行動することができると考える。しかし、自由は放縦を許すものではなく、それには責任が伴うのであって、自らの自由な意思で行った合意は、責任をもって履行しなければならないというのも近代的自由主義の当然の帰結である。このような思想は「身分から契約へ」というスローガンで示されている（我妻榮『新訂民法総則（民法講義Ⅰ）』236頁）。
 契約の法的拘束力は、このような近代的自由主義に立脚しているのである。

3 法的拘束力のない合意

(1) カフェー丸玉事件

 契約とは法的拘束力を有する合意である。ということは、当事者間の合意であっても、法的拘束力がないゆえに契約とはいえないものがあるということになる。
 このことを明示した判例として有名なのが「カフェー丸玉事件」の大審院判決である（大判昭和10・4・25新聞3835号5頁）。これは、カフェーの馴染み客から多額の金銭の贈与を約束されたという女給が、客に贈与の履行を

第 1 章　契約の理論

請求したという事案に関するものであるが、原審が贈与契約の成立を認定して請求を認容したのに対し、大審院は、以下のとおり判示して原判決を破棄した[3]。

> 　上告人が被上告人と昵懇になったのは、被上告人が勤めていた「カフェー」において比較的短期間同人と遊興した関係にすぎず、ほかに深い縁故があってのものではない。であるなら、このような環境において、たとえ一時の興に乗じて被上告人の歓心を買うために判示のような相当多額な金員の供与を約束したとしても、これをもって被上告人に裁判上の請求権を付与する趣旨に出たものと速断することは相当でない。むしろ、そのような事情の下における約束は、諾約者が自ら進んでこれを履行するときは債務の弁済であることを失わないが、要約者においてその履行を強制することはできない特殊の債務関係を生ずるものと解するのが、原審の認定する事実に沿うものというべきである。原審のように、民法上の贈与が成立したと判断するためには、贈与意思を基礎づける事情につき更に首肯するに足る格段の事由を判示する必要がある。したがって、原審が何ら格段の事由を判示することなく、安易に右契約に基づく被上告人の本訴請求を容認したのは、未だもって審理を尽さないものか、少なくとも理由を完備したものと言うことはできない。

　たとえ、当事者間において金銭を贈与するという合意が存在したとしても、判示のような事情によれば、そのような合意は契約としての法的拘束力を持たないということである。

（2）合意（約束）と契約

　「カフェー丸玉事件」の判決は、当事者間の合意のうちには、契約として履行を強制できる（法的拘束力を有する）ものと、そうでないものとがあるということを前提にしている。
　このような考え方は、何も我が国に限ったことではないのであって、たとえ、英米法では、契約とは「法が履行を強制する約束」であるとか「法が

3　旧字旧仮名の文語体による判決文については、新字新仮名の口語体に変え、適宜句読点を補充する。以下同じ。

その違反に対して救済を与える約束又は法律上の義務の生ずることを法が認める約束」であるなどとされている（来栖三郎『契約法』1頁）。

(3) 法的拘束力の要素

 カフェー丸玉事件のように、合意の法的拘束力が争われるのは、贈与などの対価を伴わない無償行為が多い。我が国では、贈与は合意さえがあれば契約として有効であり（民法549条）、諸外国のように書面によらなければ無効という制度にはなっていない。そこで、贈与のような無償行為の法的拘束力が問題になるのである。
 合意に法的拘束力を持たせるためには、対価支払の約束、契約書の作成、全部又は一部の履行等、合意を履行する意思が明確であることを要する。「カフェー丸玉事件」のように「一時の興に乗じて」「歓心を買うために」「金員の供与を約束した」だけでは、契約としての法的拘束力を肯定することはできないのである。

(4) 最近の判例

 当事者の合意に法的拘束力を認めなかった判例として、病院に看護学生として勤務している者が病院に採用されるに際し、准看護婦資格取得後2年以上同病院に勤務する旨を約したとしても、病院の希望表明に対し看護学生が了解を与えたものであり、法的拘束力を伴わない紳士協定にすぎないとしたもの（東京地判平成7・12・26労判689号26頁）がある。

4 附合契約（約款）

(1) 意義

契約とは法的拘束力を有する合意であり、合意が法的拘束力を有するのは、当事者が自由な意思でしたことだからである。

しかし、世の中には、自由な意思による合意がないのに法的拘束力が認められているかのように見えるものがある。たとえば、電気・ガス・水道などの供給契約、運送契約、宿泊契約、保険契約などの場合、消費者はあらかじめ用意された契約条項（これを「約款」という）にサインするだけである。

このように、契約当事者が一方的に定める約款について、相手方が包括的に承認するほかない契約を「附合契約」というが、この場合、当事者が自由な意思で合意したものとはいえないのではないかという議論がある。

(2) 法的拘束力

上記のとおり、附合契約の場合、法的拘束力の根拠としての自由な意思の存在が明らかではなく、その法的拘束力をどう理論付けるかについて議論されてきた。

この点については、法令又は慣習に法的拘束力の根拠を求める考え方もあるが、附合契約もあくまで「契約」であり、相手方がそのような約款に包括的に従うという意思がある以上、法的拘束力の前提である自由な意思に欠けるところはないとする考え方が有力である（我妻榮『債権各論上巻（民法講義V_1）』24頁）。

この場合、附合契約には当事者にとって不利な条項があり得るので、それについても拘束されるのはおかしいという議論があり得るが、そのような場合は、裁判官が社会経済的な観点から合理的に改訂すればよいとするのである。もっとも、あくまで契約であるから、このような裁判官による改訂も「契約の解釈」として行われるのであって、裁判官が当事者間の契約関係を形成するのではない。

ユニドロワ原則は、当事者の一方により、一般的かつ反復的な使用のためあらかじめ準備された条項であって、現に相手方との交渉なしに用いられるものを「定型条項」と称し（ユニドロワ原則2.1.19条(2)）、その効力について、以下のような原則を定めている。

・定型条項に含まれる条項のうち、相手方が合理的に予期し得なかった性質の条項は、効力を有しない（同2.1.20条(1)）。
・定型条項と定型条項でない条項との間に抵触が存するときは、後者が優先する（同2.1.21条）。

(3) 民法以外の規律

契約法の理論とは別に、附合契約によって消費者が一方的に不利な地位におかれるこのないよう、各種業法によって約款内容の適正化が図られている[4]。

また、消費者契約法は、消費者と事業者との契約（附合契約を含む）について、消費者に不利な条項のいくつかを無効としている（同法8条ないし10条）。この点は後述する（後記8 (5)）。

(4) 改正民法の定め

改正民法は、第2章（契約）第1節（総則）第5款において「定型約款」という項目の下に、後記のような条文を定めた。

既に述べたとおり、約款の法的拘束力をどう考えるかには議論があるため、約款の法的拘束力の根拠を当事者の意思に求めることにより、契約としての法的拘束力を認め、それに伴う弊害を防止するための規定を設けたものである。

---

4 たとえば、電気通信事業法は、基礎的電機通信役務を提供する電気通信事業者に対し、料金等の利用条件について契約約款を定めて総務大臣に届け出ることを義務付け、届け出られた約款が不適当である場合は、総務大臣が変更を命ずることができるものとしている（同法19条）。

1 定型約款の合意（民法548条の2）
   (1) 定型取引（ある特定の者が不特定多数の者を相手方として行う取引であって、その内容の全部又は一部が画一的であることがその双方にとって合理的なものをいう）を行うことの合意（これを「定型取引合意」という）をした者は、次に掲げる場合には、定型約款（定型取引において、契約の内容とすることを目的としてその特定の者によって準備された条項の総体をいう）の個別の条項についても合意をしたものとみなす（1項）。
      ア　定型契約を契約の内容とする旨の合意をしたとき。
      イ　定型約款を準備した者（以下「定型約款準備者」という）があらかじめその定型約款を契約の内容とする旨を相手方に表示していたとき。
   (2) 前項の規定にかかわらず、同項の条項のうち、相手方の権利を制限し、又は相手方の義務を加重する条項であって、その定型取引の態様及びその実情並びに取引上の社会通念に照らして民法第1条第2項に規定する基本原則に反して相手方の利益を一方的に害すると認められるものについては、合意をしなかったものとみなす（2項）。
2 定型約款の内容の表示（民法548条の3）
   (1) 定型取引を行い、又は行おうとする定型約款準備者は、定型取引合意の前又は定型取引合意の後相当の期間内に相手方から請求があった場合には、遅滞なく、相当な方法でその提携約款の内容を示さなければならない。ただし、定型約款準備者が既に相手方に対して定型約款を示した書面を交付し、又はこれを記録した電磁的記録を提供していたときは、この限りでない（1項）。
   (2) 定型約款準備者が定型取引合意の前において前項の請求を拒んだときは、前条の規定は、適用しない。ただし、一時的な通信障害が発生した場合その他正当な事由がある場合は、この限りでない（2項）。
3 定型約款の変更（民法548条の4）
   (1) 定型約款準備者は、次に掲げる場合には、定型約款を変更することにより、変更後の定型約款の条項について合意があったものとみなし、個別に相手方と合意することなく契約の内容を変更することができる（1項）。
      ア　定型約款の変更が、相手方の一般の利益に適合するとき。
      イ　定型約款の変更が、契約をした目的に反せず、かつ、変更の必要性、変更後の内容の相当性、この条の規定により定型約款の変更をすることがある旨の定めの有無及びその内容その他の変更に係る事情に照らして合理的なものであるとき。
   (2) 定型約款準備者は、前項の規定による定型約款の変更をするときは、そ

の効力発生時期を定め、かつ、定型約款を変更する旨及び変更後の定型約款の内容並びにその効力発生時期をインターネットの利用その他の適切な方法により周知しなければならない（2項）。
(3) 第1項イの規定による定型約款の変更は、前項の効力発生時期が到来するまでに(2)の周知をしなければ、その効力を生じない（3項）。
(4) 548条の2第2項の規定は、第1項の規定による定型約款の変更については、適用しない（4項）。

(5) 改正のポイント

(A) 定義（民法548条の2第1項）

これまで、議論の対象となる約款（附合契約）それ自体の定義が必ずしも明らかでなかったことから、定型約款とは何かを明確にしたものである。この点に関する補足説明は以下のとおりである。

> ここでは、契約内容を画一的に定める目的の有無に着目した定義をすることとしている。すなわち、ある契約条項の総体について、約款の使用者がどのような目的でそれを用いているかによって、約款に当たるかどうかを定めることとしている。例えば、いわゆるひな形は、それを基礎として交渉を行い、相手ごとに異なった内容の契約を締結する目的で用いる場合には、約款には当たらない。これに対して、市販のひな形をそのまま多数の相手方との間で画一的に契約内容とする目的で用いるならば、約款に当たり得る。

改正民法が定める定義によれば、定型約款は不特定多数の者との取引（定型取引）において使用されるものを指すものである。したがって、特定当事者間の取引において自己がかねてより準備していた条項を使用することはこれに当たらないことになる。

(B) みなし合意（民法548条の2第1項・第2項）

定型取引を行うことの合意がある場合に、定型約款をその内容とする旨の合意又は表示があるときは、個別の条項について合意がなくとも合意があったものとみなされるとしつつ、当事者に不利な条項がある場合、それが信義誠実の原則（民法1条2項）に反するときは、当該条項については合意をしなかったものとみなすとしている。

第1章　契約の理論

　これは、約款（附合契約）の法的拘束力の根拠を、法令や慣習ではなく、あくまで当事者の合意、すなわち契約であることに求めたうえで、不当な条項については裁判官が解釈によって改訂すればよいとした有力説（上記4(2)）と同趣旨の考え方といえよう。この点に関する補足説明は以下のとおりである。

> 　近時は、約款を使用した契約も契約であることを重視し、その拘束力の根拠を当事者の意思に求める見解（契約説）が有力である。本文は、この契約説に従い、少なくとも約款を用いることへの合意が必要であるとしている。なお、通常の契約においては個別の契約条項についての合意が求められるのに対して、ここでいう合意とは、約款の全体を契約で用いることへの包括的な合意である。
> 　ただし、合意一般に言えることであるが、組入合意が必要であるとしても、明示的な合意が必要なわけではなく、黙示の合意でも足りる。契約の締結に当たって契約書が作成されるようなケースで、契約書とは別に約款が使用される場合には、契約書中で、契約内容の詳細はその約款による旨の明示的な合意がされることが多いと考えられる。これに対して、例えば公共交通機関を利用する場合には、その契約に旅客運送約款などを用いることが明示的に合意されているわけではないものの、利用に当たって約款を用いることが黙示的に合意されていると考えられる。

　当事者に不利な条項で信義誠実の原則に反するものは無効とするという考え方は、消費者契約法（後記8(5)）も同様である。この点に関する補足説明は以下のとおりである。

> 　約款に含まれる個別の契約条項のうち約款使用者の相手方に過大な不利益を与えると認められるものを無効とする規律を設けるものである。このような契約条項は、現在も民法第90条を通じて無効とされ得るものであるが、当事者の交渉や合意によって合理性を確保する過程を経たものではない点で他の契約条項と異なる面がある上、もともと同条の公序良俗に反するという規定のみでは予測可能性が低いという難点がある。そのため、同条のような契約の一般条項に委ねるのではなく、別途の規定を設け、約款の個別条項に対する規律を明確化する必要があると考えられる。

(C) 内容の表示（民法548条の2第3項）
　定型約款について合意があったものとみなす条件として、定型約款の内容

が事前又は事後に相手方に表示されなければならないとしている。

定型約款の内容を知る機会が与えられなければ、それに拘束される意思を認めることはできないからである。この点に関する補足説明は以下のとおりである。

> （中略）約款の使用は必ずしも約款使用者だけではなく相手方にとっても効率的な取引を可能にする面があることに鑑みると、相手方が約款の内容を知るために必要な措置をすべて約款使用者の側に負担させるのではなく、約款の内容を知るための行動を相手方が取ることを前提とする要件を設定することも合理性があると考えられる。そこで、本文では、相手方が合理的な行動を取れば約款の内容を知ることができる機会が確保されていることを要件としている。
> 例えば、書面その他の記録媒体に約款の内容を記録して交付したり、契約締結場所に掲示したりすれば、相手方が約款内容を現実に知りたいと考えたときにはそれを閲読することを合理的な行動として期待することができる。また、多くの取引においては、約款の内容をウェブサイトの分かりやすい場所に掲示しておけば、相手方がその内容を知りたいときにはウェブサイトにアクセスして閲覧することを期待することができると考えられる。さらに、相手方の属性によっては、例えば相手方も事業者でありその種の取引の経験が豊富である場合には、相手方が約款内容を知りたければ自ら申し出るという行動を期待することもできると考えられる（したがって、この場合には、相手方からの申し出があった場合には閲読させる準備があれば足りる。）。他方、遠方の事業所のみに約款が備置されているような場合には、相手方に事業者に赴いて約款内容を閲読するように求めることが適当でないこともあり得ると考えられる。

(D) 変更（民法548条の2第4項）

相手方の利益に合致するとき、又は、諸般の事情に照らして合理的であるときは、定型約款は個別の合意をすることなく変更できるが、その場合、変更の効力発生時期とその内容を周知しなければならないとしている。

定型約款の性質上、一方的な変更は許されてしかるべきであるが、その内容が合理的であり、かつ適正な周知手続を経なければならないという観点からの規律である。

中間試案の段階では、定型変更の要件として、定型約款に民法の規定による定型約款の変更をすることができる旨の定め（変更条項）があることが必

要であるとしていたが、そのような要件を不要とした。ただし、そのような変更条項があることは変更の合理性の要素となる。

5 契約の種類

契約は様々な観点からいくつかの種類に分類することができる。通常、以下に述べるような分類がなされている。

(1) 典型契約（有名契約）と非典型契約（無名契約）

民法549条以下に定められた、贈与、売買、交換、消費貸借、使用貸借、賃貸借、雇用、請負、委任、寄託、組合、終身定期金、和解、以上13種の契約を典型契約（有名契約）といい、それ以外の契約を非典型契約（無名契約）という。

(2) 双務契約と片務契約

双務契約とは当事者の双方に相互に対価関係を有する債務が発生する契約であり、片務契約とは当事者の一方にのみ債務が発生する契約である。
双務契約の典型が売買（売主は引渡債務を負い、買主は代金債務を負う）であり、片務契約の典型が贈与（贈与者のみが引渡債務を負う）である。
双務契約に特有の効力として、同時履行の抗弁権と危険負担がある。この点は後述する（後記10）。

(3) 有償契約と無償契約

有償契約とは給付に対する経済的な対価がある契約であり、無償契約はそれがない契約である。

双務契約は全て有償契約であるが、有償契約が全て双務契約であるとは限らない。たとえば、利息付消費貸借契約は有償契約である（借入の対価である利息が発生する）が、片務契約である（借主は返還債務を負担するが、貸主に債務はない）。

無償契約は常に片務契約である。

(4) 諾成契約と要物契約

契約成立のために当事者の合意のほか目的物の授受が必要である契約を要物契約といい、当事者の合意のみで成立する契約を諾成契約という。

典型契約のうち消費貸借契約、寄託契約は要物契約であり（貸主・寄託者が目的物を借主・受託者に引き渡したときに契約が成立する）、それ以外は諾成契約である。使用貸借は旧民法では要物契約であったが、改正民法では諾成契約とされた（民法593条）。[5]

ただし、改正民法は、書面でする消費貸借契約を諾成契約の一類型として認めた（民法587条の2）。諾成的消費貸借契約（貸主が目的物の引渡義務を負い、借主が引渡を受けた後に返還義務を負うもの）も、非典型契約として有効であるとする判例（最判昭和48・3・16金法683号25頁）を明文化したものであるが、安易な契約の締結によって当事者に酷な結果とならないよう書面によることを要件とした（補足説明442頁）。

(5) 一時的契約と継続的契約

一回の履行で契約が終了するものを一時的契約といい、一定期間契約当事者が履行を継続するものを継続的契約という。

賃貸借・雇用・委任・組合・終身定期金は継続的契約であり、贈与・売買・交換・請負・和解は一時的契約である。もっとも、売買であっても、一

---

[5] 使用貸借は、経済的な取引の一環として行われることも多いため、目的物が引き渡されるまで契約上の義務が生じないのでは取引の安定を害するおそれがあることを理由とする（補足説明469頁）。

定の種類・品質の商品を継続的に売買する継続的売買契約、代理店（販売店）契約、フランチャイズ契約等は継続的契約に含まれる。

継続的契約については、解除は将来に対してのみ効力があること（これを、遡及効のある「解除」と区別して「解約」又は「告知」という）、買主・代理店・フランチャイジー等には契約期間の継続に対する合理的な期待（投下資本の回収等）があるので、それを保護するために解約や更新拒絶が制限されるべきであるとする考え方があること、以上の点に継続的契約の特徴がある。この点は後述する（後記11）。

6　契約の成立

(1) 意思の合致

(A) 共通の意思

契約の法的拘束力の根拠は当事者の意思にあるから、当事者双方の意思が合致したとおりに契約が成立すると見なされなければならない。もちろん、当事者の意思が内心に留まる限り法的には意味がないので、ここで問題とすべきは、外部に現れた表示を基礎付ける当事者の意思（効果意思）の合致である。

意思の合致によって契約が成立する以上、契約は、当事者の意思を基準として解釈されなければならない。したがって、当事者の共通の意思が明らかであれば、それが客観的な表示（契約書等）と異なっていても、契約は当事者の意思に基づいて成立する。これは「誤った表示でも害を与えない」原則と呼ばれ、大陸法では古くから承認されてきたものである（平井・前掲書86頁）。

この点につき、ユニドロワ原則は、契約は当事者の共通の意思に従って解釈されなければならないと定めており（ユニドロワ原則4.1条）、同条の注釈には以下のような説明が付されている。

本条第1項は、契約条項に付与されるべき意味を判断するにあたっては、両当事者に共通する意思を優先すべきだという原則を定める。この結果、契約条項には、使用された言葉の文字どおりの意味とは異なる意味が付与されることもあるし、合理的な者が付与するであろう意味とは異なる意味が付与されることもある。もちろん、これは、契約締結時において、そのような異なった理解が両当事者に共有されていた場合に限る。

(B) 鏡像理論と書式の戦い

　改正民法は、契約が申込と承諾によって成立することを定めた（522条1項）うえで、申込と承諾による契約の成立についていくつかの定めを置いている（民法523条から528条）。申込とは、承諾があれば契約を成立させるという意思表示であり、承諾とは、申込を受諾することで契約を成立させる意思表示である。申込に変更を加えた承諾は、承諾ではなく新たな申込とみなされる（同法528条）。

　このように、申込と承諾に関する民法の定めは、契約が成立するには、それらがあたかも鏡に映った姿のようにピッタリ一致したものでなければならない（これを「鏡像理論（mirror image rule）」という）ことを前提としている（平井・前掲書145頁）。

　しかしながら、現代の重要な取引は、事前の交渉を経て契約が締結されており、かつ、契約書の条項ごとに合意の有無が争われる（これを「書式の戦い（battle of forms）」という）のであって、民法が定める申込と承諾による契約の成立というのは、現代の取引にはそぐわないものになっている。このような現代の取引実務を前提とするならば、契約は、契約内容の重要な部分又は本質的な部分について、当事者間に確定的な合意（意思の合致）があったことにより成立するものといわなければならない（平井・前掲書146頁以下）。

　「書式の戦い」について、ユニドロワ原則は、当事者双方が定型条項を使[6]

6　ここでは、特定当事者間の合意が問題となっているので、定型的・画一的な条項を使用したとしても、定型約款としての規律はない。

用し、これらの定型条項以外について合意に達したときには、契約は、その合意された内容、及び定型条項のうち内容的に共通する条項について締結されたものとすると定めており（ユニドロワ原則2.1.22条）、同条の注釈では以下のとおりの説明がなされている。

> 商取引においては、申込者が申込みをするに際して、そして、相手方が承諾をするに際して、それぞれ自己の定型条項に言及することがよくある。（中略）申込と承諾による一般的準則が適用されるならば、相手方が承諾としてなした応答は（中略）反対申込となり、契約は存在しないことになるか、あるいは、両当事者がそれぞれ定型条項に異議を述べることなく履行を開始していれば、最後に送付ないし言及された条項（「ラスト・ショット（last shot）」）に基づく契約が締結されたことになる。（中略）実務においてよくみられるように、当事者が、たとえばそれぞれ定型条項が裏面に印刷された注文書や注文承り書をやりとりすることによって、どちらかといえば自動的に自己の定型条項に言及したに過ぎない場合には、両者は、お互いの定型条項の間に抵触があることに気づいてさえいないのが通常である。そのような場合に、当事者が後から契約の存在自体を争うことや、既に履行が開始されている場合であれば、最後に送付ないし言及された条項の適用を主張することを認めるべき理由はない。本条が、申込と承諾に関する一般準則に反して、両当事者が定型条項以外について合意に達した場合には、契約は、その合意した内容、および定型条項のうち内容的には共通する条項に基づいて締結されたものとするのは、そのためである（「ノック・アウト」理論）。

　書式の戦いにおいて、自ら準備した定型条項を相互に使用する場合、内容的に共通する部分については、その点についての明示の合意がなくとも、相互にそれに拘束されるものとの共通の意思があるといえよう。
　ところで、鏡像理論によれば、最後に提出した定型条項について合意がなされれば、その定型条項の全部が、抵触部分も含めて契約の内容になるといえそうであるが、それが適当でないことは明らかであろう。この場合、当事者が現に合意した部分と内容的に共通する部分について契約が成立したとするのがユニドロワ原則の考え方である。書式の戦いにおいては、申込と承諾による契約の成立という概念が必ずしも当てはまらないのである。

(2) 意思の不合致

(A) 契約の不成立

契約は当事者の意思が合致することによって成立する。したがって、当事者の意思が合致しなければ契約は成立しない。

この点について、大審院（大判昭和 19・6・28 民集 23 巻 387 頁）は、契約の文言中には、甲は生糸製造権を譲渡し、乙は代金を支払う旨が定められているだけであるが、当時の事情によれば、一般に右権利の譲渡は繰糸釜に関する権利の譲渡をも包含し、その譲渡に伴い譲渡人が全国蚕糸業組合連合会より受けるべき補償金は前記譲渡代金の一部に充てられるものと解するのが相当である場合において、乙は右契約文言中に当然そのような約定を包含するものと解し、甲はこれを包含しないものと解して、それぞれ契約締結の意思表示をしたという事案において、以下のとおり判示し、契約は成立していないとした。

> （中略）本件契約の文言については、当事者双方において互いに解釈を異にし、双方相異なる趣旨をもって右文言の意思表示をなしたものであって、両者は契約の要素たるべき点につき合致を欠き、従って契約は成立しなかったものと言わざるをえない。

(B) 契約の無効

このような考え方に対し、契約は当事者の表示が合致することによって成立するのであって、当事者の意思の不合致は錯誤（後記 7 で述べる）の問題であるとする考え方がある。かつてはこちらが通説であったが、最近では、意思の不合致は契約の不成立をもたらすという考え方が通説とされている（平井・前掲書 81 頁）。

(C) 不成立と無効の違い

契約の不成立も錯誤による無効[7]も、契約の効力が生じない（契約によって

---

7 改正民法では、錯誤は無効ではなく、取り消すことができるものとなった（民法 95 条 1 項）。ただし、取消権が行使されると契約は遡及的に無効となる（同法 121 条）。

生ずべき権利が発生しない）という実体法上の効果は同じであるが、主張立証責任の所在という訴訟法上の効果が異なる。

　立証責任とは、訴訟上、民法の条文が定める法律要件に該当する事実（要件事実）の存在が真偽不明に終わったために当該条文が定める法律効果の発生が認められないという不利益又は危険である（司法研修所編『増補 民事訴訟における要件事実 第1巻』5頁）。主張責任とは、訴訟上、ある条文の要件事実が弁論に現れないために、弁論主義により裁判所がその要件事実の存在を認定することが許されない結果、当該条文の定める法律効果の発生が認められないという訴訟上の一方の当事者の受ける不利益又は危険である（司法研修所・前掲書11頁）。立証責任の所在と主張責任の所在とは一致する。

　契約の成立については、契約の効力を主張する側に主張立証責任があるのに対し、錯誤については、契約の効力を否定する側に主張立証責任がある（司法研修所・前掲書6頁）。この点で、契約の成立と無効を区別する実益があるといえる。

(3)「めくら判」による契約

　(A) 法的拘束力
「めくら判」とは、契約書の内容を読まずに署名押印することをいう。この場合、当事者は契約内容を認識していないのだから、当事者の意思が契約の拘束力の根拠である以上、契約は成立していないと言えるであろうか。
　この点については、既に附合契約について述べたのと同様に、契約内容は承知していなくとも、契約書に記載された条項に従うという意思をもって署名押印した以上、法的拘束力の前提である自由な意思に欠けるところはないと考えるべきであろう。契約書に「めくら判」を押した場合でも、契約は成立しており、それによって生じる不都合は、裁判官による社会経済的な観点

8　裁判所は当事者が主張しない事実をもとに判断してはならないという民事訴訟上の原則をいう。民事訴訟における当事者主義の帰結である。

に基づく解釈で補えば足りるということである。

　(B) 契約の不成立

　しかしながら、附合契約（約款・定型約款）については、各種業法によって内容の適正化が図られている（改正民法も規律を設けた）ものの、通常の契約書にはそのような担保がないので、当事者にとって著しく不利益で不当な条項が紛れ込んでいる可能性がある。また、裁判官の解釈も、それが契約の「解釈」である以上、一定の限界があり、著しく不利益で不当な条項とはいえ、その効力を全面的に排除することは難しいであろう。

　このような場合、そもそもそのような条項については契約が成立していないのではないかという考え方がある。賀集唱判事は、「盲判を押した契約は有効か」と題する論文（宮川種一郎＝中野貞一郎編『民事法の諸問題第Ⅴ巻』1頁）において、宅地分譲の際、業者が買主に「契約書作成の翌日中に内金を支払わなければ、違約金として売買代金の3割を支払う」という条項の入った契約書に「めくら判」を押させたという事案について、以下のように述べている。

　「このケースでは、業者は、相手方に不利な違約金条項のあることを説明せず、むしろ逆に隠すようにして調印を迫り、内容を十分に読む時間的余裕を与えないまま、判を押させたというのである。あたかも、契約書を広げながら問題の条項を手で隠して判をとったのに近い。このようにみてくると、押印があるからといっても、この条項の部分まで真正に成立したものと認めるのが疑わしくなる。また、業者は違約金条項を隠すようにして判を押させ、買主のほうであとで気がついたというのであるから、考えようによっては、この条項を業者がかってに書き加えたものとみることもできる。一種の改ざんである。証書に署名または捺印があっても、改竄部分については、民訴法326条の私文書の真正の推定は働かない。したがって、ここに取り上げたケースでは、契約書に署名・押印があるからといって、違約金条項までも証拠として真正に成立しているとはいえない、のではなかろうか。そうすると、他に特段の合意を認定する証拠がないことになり、けっきょく右合意は不成

9　文書の真正な成立については第2章2(3)参照。

立という判断に落ち着くものと思われる」

　契約書は、それが本人の意思に基づいて作成されれば、特段の事由のない限り、記載されたとおりの内容の契約が成立したものと認められる。逆に、本人の意思に基づかないで作成された契約書は、証拠としての価値がないといえる。本人の意思に基づいて文書が作成されることを文書の形式的証拠力というが、上記のような違約金条項については、当該契約書に形式的証拠力がなく、証拠価値はないと考えるのである[10]。

　この場合においても、意思の不合致と同様、錯誤無効の主張も成り立ちうるであろう。ただ、錯誤の場合、既に述べたとおり、表意者に主張立証責任があるうえ、表意者に重大な過失があれば取り消すことができない（民法95条3項）ことから、買主としては契約の不成立を主張した方が有利である。また、上記のような場合に契約を不成立とする考え方は、一般人の意識に沿うもののようにも思われる。

7　意思と表示の不一致

(1) 意思主義と表示主義

　契約の法的拘束力の根拠は当事者の意思にあり、当事者が自由な意思で合意したからこそ、それに拘束される。であるなら、契約書が作成されるなど外形的には契約が成立したように見えても、当事者に真に契約を締結する意思がない場合には、契約の法的拘束力を肯定するわけにはいかないということになる。意思と表示に不一致がある場合に、意思を優先する考え方であり、これを意思主義という[11]。なお、ここでは、表示から推測される意思（効果意思）と内心の意思（真意）との離齬が問題となっており、正確には「効果意

10　文書の証拠力についても同上参照。
11　ここでは、契約の拘束力の根拠である「意思主義」とは違う意味で使われている。

思と内心の意思の不一致」というべきであるが、単純に「意思と表示の不一致」と呼ばれている。表示に対応する「意思の不存在」という呼び方をすることもある。

　これに対し、当事者の内心の意思など相手方には分からないので、表意者の内心の意思によって契約の効力が左右されたのでは安心して取引できないから、契約の効力はあくまで表示を基準にすべきであるという考え方がある。意思と表示の不一致について表示を優先する考え方であり、これを表示主義という。

　以上のとおり、効果意思の合致により契約は成立しているが、それが内心の意思と合致しない場合、意思主義を貫徹すれば契約は無効、表示主義を貫徹すれば有効ということになる。

　しかし、我が国の民法は、そのように一律に決することなく、意思主義と表示主義を折衷した解決を定めている。個人の意思の自由と取引の安全を調和させたものである。

　意思と表示の不一致として我が国の民法が定めているものには、心裡留保、虚偽表示、錯誤の三つがある。その内容は以下のとおりである。

(2) 心裡留保

　(A) 意義
　心裡留保とは、表意者がその真意ではないことを知ってした意思表示である（民法93条1項本文）。心裡留保があっても契約は有効であるが、相手方がその意思表示が表意者の真意でないことを知り、又は知ることができたときは、無効となる（同項ただし書）。

　意思と表示が異なることを表意者自ら知っているのであるから、表意者を保護する必要がなく、取引の安全を優先して表示主義が適用される。しかし、相手方がその意思表示が表意者の真意でないことを知り、又は知ることができた場合には、取引の安全を保護する必要はないので、意思主義が適用されるのである。

　もっとも、民法93条1項ただし書によって心裡留保が無効となる場合で

も、善意の第三者には対抗できない（同条2項）。この場合は当然取引の安全が優先するからである。

(B) 判例

心裡留保に基づく契約は通常見かけないものであり、これに関する判例も多くはない。

同棲生活を解消するための手切れ金の支払約束を旧民法93条ただし書により無効としたもの（東京高判昭和53・7・19判時904号70頁）がある。これは「カフェー丸玉事件」（前記3(1)参照）と似たような事案であるが、ここでは、契約は成立したが心裡留保により無効としたものである。

銀行からの借入について「名義貸し」をした者が、銀行からの返済請求に対して心裡留保を主張することがある。これについては、銀行において借受人が単に名義を貸したにすぎないことを知っていたときは、旧民法93条ただし書の適用ないしは類推適用により、借受人に対して貸金の返還を求めることは許されないとした原審の判断を維持した最高裁判決がある（最判平成7・7・7金法1436号31頁）。他方、借主が貸付金を第三者に利用させ、その返済を当該第三者の負担において行う意思を有していた場合について、貸付金をどのような使途に充て、その返済原資をどのように調達するかは、借主側の内部事情にすぎないのであるから、貸主がそのような事情を単に認識していたとか、認識していなかったことに重大な過失あるというだけで直ちに旧民法93条ただし書を類推適用することは相当ではないとしたものもある（大阪地判平成22・6・10金法1913号112頁）。

(C) 改正のポイント

改正民法93条1項は、旧民法93条が「相手方が表意者の真意を知り」としていたのを「相手方がその意思表示が表意者の真意でないことを知り」に改めている。相手の内心の真意を知ることができなくとも、意思表示に対応する内心の意思がないことを知ることができれば相手方を保護する必要はないからである。

また、改正民法93条2項は、心裡留保の無効を善意の第三者に対抗できないとするが、これは、その旨の判例（最判昭和44・11・14民集23巻11号2023頁）を明文化したものである。この点に関する補足説明は以下のと

おりである。

> 法律行為が無効である場合や取り消された場合の第三者保護規定は、通謀虚偽表示、詐欺等においても問題となるが、第三者が保護されるための要件は一貫した考え方に従って定める必要があると考えられる。表意者が権利を失うという効果を正当化するためには第三者の信頼が保護に値すること、すなわち第三者の善意無過失が必要であることを原則としつつ、無効原因、取消原因の性質に応じて検討すべきであるという考え方が示されている。このような考え方からは、（中略）第三者が保護されるための要件として原則よりも緩やかなものを定めたことになるが、これは、心裡留保においては、表示が真意と異なることを表意者自身が知っており、不実の外観を作出した帰責性が表意者自身に一定程度認められることから、正当化されることになる。

民法93条は、代理権の濫用に類推適用されていた（最判昭和42・11・14民集21巻3号697頁）が、代理権の濫用については、改正民法107条が定めているので、今後はその規定に委ねられることになる。

(3) 虚偽表示

(A) 意義

虚偽表示とは、契約当事者双方が相通じて虚偽の意思表示をすることである（民法94条1項）。たとえば、債務者Aが債権者から自宅の差押を受けることを避けるため、知人Bと共謀し、虚偽の売買契約書を作成して名義をBに変えることがそれに当たる。

虚偽表示によって成立した契約は無効である（民法94条1項）。当事者双方が意思と表示の不一致を知っており、取引の安全を考慮する必要がないからである。したがって、上記の設例において、Aが「差押の危険がなくなったから名義を返して欲しい」とBに求めれば、Bはそれに応ずる義務がある。

(B) 第三者の保護

虚偽表示の無効は善意の第三者に対抗できない（民法94条2項）。善意の第三者との関係では取引の安全を保護する必要があるため、表示主義が適用

されるのである。したがって、上記の設例において、Bが、Aの自宅が自分名義になっているのを奇貨として、事情を知らないCに安値で売却して名義を変えたとすれば、AはCに対して名義を戻すよう請求することはできない。

民法94条2項に関する判例には、以下のようなものがある。

- 民法94条2項における善意の立証責任は第三者にある（最判昭和35・2・2民集14巻1号36頁）。
- 土地の賃借人が、同人所有の地上建物を虚偽表示により第三者に譲渡した場合、土地の賃貸人は民法94条2項の第三者には当たらない（最判昭和38・11・28民集17巻11号1446頁）。
- 民法94条2項の第三者の善意・悪意は、同項の適用される法律関係ごとに、第三者が利害関係を持った時期を基準として決定される（最判昭和55・9・11民集34巻5号683頁）。

(C) 第三者保護の拡大

虚偽表示の無効を善意の第三者に対抗できないという民法94条2項の法理は、真実と異なる外観を作出した者は、そのような外観を信頼した第三者に対し、それが無効であることを主張できないという形で、虚偽表示以外の場合にも類推適用されている。

判例によれば、以下のような場合に民法94条2項の類推適用があるとされている。

- 未登記建物の所有者が、承諾を得て他人名義で保存登記した場合（最判昭和41・3・18民集20巻3号451頁）。
- 不動産の真実の所有者の意思に基づき、承諾を得ることなく他人名義で保存登記がなされた場合（最判昭和45・7・24民集24巻7号1116頁）。
- 不動産の所有者が不実の登記がなされていることを知りながら放置していた場合（最判昭和45・9・22民集24巻10号424頁）。
- 未登記建物の所有者が、当該建物が他人名義で家屋台帳に登録されていながらそれを承認していた場合（最判昭和45・4・16民集24巻4号266頁）。
- 不実の登記がなされたことにつき、真実の所有者に、自らこれに積極的に関与した場合やこれを知りながらあえて放置したの同視しうるほどの重い帰責

性がある場合（最判平成18・2・23民集60巻2号546頁）。

(D) 改正のポイント

改正民法においても、民法94条の規律は維持されている。

(4) 錯誤

(A) 意義

錯誤とは、意思と表示が一致しないことを表意者自身が知らないことである。契約書に1千万円と書くつもりで1千円と書くこと（これを「表示の錯誤」という）、A商品を買うつもりで誤ってB商品を買うこと（これを「内容の錯誤」という）、鉄道敷地となるものと誤信してそうでない土地を高価で買うこと（これを「動機の錯誤」という）などがこれに当たる。

改正民法は、錯誤を「意思表示に対応する意思を欠く錯誤」と「表意者が法律行為の基礎とした事情についてその認識が真実に反する錯誤」と定義している（民法95条1項1号・2号）。前者が表示の錯誤と内容の錯誤であり、後者が動機の錯誤である。

意思表示は、上記のような錯誤に基づくものであって、その錯誤が法律行為の目的及び取引上の社会通念に照らして重要なものであるときは、取り消すことができる（民法95条1項）。このように、法律行為の取消原因となる錯誤を「要素の錯誤」という。判例上、要素の錯誤とは、錯誤が重大であり、合理的に判断して錯誤がなければ契約しなかったであろうと認められる場合をいうとされている（大判大正7・10・3民録24輯1852頁）ところ、改正民法は、判例に従い「要素の錯誤」の内容を明らかにしたものである。

要素の錯誤に基づく意思表示が取り消しうるのは、意思と表示の重大な不一致を表意者が知らない以上、取引の安全よりも表意者を保護すべきであり、意思主義を貫くのが適当だからである。

判例によって要素の錯誤と認められた事案には、次のようなものがある。

・受胎した駄馬を良馬と誤信して買った（大判大正6・2・24民録23輯284頁）。

第 1 章 契約の理論

- 戦争中、軍部において使用するためやむをえないと考え、買主が国であると誤信して防風林を財団法人に売却した（最判昭和 29・2・12 民集 8 巻 2 号 465 頁）。
- 仮差押の目的物となっているジャムが一般に通用している特選のものであることを前提として和解契約をなしたところ、粗悪品であった（最判昭和 33・6・14 民集 12 巻 9 号 192 頁）。
- 遺言の存在を知らずに遺産分割協議をした（最判平成 5・12・16 判時 1489 号 114 頁）。
- 敷金返還請求権に対する質権設定について、一定の割合で敷金が減額される旨の特約があり、その点の異議を留めて承諾するつもりが、異議を留めない承諾をしてしまった（最判平成 8・6・18 判時 1577 号 87 頁）。
- 商品代金立替払契約において、前提となる売買契約が存在しない「空クレジット」であることを知らずに連帯保証した（最判平成 14・7・11 判時 1805 号 56 頁）。

(B) 動機の錯誤

動機の錯誤による意思表示の取消しは、当該事情が法律行為の基礎とされていることが表示されていたときに限り、することができる（民法 95 条 2 項）。これも、取引の安全と表意者の保護を調和させたものである。

この点については、以下のような判例がある。

- 他に連帯保証人がある旨の債務者の言を誤信して連帯保証しても、その旨を保証契約の内容としない限り、動機の錯誤であって要素の錯誤ではない（最判昭和 32・12・19 民集 11 巻 13 号 2299 頁）。
- 協議離婚に伴い、夫が、実際には多額の譲渡所得税が自己に課せられるのに、課税されることはないと誤信して行った、自己の土地建物を妻に譲渡する旨の財産分与は無効である（最判平成 1・9・14 判時 1336 号 93 頁）。

(C) 取消の制限

錯誤が表意者に重大な過失によるものであった場合には、錯誤を理由に意思表示を取り消すことができない（民法 95 条 3 項）。この場合は表意者の保護を図る必要がないからである。

ただし、①相手方が表意者に錯誤があることを知り、又は知らなかったこ

とについて重大な過失があるとき、②相手方が表意者と同一の錯誤に陥っていたとき、以上の場合には錯誤による取消が許される（同項1号・2号）。

(D) 意思の不合致

当事者に意思の不合致がある場合、契約の不成立なのか錯誤無効なのかという議論がある。この点については既に述べた（前記6（2）(B)(C)）。

(E) 改正のポイント

(a) 錯誤の効果

錯誤の効果を無効から取消に変更した（民法95条1項）。この点に関する補足説明は以下のとおりである。

> （中略）その理由として、まず、判例（最判昭和40年9月10日民集19巻6号1512頁）は、原則として表意者以外の第三者は錯誤無効を主張することができないとしており、相手方から効力を否定することができない点で取消に近似していることが挙げられる。また、効果を無効とすれば、主張期間に制限がない点では表意者にとって取消しよりも有利になる（民法第126条参照）が、錯誤者を例えば詐欺によって意思表示をした者以上に保護すべき合理的な理由はないと考えられ、むしろ、錯誤者は自ら錯誤に陥ったのに対し、詐欺によって意思表示をした者は相手方に欺罔されて錯誤に陥ったのであり、錯誤者をより厚く保護することは均衡を失するとも考えられる。

(b) 動機の錯誤

動機の錯誤による意思表示の取消しは、当該事情が法律行為の基礎とされていることが表示されていたときに限り、することができるとした（民法95条2項）。動機の錯誤については、表意者が意思表示の内容としてこれを相手方に表示した場合でなければ、要素の錯誤にはならないとする判例（最判昭和29・11・26民集8巻11号2087頁）を明文化したものである。なお、中間試案の段階では「意思表示の前提となる当該事項に関する表意者の認識が法律行為の内容となっているとき」という要件を定めるものとしていた（補足説明13頁）が、改正民法は「内容となっているとき」ではなく「表示されていたとき」とした。

(c) 表意者の重大な過失

表意者に重大な過失があった場合における錯誤の主張制限は維持したが、

その場合でも取り消しうる場合を定めた（民法 95 条 3 項 1 号・2 号）。表意者に重大な過失があっても、相手方に悪意又は重大な過失がある場合には、相手方を保護する必要がないし、共通錯誤の場合は、相手方も同様の錯誤に陥っている以上、法律行為の効力を維持して保護すべき正当な理由を相手方が有していないからである（補足説明 23、24 頁）。

　(d) 第三者保護規定

　錯誤による意思表示の取消しは、善意でかつ過失がない第三者に対抗することができないとした（同条 4 項）。この点に関する補足説明は以下のとおりである。

> 　法律行為が無効である場合や取り消された場合の第三者保護規定は、通謀虚偽表示、詐欺等においても問題となるが、第三者が保護されるための要件は一貫した考え方に従って定める必要があると考えられる。表意者が権利を失うという効果を正当化するためには第三者の信頼が保護に値すること、すなわち第三者の善意無過失が必要であることを原則としつつ、無効原因、取消原因の性質に応じて検討すべきであるという考え方が示されている。錯誤に基づいて意思表示をした者は、心裡留保や通謀虚偽表示の意思表示をした者とは異なり、それが真意と異なることを自分で知って意思表示をしたわけではなく、表意者の態様が類型的に悪質であるとまでは言えない。したがって、上記のような考え方に従えば、第三者が保護されるためには善意無過失が必要であるという原則を修正する必要はない。また、第三者が保護されるためには無過失要件が必要であるとすることにより、この要件の適用を通じて、事案に即した妥当な結論を導くこともできるとも考えられる。

(5) 瑕疵ある意思表示

　(A) 詐欺と強迫

　意思と表示に不一致はないものの、意思の形成過程に瑕疵がある場合、表意者保護のために契約の効力が制限される。詐欺と強迫がそれであり、詐欺又は強迫による契約は取り消すことができる（民法 96 条 1 項）。取り消された契約は最初から無効であったものとみなされる（同法 121 条）。

　詐欺とは、人を欺罔して錯誤に陥らせる行為である。欺罔行為は、故意に基づく違法なものでなければならない（社会通念上許容される駆け引きは詐

欺には当たらない）が、作為に限られず、不作為（沈黙）による欺罔行為もあり得る。

強迫とは、相手に畏怖を生じさせる行為である。畏怖の結果、表意者が完全に選択の自由を失ったことまでは要しない。表意者が意思の自由を失った場合、意思表示は当然無効となる（最判昭和33・7・1民集12巻11号1601頁）。意思能力を欠く状態でされた法律行為と同じだからである。法律行為の当事者が意思表示をしたときに意思能力を有しなかったときは、その法律行為は無効となるのが判例通説であるが、改正民法はそれを明文化した（民法3条の2）。

(B) 第三者の保護

第三者が詐欺を行った場合、相手方がその事実を知り、又は知ることができた場合に限り取り消すことができる（民法96条2項）。また、詐欺による取消は善意で過失のない第三者に対抗することができない（同条3項）。いずれも取引の安全を考慮したものである。

強迫については、表意者の帰責性がないので、取引の安全よりも表意者保護が優先され、相手方又は第三者は、善意無過失であっても保護されない。

(C) 対抗要件

詐欺による取消の効果は、その登記をしなければ、取消後の第三者に対抗できない（大判昭和17・9・30民集21巻911頁）。判例はないが、強迫についても同様と考えられる。

逆に、取消前の第三者は、登記なく表意者に対抗できる（最判昭和49・9・26民集28巻6号1213頁[12]）。この点については、取消前の第三者は、対抗要件としてではなく、権利保護資格要件としての登記が必要であるとの有力な見解がある（内田貴『民法Ⅰ［第4版］総則・物権総論』85頁）。

(D) 改正のポイント

改正民法は、第三者の詐欺における相手方及び相手方の詐欺における第三者が保護されるには、善意だけでは足りず、過失がないことも要件であると

---

[12] もっとも、同判決の調査官解説は、この事案においては第三者が仮登記及びその移転の付記登記を取得している点が重視されており、判例が対抗要件を一切不要としたものと断定するのは困難であるとする（『最高裁判所判例解説民事篇昭和49年度』543頁）。

している。この点に関する補足説明は以下のとおりである。

> （中略）第三者の詐欺について善意の相手方に対して意思表示を取り消すことができないこととするのは、当該意思表示が有効であるという信頼を保護するためであるから、その信頼が保護に値するもの、すなわち相手方が無過失であることが必要であると指摘されている。また、表意者の心裡留保については、相手方が善意であっても過失があれば意思表示が無効とされることとのバランスから、第三者の詐欺による意思表示についても、相手方本人がそれを知ることができたときは取消しが認められるべきであるという指摘がある。
>
> （中略）法律行為が無効である場合や取り消された場合の第三者保護規定は、通謀虚偽表示、錯誤等においても問題となるが、第三者が保護されるための要件は一貫した考え方に従って定める必要があると考えられる。表意者が権利を失うという効果を正当化するためには第三者の信頼が保護に値すること、すなわち第三者の善意無過失が必要であることを原則としつつ、無効原因、取消原因の性質に応じて検討すべきであるという考え方が示されている。

なお、民法96条1項は改正しないこととされている。したがって、強迫による取消については改正点がないこととなる。

8　契約自由の原則とその例外

(1) 契約自由の原則

(A) 意義

何人も、法令に特別の定めがある場合を除き、契約をするかどうかを自由に決定することができる（民法521条1項）。契約の当事者は、法令の制限内において、契約の内容を自由に決定することができる（同条2項）。契約の成立には、法令に特別の定めがある場合を除き、書面の作成その他の方式を具備することを要しない（同法522条2項）。これらを「契約自由の原則」といい、契約法における当然の原則として承認されている。改正民法はそれを明文化したものである。

ちなみに、民法91条は「法律行為の当事者が法令中の公の秩序に関しない規定と異なる意思を表示したときは、その意思に従う」と定めているが、これは契約自由の原則を裏から述べたものである[13]（ここでは、広く「法律行為」といっているが、契約は法律行為のひとつである）。

契約自由の原則は、厳密にいえば、①契約を締結し又は締結しない自由、②契約締結の相手方を選択する自由、③契約の内容を決定する自由、④契約締結の方式からの自由、以上の四つからなる（我妻榮『債権各論上巻（民法講義V_1）』18頁）。このうち、①と②は自由主義市場経済を採用することから来るものであるから、これを「市場取引の原則」と呼び、③と④は契約当事者の意思（合意）が契約内容を決定するという原則（意思主義）から来るものであるから、これを「合意優先の原則」と呼び、この二つを区別することがある（平井・前掲書72頁）。

(B) 改正のポイント

改正民法は、契約自由の原則について、上記①と③と④を明文化したものである。中間試案の段階では③のみを明文化する予定であった（補足説明322頁）が、改正民法では①と③も追加された。

(C) 市場取引の原則の制限

自由主義市場経済の発展に伴う弊害を取り除くため、私的独占の禁止及び公正取引の確保に関する法律（以下「独占禁止法」という）その他各種の法的規律がなされるようになったが、それによって市場取引の原則は大幅に制限を受けている。若干の例を挙げれば、以下のとおりである。

・電気・ガス・水道等の独占的事業や、医師・薬剤師等の公共的職務については、正当な理由なく申込を拒否できない（ガス事業法16条等）。
・一定の取引分野における競争を実質的に制限することとなる合併はできない（独占禁止法15条）。
・使用者が労働組合との団体交渉を正当な理由なく拒否すれば不当労働行為となる（労働組合法7条2号）。

---

[13] 民法521条1項は民法91条と重なるが、契約法の基本原理として改めて明示することに意味があるとされる（補足説明322頁）。

第1章　契約の理論

(D) 合意優先の原則の制限

合意優先の原則については、強行規定違反、公序良俗違反、契約の解釈、消費者保護法、以上の点で制限を受けている。

以下、これらの点について述べる。

(2) 強行規定違反

(A) 意義

民法91条によれば、契約（法律行為）の当事者が法令中の公の秩序に関しない規定と異なる意思を表示したときは、その意思に従うものとされる。前記(1)で述べたとおり、これは契約自由の原則を認めたものであるが、条文には「公の秩序に関しない規定」という限定がついているので、逆に「公の秩序に関する規定」に反することができないということを定めたものでもある。この「公の秩序に関する規定」を強行規定といい、これに対し「公の秩序に関しない規定」を任意規定という。

民法91条は、強行規定に反する契約を無効とし、任意規定に反する契約を有効と定めているのである。

では、いかなる法令が強行規定になるか。

(a) 法令の規定がある場合

法令に反する契約は無効である旨を明文で定めている場合、それが強行規定であることは明らかである。

たとえば、借地借家法9条は、借地権の存続期間を法の定める期間よりも短くし、期間の更新を認めないような借地契約を無効としている。これは、社会政策的観点から、借地人の保護を契約の自由よりも優先させた結果であり、ここでは借地人の保護が公の秩序になっているのである。

(b) 法令の規定がない場合

法令にそのような明文のない場合、強行規定であるかどうかについては、解釈によって決するほかない。

たとえば、賃貸借契約に関する民法614条は、家賃を後払いとしているが、これは強行規定ではなく、世上見受けられるように家賃を前払いにする契約

も有効と解されている。このような条文を含め、民法第3編「債権」の多くは、契約条件のスタンダードとして、当事者が契約条件を明確に定めていない場合にそれを補充するためのものとして、任意規定と解されている。

これに対し、民法第1編「総則」や第4編「親族」の定めは強行規定であることが多い。たとえば、民法5条は未成年者が法律行為をするには法定代理人の承認が必要であるとしているが、契約で法定代理人の承認は不要と合意しても無効である。また、民法第732条は重婚を禁じているが、夫が別の女性と結婚することに妻が同意しても重婚は有効にならない。前者は未成年者の保護を目的とする規定であり、後者は婚姻秩序の維持を目的とする規定であって、これらはいずれも公の秩序に関するものなのである。

(B) 取締規定と効力規定

行政上の取締を目的として、一定の行為を禁止し、それに対する罰則を定めている例がいくつもある。たとえば、食品衛生法は、知事の許可を得ずに食肉の販売をしてはならないと定め、無許可販売に対する罰則を定めており、弁護士法は、弁護士でない者が弁護士業務を行うことを禁止し、非弁活動に対する罰則を定めている。

これらを行政上の取締法規というが、取締法規に違反する契約を締結した場合に、それが罰則の適用を受けるのは当然としても、契約自体が無効になるのかについては必ずしも明らかではない。

食肉の無許可販売も非弁活動も、罰則が適用されることは当然であるが、無許可で販売された食肉の代金を買主は支払わなくてよいのか、また、非弁活動を委任した依頼者は報酬を支払わなくてよいのかという問題である。

この点について、最高裁は、無許可で食肉を販売しても食肉の売買契約は有効であるとしつつ（最判昭和35・3・18民集14巻4号483頁）、弁護士でない者に対する弁護士業務の委任契約は無効であるとしている（最判昭和38・6・13民集17巻5号744頁）[14]。したがって、無許可で販売された食肉の買主は売買代金を支払う義務がある一方、非弁活動の依頼者は報酬を支払う義務がないことになる。

---

14 ただし、弁護士法違反だけでなく、民法90条（公序良俗）違反も理由に挙げられている。

第1章 契約の理論

この違いはどこから来るのか。

食肉の販売は本来誰でもなし得るはずのものであるが、公衆衛生の維持という観点から許可を要求しているにすぎないので、処罰のみで抑制すれば足りるし、それ以上に売買契約を無効とすれば取引の安全が損なわれると裁判所は考えたものと思われる。これに対し、弁護士資格はもともと厳しく制限され、弁護士業務は誰もがなし得るものではないから、処罰を恐れずに違反行為をすることを許さず、弁護士でないものに弁護士業務を委任すること自体を無効にして報酬請求権を否定し、非弁活動へのインセンティブを削ぐのが適当と考えたのであろう。

このように、取締法規については、罰則を適用するだけで十分行政上の取締の目的を達することができるので、違反の契約を無効とするまでもないものと、罰則の適用だけでは足りず、違反の契約を無効としなければ本来の行政上の取締を行う目的が達成できないものとがあるといえる。

取締法規のうち、それに反する契約を無効とするものを「効力規定」といい、そうでないものを「取締規定」という。食品衛生法は取締規定、弁護士法は効力規定というわけである。

(C) 判例

そのほか、法令違反の契約の効力について判断した判例には、以下のようなものがある。

・証券業者が、旧証券取引法に違反して委託証拠金なしに信用取引をしても、証券業者と依頼者との間の契約の効力に影響を及ぼさない（最判昭和40・4・22民集19巻3号703頁）。
・重要文化財の所有者が文化財保護法に違反して第三者に有償譲渡しても、その効力に影響はない（最判昭和50・3・6民集29巻3号220頁）。
・有料職業紹介における手数料契約のうち、旧職業安定法に基づき労働大臣が指定した手数料の最高額を超える部分は無効である（最判平成6・4・22民集48巻3号944頁）。
・民法678条のうち、やむを得ない事由があれば組合の存続期間内でも任意に脱退できるとする部分は強行規定であり、組合契約のうちそれに反する部分は無効である（最判平成11・2・23民集53巻2号193頁）。

（3）公序良俗違反

（A）意義

民法90条は「公の秩序又は善良な風俗に反する法律行為は無効とする」と定める。ここにおいて「公の秩序」とは国家社会の一般的利益を指し、「善良の風俗」とは社会の一般的道徳観念を指す。もっとも、この二つを明瞭に区別することは難しく、一括して「社会的妥当性」といわれている。契約の法的拘束力を認めることが社会的に見て妥当性を欠くときは、契約を無効にしようという考え方である（我妻榮『新訂民法総則（民法講義Ⅰ）』271頁）。

（B）芸娼妓契約

では、具体的に公序良俗に反する契約にはどのようなものがあるのか。

かつて、芸娼妓契約といって、未成年の娘の親が売春業者から借金し（これを「前借金」という）、前借金のかたに娘を売春宿で働かせ、その報酬を弁済に充てるという、前近代的で個人の尊厳を無視する契約があった。

もちろん、吉原などの遊郭で公然と人身売買が行われていた江戸時代ならいざ知らず、近代国家を目指した明治政府が人身売買を公認するはずもなく、明治初期に娼妓解放令が発布され、裁判所も、早い時期から、売春婦として働かせる契約は公序良俗に反して無効であるとしていた（我妻・前掲書277頁）。

しかし、娘の親が前借金をすること自体は、民法上認められた消費貸借契約であるから、当初裁判所は、芸娼妓契約のうち前借金の部分は有効であり、親は借金を返済する義務があるとしていた。これに対し、最高裁（最判昭和30・10・7民集9巻1616頁）は、前借金は酌婦として働くことと実質的に不可分であるから、それも公序良俗に反して無効であるとして、この問題に終止符を打った。

前借金を無効とすれば、借金を次々に踏み倒して娘をあちこちの売春宿に売ることができるので、娘を食い物にする親を利するのはおかしいという議論があり、裁判所が当初前借金を有効にしたのにはそのような配慮もあったもののようである（我妻・前掲書278頁）。しかし、前借金に法的拘束力を

認めれば、売春業者は最低でも貸した金を取り返せる（親に金はなくとも、保証人から返済を受けることができる）ので、芸娼妓契約は一向に減ることがなかった。しかし、最高裁が前借金を無効にして返還請求を認めず、芸娼妓契約に国は一切法的保護を与えないことを明確にしたことで、そのような契約を締結する意味を失わせたのである。

(C) 現代型の公序良俗違反

芸娼妓契約が公序良俗に反するというのは、現代人の感覚から言えば当たり前のようなものであるが、契約が公序良俗に反して無効となるのは、このような時代がかったものだけではない。

最高裁は、公序良俗に反するか否かは、契約がなされた時点の公序に照らして判断すべきであるとしている（最判平成15・4・18民集57巻4号366頁）。つまり、時代の趨勢によって公序良俗の中身は変わるものであり、現在公序良俗に反しないと考えられていることでも、いずれ公序良俗に反することになるかも知れないし、その逆もあり得るということである。

裁判所としても、公序良俗という抽象的な概念を使うことで、その時代の社会の一般常識を反映した解決をすることができるというメリットがあるので、今後も公序良俗違反を理由に契約が無効とされる事例は出てくるものと思われる。

従来、投資取引で約束した運用利率を達成できなかった場合、資金運用を任された証券会社が顧客に損失を補填するという約束をすること（損失保証契約）は、証券取引法（現行の金融商品取引法）違反であり、関係者が処罰されることはあっても、契約それ自体は有効と考えられていた。しかるに、平成元年末にそれが社会問題化し、大蔵省の通達が出されるなど社会的非難に値する行為であるとの認識が形成されたと認められることから、最高裁は、それ以後になされた損失保証契約を無効とした（前掲最判平成15・4・18）。

不倫関係を維持・継続するための贈与や遺贈は、婚姻秩序・性道徳の観点から公序良俗に反するので無効と解されている。しかし、最高裁は、不倫関係にある女性に遺産の3分の1を包括遺贈した事案について、それが不倫関係の維持・継続ではなく、女性の生活を保全するためのものであるから公序良俗に反しないとした（最判昭和61・11・20民集40巻7号1167頁）。婚姻

に対する社会意識の変化を微妙に反映したものといえようか。

　そのほか、公序良俗違反を理由に契約が無効とした判例には、以下のようなものがある。

・金地金の先物取引について、先物取引の顧客としての適格を欠く主婦を相手に、長時間執拗に働きかけ、取引の投機性や保証金の必要等につき十分な説明をしないなど、著しく不公正な方法によって勧誘がなされたときは、その先物取引は公序良俗に反し無効である（最判昭和61・5・29判時1196号102頁）。
・労働組合の組合員であることを雇用の条件とする労働協約（ユニオン・ショップ協定）のうち、ユニオン・ショップ協定を締結した労働組合以外の労働組合の組合員は解雇しなければならないとした部分は、労働者に解雇の威嚇の下に特定の労働組合への加入を強制するものであり、労働者の組合選択の自由及び他の労働組合の団結権を侵害するものであるから、公序良俗に反し無効である（最判平成1・12・14民集43巻12号2051頁）。
・著名な米国ポロ社のロゴと同一又は類似のものを使用した模倣品をポロ社の真正な商品であると誤信させて大量に販売し利益をあげようと企てた行為は、経済取引における商品の信用の保持と公正な経済秩序の確保を害する著しく反社会性の強い行為であるといわなければならず、そのような取引を内容とする商品の売買契約は公序良俗に反し無効である（最判平成13・6・11判時1757号62頁）。

(D) 改正のポイント

　改正民法90条は、旧民法90条から「事項を目的とする」との文言を削除した。既に述べたとおり、公序良俗に反するかどうかは、契約の目的のみならず、契約のなされた過程その他の諸事情を勘案して判断されるからである。

　なお、中間試案の段階では「相手方の困窮、経験の不足、知識の不足その他の相手方が法律行為をするかどうかを合理的に判断することができない事情があることを利用して、著しく過大な利益を得、又は相手方に著しく過大な不利益を与える法律行為は、無効とするものとする」との規律を定めるものとしていた（補足説明2頁）が、改正民法には採用されなかった。

(4) 契約の解釈

(A) 意義

契約の解釈には、当事者の意思を明らかにすること（本来的解釈）と、当事者間の権利義務に関する規範を設定すること（規範的解釈）の二つがある（平井・前掲書87頁）。

合意優先の原則を制限するのは規範的解釈の方であり、本来的解釈は、合意優先の原則を補完するものというべきであるが、便宜上ここで双方について述べる。

(B) 本来的解釈

契約は意思の合致によって成立する以上、契約の解釈は、当事者の共通の意思を基準としてされなければならない。このことは既に述べた（前記6(1)(A)）。したがって、本来的解釈とは、契約当事者が本来意図したとおりに「共通の意思」の意味を明らかにすることというべきである（平井・前掲書92頁）。

(a) 中間試案

改正民法には採用されなかったが、中間試案は、契約の解釈について以下のような定めを置くこととしていた（補足説明359頁）。

> 1 契約の内容について当事者が共通の理解をしていたときは、契約は、その理解に従って解釈しなければならない。
> 2 契約の内容についての当事者の共通の理解が明らかでないときは、契約は、当事者が用いた文言その他の表現の通常の意味のほか、当該契約に関する一切の事情を考慮して、当該契約の当事者が合理的に考えれば理解したと認められる意味に従って解釈しなければならないものとする。
> 3 上記1及び2によって確定することができない事項が残る場合において、当事者がそのことを知っていれば合意したと認められる内容を確定することができるときは、契約は、その内容に従って解釈しなければならないものとする。

契約の法的拘束力の根拠が意思の合致にある以上、共通の理解（共通の意思）によって契約を解釈すべきであるという中間試案の考え方は合理的であ

り、ユニドロワ原則にも沿うものである。また、当事者間に共通の理解があるにもかかわらず、契約書の文言を盾にとってそれと異なる主張を許すのは不適当であろう（「誤った表示でも害を与えない」原則に反している）。

　しかしながら、この点については、裁判実務における契約の解釈は、契約書に用いられた文言の客観的な意味を探究する作業を中心になされているので、中間試案で示されている考え方は、現在の裁判実務とは相容れないという批判があり[15]、改正民法への採用はならなかったもののようである。

　(b)　ユニドロワ原則

　契約の解釈について、ユニドロワは以下のような原則を定めている。このうち、ユニドロワ原則 4.1 条から 4.3 条が一般的な解釈基準であり、同 4.4 条から 4.8 条は契約書がある場合の解釈基準である。

同 4.1 条（当事者の意思）
(1)　契約は当事者の共通の意思によって解釈されなければならない。
(2)　前項の意思を証明することができないときは、契約は、当事者と同種の合理的な者が同じ状況のもとでその契約にあたえるであろう意味に従って解釈されなければならない。
同 4.2 条（言明およびその他の行為の解釈）
(1)　当事者の言明およびその他の行為は、相手方がその意志を知りまたは知らないことはあり得なかったときは、その意思に従って解釈されなければならない。
(2)　前項が適用されないときには、当事者の言明およびその他の行為は、相手方と同種の合理的な者が同じ状況のもとでその行為に与えるであろう意味に従って解釈されなければならない。
同 4.3 条（考慮すべき事情）
　4.1 条および 4.2 条の適用にあたっては、以下の各号に定める事情その他一切の事情を考慮しなければならない。
　(a)　契約準備段階における当事者間の交渉
　(b)　当事者がその間で確立させている慣行
　(c)　契約締結後の当事者の行為
　(d)　契約の性質および目的
　(e)　当該取引分野において条項や表現に一般に与えられている意味

15　http://www.moj.go.jp/content/000121264.pdf

(f) 慣習

同4.4条（契約全体または言明全体との一貫性）

　条項および表現は、それらが含まれている契約または言明の全体に照らして解釈されなければならない。

同4.5条（すべての条項に効果を与える解釈）

　契約条項は、そのうちいくつかの条項の効果を奪うよりも、それらのすべての条項に効果を与えるように解釈されなければならない。

同4.6条（「作成者不利に」の原則）

　当事者の一方により準備された契約条項が不明瞭なときは、その当事者に不利となるように解釈されることが望ましい。

4.7条（言語間の齟齬）

　契約に二つ以上の言語で作成された版があり、それらが等しく拘束力を有する場合において、それらの間に齟齬があるときは、最初に作成された版に従って解釈されることが望ましい。

4.8条（条項の欠缺とその補充）

(1) 契約の当事者が、双方の権利義務の確定にとって重要な条項について合意していないときは、当該状況のもとで適切な条項が補充されなければならない。

(2) 何が適切な条項であるかを判断するにあたっては、他の要素とともに以下の各号に定める要素が考慮されなければならない。

　(a) 当事者の意思
　(b) 契約の性質および目的
　(c) 信義誠実および公正取引
　(d) 合理性

　ユニドロワ原則4.1条は、当事者の意思の合致が法的拘束力の根拠であることを前提として、当事者の共通の意思を探索することが契約の解釈の基本であることを示したものである。この考え方は中間試案に取り入れられていたが、改正民法に入らなかったことは既に述べたとおりである。

　ただし、通常、契約書に記載された文言と当事者の共通の意思が乖離することはないうえ、紛争となった場合に、契約書の文言と異なる意思を立証することは困難である。考え方の筋道としては正しいけれども、現実の訴訟の場面でこの原則に過度に依存することは危険であろう。

　同4.2条は、同4.1条の原則を当事者の言明その他の行為の解釈について

も適用するものである。

　同4.3条は、当事者の共通の意思を解釈するに当たって考慮すべき事情を例示したものである。また、同4.4条から4.8条は契約書の条項の解釈基準を示している。いずれも経験則に合致した合理的なものであり、実際、契約の解釈に当たって裁判官が採用する判断基準もこれと大きく異なるものではないであろう（もともと判例のリステイトメントであるから当然であるが）。

　契約の解釈について裁判官が採用する判断基準がいかなるものかは、個々の裁判官によって異なるうえ、判決文を読まない限り明らかにならない。ユニドロワ原則が一般的な形で契約の解釈基準を掲げていることは、裁判官にとっても大いに参考になるであろうし、これが裁判官によって引用されるようになれば、当事者にとっても判決の予見可能性を高めるものとなろう。

　(C) 規範的解釈

　規範的解釈とは、裁判官による規範の定立、すなわち、契約当事者の意思如何にかかわりなく行われる契約上の権利義務を創造する作業である（平井・前掲書102頁）。これにより、契約の条項が当事者において本来意図するところとは違った要件・効果を持つことになる。この意味で、規範的解釈は契約自由の原則（合意優先の原則）の制限となるのである。

　民法1条2項は「権利の行使及び義務の履行は、信義に従い誠実に行わなければならない」と規定しており、これを信義誠実の原則（信義則）という。最高裁（最判昭和32・7・5民集11巻7号1193頁）は、和解契約の趣旨が争われた事案において、以下のとおり判示して、信義則が契約の解釈においても基準になるとした。

> （中略）いわゆる信義誠実の原則は、ひろく債権法の領域に適用されるものであつて、ひとり権利の行使、義務の履行についてのみならず、当事者のした契約の趣旨を解釈するにもその基準となるべきものであるから、原判決が前示契約の趣旨を解釈するにあたって、信義則によって判断する旨判示したことをもつて、所論のような違法ありとすることはできない。

　信義則を理由に契約書の定める効果を制限した判例もある。それは以下のようなものであった。

第1章　契約の理論

　NTT の加入電話約款では、加入電話からの通話については、契約者以外の者が行ったものであっても契約者が通話料支払義務を負うことになっているところ、未成年者が親である契約者の承諾なしにダイヤル Q^2 サービスを長時間利用して高額な料金請求を受けたという事案について、最高裁（最判平成 13・3・27 民集 55 巻 2 号 434 頁）は、以下のとおり判示して、請求の一部を棄却した。

> 　（中略）同サービスは、日常生活上の意思伝達手段という従来の通話とは異なり、その利用に係る通話料の高額化に容易に結び付く危険を内包していたものであったから、公益的事業者である上告人としては、一般家庭に広く普及していた加入電話から一般的に利用可能な形でダイヤル Q^2 事業を開始するに当たっては、同サービスの内容やその危険性等につき具体的かつ十分な周知を図るとともに、その危険の現実化をできる限り防止するために可能な対策を講じておくべき責務があったというべきである。（中略）被上告人が料金高額化の事実及びその原因を認識してこれに対する措置を講ずることが可能となるまでの間に発生した通話料についてまで、本件約款 118 条 1 項の規定が存在することの一事をもって被上告人にその全部を負担させるべきものとすることは、信義則ないし衡平の観念に照らして直ちに是認し難いというべきである。そして、その限度は、加入電話の使用とその管理については加入電話契約者においてこれを決し得る立場にあることなどの事情に加え、前記の事実関係を考慮するとき、本件通話料の金額の 5 割をもって相当とし、上告人がそれを超える部分につき被上告人に対してその支払を請求することは許されないと解するのが相当である。

　この判例は、契約者以外の者が行ったものであっても契約者が通話料支払義務を負うとする加入電話約款（附合契約）は、ダイヤル Q^2 のように料金高額化の危険性があるものについては、その事実を認識してこれに対する措置を講ずることが可能となるまでの間に発生した通話料については適用がないとしたものである。

　これが当事者の共通の意思であるとは言いがたく、裁判官によって契約内容が改訂されたものというほかない。規範的解釈の一例といえるであろう。

　附合契約（約款）については、相手方がそれに包括的に従うという意思がある以上、法的拘束力の前提である自由な意思に欠けるところはなく、それ

8　契約自由の原則とその例外

によって生ずる不当な結果については、裁判官が社会経済的な観点から合理的に改訂すればよいとする考え方を紹介した（前記4（2））が、この判決がまさにその例といえよう。

(5) 消費者契約法

(A) 意義

消費者契約法は、消費者保護の観点から、契約の自由（合意優先の原則）を制限し、一定の契約を無効と定めている（消費者契約法8条ないし10条）。

消費者契約とは個人と事業者との間の契約である（同法2条）ところ、取引が多様化・複雑化するなかで情報・交渉力の面で消費者と事業者との間に大きな格差が存在する状況において、事業者が適切なバランスを失し、自己に一方的に有利な結果を来す可能性も否定できないことから、消費者の正当な利益を保護するため、消費者に不利な契約が無効となる場面を民法よりも広げたのである（内閣府国民生活局消費者企画課編『逐条解説消費者契約法［補訂版］』131頁）。

(B) 消費者の利益を一方的に害する条項

消費者契約法10条によれば、民法、商法その他の法律の公の秩序に関しない規定の適用による場合に比し、消費者の権利を制限し、又は消費者の義務を加重する消費者契約の条項であって、民法1条2項（信義則）に規定する基本原則に反して消費者の利益を一方的に害するものは、無効となる。

既に述べたとおり、民法91条によれば、任意規定と異なる契約は本来有効なはずであるが、消費者契約については、その場合でも、信義則に反して消費者の利益を一方的に害するものは無効になるとしたのである。

消費者契約法10条の適用が問題になった判例として、借家契約を更新するに当たり更新料を支払うとの約束が消費者契約法10条に該当するか否かが争われたものがある。原審が更新料の特約は消費者契約法10条に該当するとして、家主による更新料の請求を認めなかったのに対し、最高裁（最判平成23・7・15民集65巻5号2269頁）は、以下のとおり判示して原判決を破棄し、更新料の請求を認めた。

> 　（中略）消費者契約法10条は、消費者契約の条項を無効とする要件として、当該条項が、民法1条2項に規定する基本原則、すなわち信義則に反して消費者の利益を一方的に害するものであることをも定めるところ、当該条項が信義則に反して消費者の利益を一方的に害するものであるか否かは、消費者契約法の趣旨、目的（同法1条参照）に照らし、当該条項の性質、契約が成立するに至った経緯、消費者と事業者との間に存する情報の質及び量並びに交渉力の格差その他諸般の事情を総合考量して判断されるべきである。
> 　更新料条項についてみると、更新料が、一般に、賃料の補充ないし前払、賃貸借契約を継続するための対価等の趣旨を含む複合的な性質を有することは、（中略）に説示したとおりであり、更新料の支払にはおよそ経済的合理性がないなどということはできない。また、一定の地域において、期間満了の際、賃借人が賃貸人に対し更新料の支払をする例が少なからず存することは公知であることや、従前、裁判上の和解手続等においても、更新料条項は公序良俗に反するなどとして、これを当然に無効とする取扱いがされてこなかったことは裁判所に顕著であることからすると、更新料条項が賃貸借契約書に一義的かつ具体的に記載され、賃借人と賃貸人との間に更新料の支払に関する明確な合意が成立している場合に、賃借人と賃貸人との間に、更新料条項に関する情報の質及び量並びに交渉力について、看過し得ないほどの格差が存するとみることもできない。
> 　そうすると、賃貸借契約書に一義的かつ具体的に記載された更新料条項は、更新料の額が賃料の額、賃貸借契約が更新される期間等に照らし高額に過ぎるなどの特段の事情がない限り、消費者契約法10条にいう「民法第1条第2項に規定する基本原則に反して消費者の利益を一方的に害するもの」には当たらないと解するのが相当である。

　ここでは、当該条項が信義則に反して消費者の利益を一方的に害するものであるか否かの判断基準として、①消費者契約法の趣旨・目的、②当該条項の性質、③契約が成立するに至った経緯、④消費者と事業者との間に存する情報の質及び量並びに交渉力の格差、⑤その他諸般の事情、を最高裁が明示したことが重要である。今後、消費者契約法10条の適用については、これらの事情の有無が争点とされることになろう。

　更新料条項については、更新料自体が合理性を有すること（上記②）と、現に広く更新料の授受がなされていたという事実（上記③）が重要視され、その効力が維持されたものである。

（C）損害賠償の予定

消費者契約法9条1項によれば、消費者契約を解除した場合の違約金の約定について、違約金の額が解除によって事業者に生ずる平均的な損害額を超える場合、超過部分は無効となる。

これが問題となった判例として、大学の入学金・授業料に関するものがある。大学の入学試験の募集要項には、合格者は一定の時期までに入学金と授業料を納付しなければならず、合格者が入学を辞退した場合でも前納した入学金と授業料は返還しないということが書かれているが、このような不返還特約は、在学契約の解除による違約金の没収といえるから、消費者契約法9条1項に該当するのではないかということが問題となったものである。

なお、消費者契約法の施行前は、そのような不返還特約は公序良俗に反するという主張がなされていたが、施行後は、消費者契約法9条1項を根拠に返還請求をすることになったのである。

この点について、最高裁（最判平成18・11・27民集60巻9号3437頁）は、大学入試の実情を踏まえたうえで、以下のとおり判示した。

> （中略）入学金は、その額が不相当に高額であるなど他の性質を有するものと認められる特段の事情のない限り、学生が当該大学に入学し得る地位を取得するための対価としての性質を有するものであり、（中略）入学金については、その納付後に在学契約等が解除され、あるいは失効しても、その性質上大学はその返還義務を負うものではないから、不返還特約のうち入学金に関する部分は注意的な定めにすぎない。
>
> （中略）不返還特約のうち授業料等に関する部分は、在学契約の解除に伴う損害賠償額の予定又は違約金の定めの性質を有するものと解するのが相当である。この点は、不返還特約のうち諸会費等に関する部分についても、基本的に妥当するものと解される。
>
> （中略）大学が合格者を決定するに当たって織り込み済みのものと解される在学契約の解除、すなわち、学生が当該大学に入学する（学生として当該大学の教育を受ける）ことが客観的にも高い蓋然性をもって予測される時点よりも前の時期における解除については、原則として、当該大学に生ずべき平均的な損害は存しないものというべきであり、学生の納付した授業料等及び諸会費等は、原則として、その全額が当該大学に生ずべき平均的な損害を超えるものといわなければならない。

第1章　契約の理論

　これに対し、学生による在学契約の解除が、上記時点以後のものであれば、そのような時期における在学契約の解除は、当該大学が入学者を決定するに当たって織り込み済みのものということはできない。(中略)上記時期に在学契約を解除した学生の納付した初年度に納付すべき授業料等及び諸会費等については、原則として、当該大学に生ずべき平均的な損害を超える部分は存しないものというべきである。
　(中略)一般に、4月1日には、学生が特定の大学に入学することが客観的にも高い蓋然性をもって予測されるものというべきである。そうすると、在学契約の解除の意思表示がその前日である3月31日までにされた場合には、原則として、大学に生ずべき平均的な損害は存しないものであって、不返還特約はすべて無効となり、在学契約の解除の意思表示が同日よりも後にされた場合には、原則として、学生が納付した授業料等及び諸会費等は、それが初年度に納付すべき範囲内のものにとどまる限り、大学に生ずべき平均的な損害を超えず、不返還特約はすべて有効となるというべきである。
　(中略)推薦入学試験(これに類する入学試験を含む。)に合格して当該大学と在学契約を締結した学生については、(中略)学生が在学契約を締結した時点で当該大学に入学することが客観的にも高い蓋然性をもって予測されるものというべきであるから、当該在学契約が解除された場合には、その時期が当該大学において当該解除を前提として他の入学試験等によって代わりの入学者を通常容易に確保することができる時期を経過していないなどの特段の事情がない限り、当該大学には当該解除に伴い初年度に納付すべき授業料等及び諸会費等に相当する平均的な損害が生ずるものというべきである。

　この判例によれば、入学金については、入学辞退(在学契約の解除)によってそれを違約金として没収することは可能であるが、初年度の授業料等については、4月1日以降の辞退については没収可能であるが、それ以前の辞退については没収不可能ということになる。
　現在の大学入試の実情に鑑みると、4月1日には学生の特定の大学への入学が確定するから、それ以後に辞退された場合、追加合格で学生を補充することは困難であるが、それ以前であれば、仮に辞退があっても、追加合格で学生の補充が可能である。したがって、4月1日以後の辞退については、初年度の授業料等は大学の平均的な損害に当たり、それを違約金として没収することは可能であるが、4月1日より前に辞退された場合には、初年度の授

業料等に相当する損害の発生は防止できるから、それは平均的損害に当たらず、違約金として没収することはできないというのである。

もっとも、推薦入学については、追加合格によって学生を補充することが通常できないから、原則として初年度の授業料等は平均的損害として没収可能というのである。

現時点における大学入試の実情を踏まえた巧みな判断といえるであろう。

9 契約の当事者（代理と代表）

(1) 代表権・代理権

(A) 意義

会社（法人）が契約の当事者となる場合、実際に契約を締結するのは、社長や役員、社員などの個人（自然人）である。その個人に契約を締結する権限があれば契約は有効であり、会社はその契約に拘束されるが、その個人に権限がなければ契約は無効である。

このように、個人が会社のために契約を締結する方法には、代表と代理がある。

(B) 代表

代表とは、個人の行為がすなわち会社の行為であるとみなされるものをいう。会社を代表する個人が契約をすれば、それは会社が自ら契約をしたことになるので、会社が契約に拘束されることは当然というわけである。

株式会社の場合、取締役または代表取締役に代表としての権限（これを「代表権」という）が与えられる（会社法349条1項）。代表取締役は、会社の業務に関する一切の裁判上又は裁判外の行為をする権限を有する（同法349条4項）。このような代表取締役の重要性に鑑み、代表取締役の氏名と住所は登記事項とされている（同法911条3項14号）。

第1章　契約の理論

(C) 代理

　代理とは、ある者が本人のためにすることを示して第三者と契約をすることによって、その契約の効力が本人に及ぶものをいう（民法99条）。この場合、本人のためにすることを示して（これを「顕名」という）契約する者を代理人といい、代理人が本人のために行うことのできる権限を代理権という。

　なお、中間試案の段階では「代理人がその権限内において自ら本人であると称してした意思表示もまた、本人に対して直接にその効力を生じる」との規律を設けるものとしていた（補足説明34頁）が、改正民法には採用されなかった。

　代理権の範囲は本人と代理人との契約（多くの場合委任契約であるが、それに限られない）によって定まる。ただし、会社の場合、以下のとおり、使用人に法律上当然に一定の事項について代理権が認められる場合がある。

- 会社は、その本店又は支店において、支配人を選任し、その事業を行わせることができる（会社法10条）。支配人は、会社に代わってその事業に関する一切の裁判上又は裁判外の行為をする権限を有する（同法11条1項）。支配人は登記事項である（同法918条）。
- 事業に関するある種類又は特定の事項の委任を受けた使用人は、当該事項に関する一切の行為をする権限を有する（会社法14条1項）。部長や課長がこれに当たる。

　最高裁（最判平成2・2・22商事法務1209号49頁）は、商社の物資部繊維課係長がしたシャツの売買契約における当該係長の代理権が問題となった事案において、会社法14条1項（平成17年法律第87号による改正前の商法（以下「旧商法」もしくは「商法」という）43条1項）の趣旨について以下のとおり判示している。

> 　（会社法14条1項）の趣旨は、反復的・集団的取引であることを特質とする商取引において、（中略）営業主からその営業に関するある種類又は特定の事項（例えば、販売、購入、貸付、出納等）を処理するため選任された者について、取引の都度その代理権限の有無及び範囲を調査確認しなければならないとすると、取引の円滑確実と安全が害される虞があることから、右のような使用人については、客観的にみて受任事項の範囲内に属するものと認められる一

> 切の裁判外の行為をなす権限すなわち包括的代理権を有するものとすることにより、これと取引する第三者が、代理権の有無及び当該行為が代理権の範囲内に属するかどうかを一々調査することなく、安んじて取引を行うことができるようにするにあるものと解される。したがって、右条項による代理権限を主張する者は、当該使用人が営業主からその営業に関するある種類又は特定の事項の処理を委任された者であること及び当該行為が客観的にみて右事項の範囲内に属することを主張・立証しなければならないが、右事項につき代理権を授与されたことまでを主張・立証することを要しないというべきである。

会社法14条1項の使用人には、現在の企業組織における「部長」「課長」「係長」等が該当するが、それらの肩書を持つものが常に同条の使用人となるのではなく、同条所定の事項を委任されていることが必要である。その際、本判決は、取引の安全の観点から、事実行為の委任で足り、代理権の授与までは必要ないとしたのである。

(2) 代表権・代理権の制限

(A) 代表権の制限

既に述べたとおり、代表取締役は会社の一切の業務を行う権限があるので、会社を代表して契約を締結するについては、自らの判断でこれを行うことができるのが原則であるが、法律上、代表取締役の一存ですることのできない契約もある。

(a) 競業及び利害相反取引の制限

取締役は、①取締役が自己又は第三者のために株式会社の事業の部類に属する取引（競業取引）をしようとするとき、②取締役が自己又は第三者のために株式会社と取引（直接取引）をしようとするとき、③株式会社が取締役の債務を保証することその他取締役以外の者との間において株式会社と当該取締役との利害が相反する取引（間接取引）をしようとするとき、以上の場合は、取締役会の承認を受けなければならない（会社法356条1項、365条1項）。

代表取締役と会社との間で利害が相反する場合において、代表取締役が自

第1章　契約の理論

己の利益を図って会社に損害を与えることのないようにするための規定である。

(b) 取締役会による監視

重要な財産の処分や多額の借財は、代表取締役が単独ではできず、取締役会の決議が必要とされている（会社法362条4項1号・2号）。

代表取締役の独断専行によって会社に損害を与えることを防止するための規定である。

重要な財産の処分に当たるかどうかは、当該財産の価額、その会社の総資産に占める割合、当該財産の保有目的、処分行為の態様及び会社における従来の取扱い等の事情を総合的に考慮して判断すべきものである（最判平成6・1・20民集48巻1号1頁）。

(B) 第三者の保護

もっとも、最高裁は、以下のとおり、上記（a）（b）の場合に取締役会決議を欠くときでも、会社は善意無過失の第三者に対して契約の無効を主張しえないとしている。いずれも、会社の利益よりも取引の安全を優先したものである。

- 取締役と会社との間に直接成立すべき利益相反する取引にあっては、会社は、当該取締役に対して、取締役会の承認を受けなかつたことを理由として、その行為の無効を主張し得ることは、前述のとおり当然であるが、会社以外の第三者と取締役が会社を代表して自己のためにした取引については、取引の安全の見地より、善意の第三者を保護する必要があるから、会社は、その取引について取締役会の承認を受けなかつたことのほか、相手方である第三者が悪意（その旨を知つていること）であることを主張し、立証して始めて、その無効をその相手方である第三者に主張し得るものと解するのが相当である（最判昭和43・12・25民集22巻13号3511頁）。
- （中略）代表取締役は、株式会社の業務に関し一切の裁判上または裁判外の行為をする権限を有する点にかんがみれば、代表取締役が、取締役会の決議を経てすることを要する対外的な個々の取引行為を、右決議を経ないでした場合でも、右取引行為は、内部的意思決定を欠くに止まるから、原則として有効であって、ただ、相手方が右決議を経ていないことを知りまたは知り得べかりしときに限って、無効である、と解するのが相当である（最判昭和

40・9・22民集19巻6号1656頁)。

　同じことは、社内規程などによって代表取締役の代表権、支配人や部課長の代理権に制限が加えられている場合にも当てはまる。これらの代理権に対して制限を加えても、善意の第三者には対抗できない（会社法11条3項、14条2項、349条5項)。

(C) 無効主張の制限

　取締役会の決議を欠く契約の無効を主張できるのは、原則として会社のみである。この点に関する判例には以下のようなものがある。

- 会社が取締役に貸し付けた金員の返還を求めた場合に、その取締役は、取締役会の決議のないことを理由に貸付の無効を主張することはできない（最判昭和48・12・11民集27巻11号1529頁)。
- 株式会社の代表取締役が取締役会の決議を経ないで重要な業務執行に該当する取引をした場合、取締役会の決議を経ていないことを理由とする同取引の無効は、原則として会社のみが主張することができ、会社以外の者は、当該会社の取締役会が前記無効を主張する旨の決議をしているなどの特段の事情がないかぎり、これを主張することはできない（最判平成21・4・17民集63巻4号535頁)。

(3) 代表権・代理権の濫用

(A) 代理権の濫用

　民法107条は「代理人が自己又は第三者の利益を図る目的で、代理権の範囲内の行為をした場合において、相手方がその目的を知り、又は知ることができたときは、その行為は、代理権を有しない者がした行為とみなす」と定める。

　自己又は第三者の利益を図る目的で、代理権の範囲内の行為をした場合を「代理権の濫用」というが、代理権の濫用の場合に、相手方に故意又は過失があるときは、無権代理行為とみなすということである。

第 1 章　契約の理論

(B) 民法 93 条（心裡留保）の類推適用

ところで、判例は、代表取締役の行為が法令定款に抵触することなく行われたが、実は自己又は第三者の利益を図り、会社に損害を与える結果となる場合（これを「代表権の濫用」という）には民法 93 条ただし書を類推するとしていた。

代表取締役が会社所有の建物を第三者に売り渡したが、それは代金を着服することが目的であり、買主はそれを知っていたとして、会社が買受人に対して建物の所有権移転登記の抹消登記手続を求めた事案において、原審が「代表取締役が会社を代表して行為をする場合に、その経済的利益を自己におさめる底意があつたという事実は何ら会社に対する効果に影響はない」として、会社の請求を棄却したのに対し、最高裁（最判昭和 38・9・5 民集 17 巻 8 号 909 頁）は、以下のとおり判示して原判決を破棄した。

> 株式会社の代表取締役が、自己の利益のため表面上会社の代表者として法律行為をなした場合において、相手方が右代表取締役の真意を知りまたは知り得べきものであつたときは、民法 93 条ただし書の規定を類推し、右の法律行為はその効力を生じないものと解するのが相当である。

判例は、代表権の濫用だけでなく、代理権の濫用についても同じように民法 93 条ただし書が類推適用されるとしていた（最判昭和 42・4・20 民集 21 巻 3 号 697 頁）。

(C) 改正のポイント

改正民法は、上記の判例とは異なり、代理権の濫用について、心裡留保ではなく無権代理という構成を採用したものである。

無権代理行為としたのは、この場合の代理人は、代理行為の法律効果を本人に帰属させる意思でその旨の意思表示をしているから、立法に当たってその効果を無効とする理由はないとの指摘に沿ったものである（補足説明 41 頁）。

これは代表権の濫用にも類推適用されるものと思われる。

(4) 表見法理

(A) 意義

代表者又は代理人として行動した者に権限がないにもかかわらず、それらがあるかのような表示を会社がさせていた場合、善意・無過失の第三者に対してはその者に権限のないことを対抗できないとされる場合がある。

表見法理又は権利外観法理と呼ばれるもののひとつであり、取引の安全を保護するため、表示を実体に優先させるという考え方である。表見代表取締役（会社法354条）、表見支配人（同法13条）、表見代理（民法109条、110条、112条）がこれに当たる。

(B) 表見代表取締役

会社法354条は「株式会社は、代表取締役以外の取締役に社長、副社長その他株式会社を代表する権限を有する者と認められる名称を付した場合には、当該取締役がした行為について、善意の第三者に対してその責任を負う」と定めている。

ここにいう「社長、副社長その他株式会社を代表する権限を有する者と認められる名称を付した者」を表見代表取締役という。代表取締役であれば会社を代表する権限があるのは当然なので、ここでは、代表権がないにもかかわらず、それらしい名称を付された者を指す。表見代表取締役が善意の第三者と締結した契約は、たとえ代表取締役でなかったとしても有効という意味である。

株式会社を代表する権限を有する者と認められる名称としては、取締役会長、専務取締役、常務取締役のほか、代表取締役代行者（最判昭和44・11・27民集23巻11号2301頁）などがある。

会社法354条の条文上、表見代表取締役は「代表取締役以外の取締役」でなければならないが、会社の使用人が代表取締役の承認の下に常務取締役の名称を使用して契約した場合にも類推適用される（最判昭和35・10・14民集14巻12号2499頁）。

(C) 表見支配人

会社法13条は「会社の本店又は支店の事業の主任者であることを示す名

第1章　契約の理論

称を付した使用人は、当該本店又は支店の事業に関し、一切の裁判外の行為をする権限を有するものとみなす。ただし、相手方が悪意であったときは、この限りでない」と定めている。

　ここにいう「会社の本店又は支店の事業の主任者であることを示す名称を付した使用人」を「表見支配人」という。表見支配人が第三者とした契約は、たとえその者が支配人でなくとも、相手方が悪意でない限り有効という意味である。

　本店長、支店長は表見支配人となる名称である。逆に、判例が表見支配人に当たらないとしたものには、支店長代理（最判昭和29・6・22民集8巻6号1170頁）、支店の庶務係長（最判昭和30・7・15民集9巻9号1069頁）がある。

　(D)　表見代理

　表見代理には、代理権授与の表示による表見代理（民法109条）、権限外の行為の表見代理（同法110条）、代理権消滅後の表見代理（同法112条）の三つがある。

　　(a)　代理権授与の表示による表見代理

　民法109条1項は「第三者に対して他人に代理権を与えた旨を表示した者は、その代理権の範囲内においてその他人が第三者との間でした行為について、その責任を負う。ただし、第三者がその他人が代理権を与えられていないことを知り、又は過失によって知らなかったときは、この限りでない」と規定している。

　同条は「代理権を与えた旨を表示した」とあるが、実際に代理権を与えたのであれば、与えた者が代理人の行為について責任を負うのは当然であり、この条文によるのではない。この条文は、実際には代理権を与えていないにもかかわらず、代理権を与えたかのような表示（これを「授権表示」という）をした者が責任を負うことを意味している。

　授権表示による表見代理に関する判例として「東京地方裁判所厚生部事件」が有名である。東京地方裁判所は、職員の福利厚生のため、職員の互助団体に「東京地方裁判所厚生部」という名称の使用を許し、庁内で職員向けの物品の販売をさせていたところ、その団体に物品を販売した業者が国に対

9 契約の当事者（代理と代表）

して売買代金を請求した事案において、最高裁（最判昭和 35・10・21 民集 14 巻 12 号 2661 頁）は、以下のとおり判示して、それが民法 109 条の授権表示に該当するとした。

> （中略）戦後、社会福祉の思想が普及するとともに、当時の経済事情と相まって、会社銀行等の事業体は競って職員のための厚生事業や厚生施設の拡充に意を用いるにいたつた。これは当時の一般的社会的風潮であつたと云つてよい。官庁においても、遅ればせながら、当然その影響を受けたのであつて、前示のごとく昭和 23 年にいたり東京地方裁判所事務局総務課に厚生係がおかれたのも、この影響の一たんを示すものに外ならない。このような社会情勢のもとにおいて、一般に官庁の部局をあらわす文字である「部」と名付けられ、裁判所庁舎の一部を使用し、現職の職員が事務を執っている「厚生部」というものが存在するときは、一般人は法令によりそのような部局が定められたものと考えるのがむしろ当然であるから、「厚生部」は、東京地方裁判所の一部局としての表示力を有するものと認めるのが相当である。殊に、事務局総務課に厚生係がおかれ、これと同じ部室において、同じ職員によって事務の処理がなされている場合に、厚生係は裁判所の一部局であるが、「厚生部」はこれと異なり、裁判所とは関係のないものであると一般人をして認識せしめることは、到底難きを強いるものであつて、取引の相手方としては、部と云おうが係と云おうが、これを同一のものと観るに相違なく、これを咎めることはできないのである。東京地方裁判所当局が、「厚生部」の事業の継続処理を認めた以上、これにより、東京地方裁判所は、「厚生部」のする取引が自己の取引なるかの如く見える外形を作り出したものと認めるべきであり、若し、「厚生部」の取引の相手方である上告人が善意無過失でその外形に信頼したものとすれば、同裁判所は上告人に対し本件取引につき自ら責に任ずべきものと解するのが相当である。

この事件の原審は、裁判所が使用を許諾した「東京地方裁判所厚生部」という名称は、裁判所の一部局を示す名称とはいえないから、その名称の使用許諾は授権表示に当たらないとしたのに対し、最高裁は、表示された名称だけではなく、それを取り巻く諸事情を勘案したうえで、授権表示に当たるか否かを判断したものである。

これによれば、民法 109 条 1 項の表見代理が成立する範囲は、かなり広いということができる。

第1章　契約の理論

(b) 権限外の行為の表見代理

民法110条は「前条第1項本文の規定は、代理人がその権限外の行為をした場合において、第三者が代理人の権限があると信ずるべき正当な理由があるときについて準用する」と定めている。

代理人と称する者に全く代理権のない民法109条1項の場合とは異なり、代理人に一定の権限（これを「基本代理権」という）があり、代理人が基本代理権で与えられた権限外の行為を行った場合に関する規定である。

本条に関する判例には以下のようなものがある。

・公正証書に記載される「直チニ強制執行ヲ受ク可キ旨」の意思表示は、公証人に対してなされる訴訟行為であるから、私人間の取引の相手方を保護することを目的とする本条の適用又は準用はない（最判昭和33・5・23民集12巻8号1105頁）。
・本人が他人に対し自己の実印を交付し、これを使用して特定の行為をなすべき権限を与えた場合に、その他人が代理人として権限外の行為をしたときは、取引の相手方である第三者は、特別の事情のない限り、実印を託された代理人にその取引をする代理権があつたものと信ずることに正当事由がある（最判昭和35・10・18民集14巻12号2764頁）。
・約束手形が代理人によりその権限を踰越して振出された場合、本条によりこれを有効とするには、受取人が右代理人に振出の権限あるものと信ずべき正当の理由あるときに限るものであつて、そのような事由のないときは、たとえ、その後の手形所持人が、右代理人に権限あるものと信ずべき正当の理由を有していたものとしても、本条を適用することができない（最判昭和36・12・12民集15巻11号2756頁）。
・本条の表見代理が成立するために必要とされる基本代理権は私法上の行為についての代理権であることを要すると解すべきであるから、印鑑証明書下付申請行為の代理人が抵当権設定登記を行った場合には、本条の適用はない（最判昭和39・4・2民集18巻4号497頁）。
・代理人が本人の名において権限外の行為をした場合において、相手方がその行為を本人自身の行為と信じたときは、代理人の代理権を信じたものではないが、その信頼が取引上保護に値する点においては、代理人の代理権限を信頼した場合と異なるところはないから、本人自身の行為であると信じたことについて正当な理由がある場合にかぎり、本条を類推適用して、本人がその責に任ずるものと解するのが相当である（最判昭和44・12・19民集23巻

12号2539頁)。
・登記申請行為の代理人が、権限を越えて第三者と取引行為をした場合でも、その登記申請が本人の私法上の契約による義務の履行のためになされるものであるときは、その権限を基本代理権として、本条を適用することができる（最判昭和46・6・3民集25巻4号455頁）。

(c) 代理権消滅後の表見代理

民法112条1項は「他人に代理権を与えた者は、代理権の消滅後にその代理権の範囲内においてその他人が第三者との間でした行為について、代理権の消滅の事実を知らなかった第三者に対して責任を負う。ただし、第三者が過失によってその事実を知らなかったときは、この限りでない」と定めている。

代理権が消滅した後でも、代理権があるような外観が残っており、それを第三者が信じた場合に、取引の安全を確保するために第三者を保護するための規定である。

本条に関する判例には以下のようなものがある。なお、判例によれば、代表権の消滅は登記事項であるから、もっぱら登記の対抗力の問題として扱われ、本条の適用はない。

・本条の表見代理が成立するためには、相手方が、代理権の消滅する前に代理人と取引をしたことがあることを要するものではなく、かような事実は、同条所定の相手方の善意無過失に関する認定のための一資料となるにとどまる（最判昭和44・7・25判時574号26頁）。
・株式会社の代表取締役の退任及び代表権喪失は、商法188条及び15条〔会社法911条、915条〕によって登記事項とされているのであるから、前記法の趣旨に鑑みると、これについてはもっぱら商法12条〔会社法908条〕のみが適用され、右の登記後は同条所定の「正当ノ事由」がない限り、善意の第三者にも対抗することができるのであって、別に本条を適用ないし類推適用する余地はない（最判昭和49・3・22民集28巻2号368頁）。
・社会福祉法人の理事の退任すなわち代表権の喪失は、社会福祉事業法27条1項等により登記事項とされているのであるから、社会福祉法人が理事の退任につき登記をしたときは、右理事の退任すなわち代表権の喪失を第三者に

第1章　契約の理論

> 対抗することができ、その後その者が右法人の代表者として第三者とした取引については、交通・通信の途絶、登記簿の滅失など登記簿の閲覧につき客観的な障害があり、第三者が登記簿を閲覧することが不可能ないし著しく困難であるような特段の事情があった場合を除いて、本条を適用ないし類推適用する余地はない（最判平成6・4・19民集48巻3号922頁）。

　　（d）民法109条2項、112条2項
　判例は、表見代理に関する旧民法109条、110条、112条を重畳的に適用することを認めていた。
　判例は、旧民法109条の授権表示をもって旧民法110条の基本代理権とすることを認め、第三者において当該代理人と称する者に代理権があると信じたことに正当の理由がある限り、本人は旧民法109条・110条によって責に任ずべきであるとしている（最判昭和45・7・28民集24巻7号1203頁）。
　また、代理権の消滅後従前の代理人がなお代理人と称して従前の代理権の範囲に属しない行為をなした場合に、右代理権の消滅につき善意無過失の相手方が自称代理人の行為につきその権限があると信ずべき正当の理由を有するときは、当該の代理人と相手方との間になした行為につき、本人をしてその責に任ぜしめるのが相当とする判例もある（最判昭和32・11・29民集11巻12号1994頁）。
　民法109条2項は「第三者に対して他人に代理権を与えた旨を表示した者は、その代理権の範囲内においてその他人が第三者との間で行為したとすれ前項の規定によりその責任を負うべき場合において、その他人が第三者との間でその代理権の範囲外の行為をしたときは、第三者がその他人の代理権があると信ずべき正当な理由があるときに限り、当該行為について、その責任を負う」と定め、112条2項は「他人に代理権を与えた者は、代理権の消滅後にその代理権の範囲内においてその他人が第三者との間で行為したとすれば前項の規定によりその責任を負うべき場合において、その他人が第三者との間でその代理権の範囲外の行為をしたときは、第三者がその他人の代理権があると信ずべき正当な理由があるときに限り、当該行為について、その責任を負う」と定めている。上記の判例を明文化したものである。

(E) 第三者保護要件の主張立証責任

表見法理によって第三者が保護される要件として「善意」「無過失」「正当事由」があるが、それぞれ条文の規定の仕方が異なっている。

会社法13条（表見支配人）は「ただし、相手方が悪意であったときは、この限りでない」と、同法354条（表見代表取締役）は「（中略）善意の第三者に対してその責任を負う」と、民法109条（代理権授与の表示による表見代理）は「ただし、第三者が、その他人が代理権を与えられていないことを知り、又は過失によって知らなかったときは、この限りでない」と、同法110条（権限外の行為の表見代理）は「前条本文の規定は（中略）第三者が代理人の権限があると信ずべき正当な理由があるときについて準用する」と、同法112条（代理権消滅後の表見代理）は「代理権の消滅の事実を知らなかった第三者に対して責任を負う。ただし、第三者が過失によってその事実を知らなかったときは、この限りでない」と、それぞれ定めている。

このような定め方には意味があり、それによって主張立証責任の分配が決まるのである。

主張立証責任に関しては、権利・義務の発生を根拠付ける要件事実（発生事由）については、権利・義務を主張する側が主張立証責任を負い、権利・義務の発生を妨げる要件事実（発生障害事由）については、権利を争う側が主張立証責任を負う（司法研修所・前掲書6頁）。これを法律要件分類説というが、これに従えば、各規定における主張立証責任の所在は、以下のとおりとなる。

① 会社法13条では、相手方の悪意が相手方の権利の発生障害事由となっているので、会社が相手方の悪意について主張立証責任を負う。
② 会社法354条では、第三者の善意が第三者の権利の発生事由となっているので、第三者が自己の善意について主張立証責任を負う。
③ 民法109条では、第三者の悪意又は過失が第三者の権利の発生障害事由となっているので、本人が第三者の悪意又は過失について主張立証責任を負う。
④ 民法110条では、代理人の権限があると信ずべき正当事由のあることが第三者の権利の発生事由となっているので、第三者がそのような正当

事由を根拠づける事実について主張立証責任を負う。
⑤　民法112条では、第三者の善意が第三者の権利の発生事由であり、過失が権利の発生障害事由となっているので、第三者が自己の善意について主張立証責任を負い、本人が第三者の過失について主張立証責任を負う。

(F) 改正のポイント

　改正民法は、実質的には旧民法と同じであるが、旧民法112条の「善意」の意義を「代理権の消滅の事実を知らなかったこと」と明示したことと、判例が認める旧民法109条、110条、112条の重畳適用を明文化したことに意義がある。

　民法110条は改正されていない。なお、中間試案では、代理人が本人であると称して権限外の行為をした場合の規律を設けるものとしていた（補足説明43頁）が、改正民法では採用されなかった。

(5) 無権代理人の行為と責任

(A) 追認・追認拒絶・取消

　代理権を有しない者（無権代理人）が他人の代理人としてした契約は、本人がその追認をしなければ、本人に対してその効力を生じない（民法113条1項）。しかし、追認をすれば、契約は遡って有効となる（同法116条）。

　このように、本人の追認があるまで相手方の立場が不安定となるので、民法は、相手方に催告権と取消権を与えた。すなわち、相手方は、本人に対し、相当の期間を定めて追認するかどうかを確答するよう催告することができ、本人が追認をしない間は、契約を取り消すことができる（同法114条、115条）。そして、相手方がした催告の期間内に確答のない場合は追認を拒絶したものとみなされる（同法114条）。

(B) 無権代理人の責任

　他人の代理人として契約をした者は、自己の代理権を証明したとき、又は本人の追認を得たときを除き、相手方の選択に従い、相手方に対して履行又は損害賠償の責任を負う（民法117条1項）。ただし、同条2項により、①

他人の代理人として契約した者が代理権を有しないことを相手方が知っていたとき（1号）、②他人の代理人として契約をした者が代理権を有しないことを相手方が過失により知らなかったとき（ただし、他人の代理人として契約した者が自己に代理権がないことを知っていたときは、この限りでない）（2号）、③他人の代理人として契約をした者が行為能力の制限を受けていたとき（3号）、以上の場合には、責任は生じないとされる。

　これが「無権代理人の責任」である。相手方の保護と取引の安全並びに代理制度の信用維持のため、無権代理人に無過失責任を負わせたものである。

　無権代理人の責任と本人の責任の関係について、無権代理人の責任は、相手方が本人に対して責任を問えない場合の補充規定であるとする考え方がある。だとすると、相手方が本人に対して表見代理責任を追及できる場合、無権代理人の責任を追及することはできず、したがって、無権代理人は、表見代理が成立することを主張立証して、自己の責任を免れることができるということになるはずである。

　しかし、判例（最判昭和62・7・7民集41巻5号1133頁）は、以下のとおり判示して、そのような考え方を否定した。

> （中略）無権代理人の責任をもつて表見代理が成立しない場合における補充的な責任すなわち表見代理によっては保護を受けることのできない相手方を救済するための制度であると解すべき根拠はなく、右両者は、互いに独立した制度であると解するのが相当である。したがつて、無権代理人の責任の要件と表見代理の要件がともに存在する場合においても、表見代理の主張をすると否とは相手方の自由であると解すべきであるから、相手方は、表見代理の主張をしないで、直ちに無権代理人に対し同法117条の責任を問うことができるものと解するのが相当である（中略）。そして、表見代理は本来相手方保護のための制度であるから、無権代理人が表見代理の成立要件を主張立証して自己の責任を免れることは、制度本来の趣旨に反するというべきであり、したがつて、右の場合、無権代理人は、表見代理が成立することを抗弁として主張することはできないものと解するのが相当である。

　逆に、相手方が無権代理人に代理権のないことにつき悪意又は過失があった場合、表見代理が成立しない（民法109条1項、110条、112条1項）だ

けでなく、無権代理人の責任も追及できない（同法117条2項1号・2号）。

無権代理人の責任を表見代理が成立しない場合の補充的責任と解したならば、そのような結論は不都合である。そこで、無権代理人の責任追及ができないのは、相手方に故意又は重過失があった場合に限られ、単なる過失の場合には同法117条2項の適用はないとする見解があり、前掲最判昭和62・7・7の原審もそれに拠っていた。

しかし、最高裁は、以下のとおり判示して、そのような見解も排除し、相手方に過失があった場合も同法117条2項が適用されるとした。

> （中略）民法は、過失と重大な過失とを明らかに区別して規定しており、重大な過失を要件とするときは特にその旨を明記しているから（例えば、95条、470条、698条）、単に「過失」と規定している場合には、その明文に反してこれを「重大な過失」と解釈することは、そのように解すべき特段の合理的な理由がある場合を除き、許されないというべきである。そして、同法117条による無権代理人の責任は、無権代理人が相手方に対し代理権がある旨を表示し又は自己を代理人であると信じさせるような行為をした事実を責任の根拠として、相手方の保護と取引の安全並びに代理制度の信用保持のために、法律が特別に認めた無過失責任であり、同条2項が「前項ノ規定ハ相手方カ代理権ナキコトヲ知リタルトキ若クハ過失ニ因リテ之ヲ知ラサリシトキハ之ヲ適用セス」と規定しているのは、同条1項が無権代理人に無過失責任という重い責任を負わせたところから、相手方において代理権のないことを知っていたとき若しくはこれを知らなかったことにつき過失があるときは、同条の保護に値しないものとして、無権代理人の免責を認めたものと解されるのであって、その趣旨に徴すると、右の「過失」は重大な過失に限定されるべきものではないと解するのが相当である。

(C) 改正のポイント

改正民法117条1項は、旧民法117条と同趣旨であるが、本人の追認を無権代理人の義務の発生障害事由とし、この点につき無権代理人に主張立証責任があることを明確にしたことに意義がある（旧民法の規定は、本人の追認を得られなかったことが無権代理人の義務の発生事由であるかのように読める）。

同条2項2号ただし書は、相手方に過失がある場合であっても、無権代理

人が悪意である場合は免責を認めないとする有力な見解に拠ったものである。したがって、無権代理人が免責を主張するには、相手方の過失を主張立証すれば足りるが、過失を主張立証された相手方が無権代理人の悪意を主張立証すれば無権代理人は免責されないことになる。これは、旧民法 117 条 2 項の規律を前提としつつ、相手方と無権代理人との間の利益衡量をより柔軟に行うことを意図するものである（補足説明 47 頁）。

なお、中間試案では、無権代理人が自己に代理権があると誤信した場合も、錯誤に準じて無権代理人の責任を否定する旨の定めを置くとしていた（補足説明 46 頁）が、改正民法では採用されなかった。

10　双務契約に特有な効力

民法は、双務契約に特有な効力として、同時履行の抗弁権（民法 533 条）と危険負担（同法 536 条）という概念について定めている。

(1) 同時履行の抗弁権

(A) 意義

双務契約の当事者の一方は、相手方がその債務の履行（債務の履行に代わる損害賠償の債務の履行を含む）を提供するまでは、自己の債務の履行を拒むことができる（民法 533 条本文）。売買契約を例にとれば、買主は、売主から目的物の引渡の提供を受けるまでは、代金の支払を拒むことができるということである。

そのような拒否権を「同時履行の抗弁権」という。このため、双務契約における両当事者の債務は「履行上の牽連性」を有するという言い方がなされる。当事者間の公平を図るためのものであるが、同時に、自己の債務の履行を拒否することにより、自己の債権を担保するという機能を有することとなる。経済的効果は留置権（民法 295 条）と同じである。

第1章　契約の理論

　同時履行の抗弁権は、契約の解除による原状回復請求権相互の関係に準用されている（同法546条）。判例は、取消による不当利得返還請求権相互の関係にも同時履行の抗弁権は類推適用されるとしている（最判昭和47・9・7民集26巻7号1327頁）。

　同時履行の抗弁権が認められる限り、債務の履行を拒んでも履行遅滞の責任を負わない。

　また、判決によって債務の履行を命じられる場合でも、反対給付との引換となる。たとえば、売買契約の売主が買主に対して売買代金の支払を請求した場合、目的物（動産）の引渡が未了であれば、主文は「被告は原告に対し、別紙物件目録記載の動産の引渡を受けるのと引換に金◯◯◯円を支払え」となる。強制執行の場面でも、反対給付の履行又は提供が執行開始の要件となり（民事執行法31条1項）、同時履行関係が維持される。

(B) 判例

　同時履行の抗弁権に関する判例には、以下のようなものがある。

- 双務契約の当事者は、相手方から履行の提供を受けても、その提供が継続されない限り、同時履行の抗弁権を失わない（最判昭和34・5・14民集13巻5号609頁）。
- 家屋の賃貸借終了に伴う賃借人の家屋明渡債務と賃貸人の敷金返還債務とは、特別の約定のない限り、同時履行の関係に立たない（最判昭和49・9・2民集28巻6号1152頁）。
- 請負契約の注文者は、瑕疵の程度や交渉態度等に鑑み信義則に反すると認められるときを除き、請負人から瑕疵の修補に代わる損害の賠償を受けるまで、報酬全額の支払を拒むことができる（最判平成9・2・14民集51巻2号337頁）。

(C) 改正のポイント

　同時履行の対象となる「債務の履行」には、契約に基づく本来の債務の履行だけでなく、その債務の履行に代わる損害賠償の債務の履行を含むものと解されていたが、条文上は明らかでなかったため、その旨を明文化した（一問一答226頁）。これに伴い、売主と請負人の瑕疵担保責任について同時履行の抗弁権に関する533条を準用していた旧民法571条と634条を削除した。

改正民法ではこれらの責任が債務不履行責任とされた（民法562条）ことから、それらについては民法533条が直接適用されるので、旧民法571条と634条の準用規定は不要となったからである。

なお、中間試案は、相手方の信用不安等により反対給付を受けられないおそれが生じたときに、自己の債務の履行を拒絶する権利（不安の抗弁権）を定めることとしていた（補足説明388頁）が、改正民法には採用されなかった。

(2) 危険負担

(A) 意義

双務契約において、債務者の責めに帰することのできない事由により履行不能となって債務が消滅した場合、反対給付についてどのような扱いをするか（反対給付の履行を拒むことができるのかどうか）という問題を「危険負担」の問題という。この場合、反対給付の履行を拒むことができるとする扱いを債務者主義といい、反対給付の履行を拒めないとする扱いを債権者主義という。

債務者主義においては、履行不能となった債務の債務者は自己の反対給付を受けられないので、これを債務者の危険負担という。これに対し、債権者主義においては、履行不能となった債務の債権者は、自己の債権が消滅したにもかかわらず反対給付をすべき義務があるので、これを債権者の危険負担という。

例えば、建物の売買契約において、建物が隣家からの延焼によって消滅した場合には、建物の引渡・移転登記債務は履行不能となって消滅する。この場合に、反対給付である代金の支払を拒めるとするのが債務者主義であり、代金の支払を拒めないとするのが債権者主義である。

第1章　契約の理論

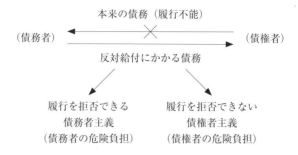

(B) 民法の定め

(a) 債務者主義

改正民法は「当事者双方の責めに帰することのできない事由によって債務を履行することができなくなったときは、債権者は、反対給付の履行を拒むことができる」と定める（民法536条1項）。改正民法は、危険負担については債務者主義を原則としているのである（これを双務契約における「存続上の牽連性」という）。

たとえば、俳優が興行主と劇場への出演契約をしたが、劇場が火災で消失した場合、俳優（債務者）の出演債務は債務者の責に帰すべからざる事由により履行不能となり消滅するが、興行主（債権者）は反対給付である出演料の支払を拒否できる。

(b) 債権者の責めに帰すべき履行不能

ただし、債権者の責に帰すべき事由により債務を履行することができなくなったときは、債権者は、反対給付の履行を拒むことができない（民法536条2項前段）。この場合において、債務者は、自己の債務を免れたことによって利益を得たときは、これを債権者に償還しなければならない（同項後段）。

たとえば、使用者の解雇によって労働者の就労債務が履行不能となった場合、解雇が無効であれば、債権者の責に帰すべき履行不能であるから、労働者の解雇期間中の賃金請求権の履行を使用者は拒否できないが、労働者が解雇期間中に他から賃金を得ていた場合には、それを控除しなければならないということである。

この点については、次のような判例がある。

・ロックアウト（作業所閉鎖）をした使用者は、それが正当な争議行為として是認される場合には、その期間中の賃金支払義務を免れる（最判昭和56・4・25民集29巻4号481頁）。
・請負契約において、仕事が完成しない間に、注文者の責に帰すべき事由によって完成が不能となった場合、請負人は自己の残債務を免れるが、注文者に請負代金全額を請求することができ、ただ、自己の債務を免れたことにより得た利益を注文者に償還すべきである（最判昭和52・2・22民集31巻1号79頁）。
・使用者の責めに帰すべき事由によって解雇された労働者が解雇期間中に他の職に就いて利益（中間利益）を得た場合、中間利益の額が平均賃金額の4割を超える場合には、更に平均賃金算定の基礎に算入されない賃金（労働基準法12条4項所定の賃金）の全額を対象として利益額を控除することが許される（最判平成18・3・28判時1950号167頁）。

(c) 売買における債権者主義

債権者主義は売買においてのみ認められる。すなわち、売主が買主に目的物を引き渡した場合において、その引渡があったとき以後にその目的物が当事者双方の責めに帰すことができない事由により滅失したときは、買主は代金の支払を拒むことができない（民法567条1項）。売買については目的物の引渡をもって危険が債権者に移転する（債権者主義がとられる）ということである。

(C) 改正のポイント

(a) 債権者主義を定めた規定の廃止

旧民法は、特定物に関する物権の設定又は移転に関しては債権者主義が適用される旨を定めていた（旧民法534条、535条）。たとえば、動産の売買契約において、売主（引渡債務の債務者）の責に帰すべからざる事由により目的物が滅失し、引渡債務が履行不能となっても、買主（引渡債務の債権者）は反対給付（代金債務）を履行しなければならないということである。

---

16 もっとも、労働基準法26条は、使用者の責に帰すべき休業の場合、休業期間中の平均賃金の6割以上の手当を支払わなければならないとしているので、平均賃金の6割を超える部分のみから控除できる。

17 債権者の受領遅滞の場合も同様である（民法567条2項）。

物権の設定及び移転は、当事者の意思表示のみによって、その効力を生じる（民法176条）ので、売買契約のみで目的物の所有権は買主に移転するから、所有者が目的物の滅失について危険を負担すべきであるという考え方である。

しかしながら、目的物の占有が買主に移転しておらず、買主が管理を全うすることができないのに、滅失の危険のみを負担するのは適当ではないという批判が強かった。実務的にも、目的物の引渡をもって危険が売主から買主に移転すること、すなわち、目的物の引渡前の滅失については債務者が危険を負担し、買主は代金債務を免れるとの特約を付するのが一般的であった。

そこで、改正民法は、上記のような批判の多い危険負担の債権者主義を排し、旧民法534条と535条を削除したものである。

(b) 危険負担の効果

改正民法は、危険負担における債務者主義を原則としたうえで、反対給付にかかる債権を消滅させることなく、債権者に反対給付の履行拒否権を与えるという形にしている。

旧民法では、債務の履行が不能となった場合には、債務者に帰責事由があれば解除により（旧民法543条）、債務者に帰責事由がなければ危険負担により（旧民法536条1項）、反対給付債務は消滅することとされていた。しかるに、改正民法は解除に債務者の帰責事由を要件としていない（民法541条ないし543条）ので、双方に帰責事由がない場合について、反対給付を消滅させる制度が重複することになる。そうすると、ほんらいなら危険負担制度を廃止し、契約の解除に一本化するのが簡明である。中間試案はその立場であった（補足説明141頁）。

しかし、改正民法は、危険負担制度そのものは廃止せず、危険負担（債務者主義）の効果を、反対給付債務の消滅から履行拒絶権の付与に変更したものである。これにより、履行不能となった債務の債権者は、反対給付の履行拒否権と契約解除権の両方を有することになる。危険負担制度を廃止しない理由については、以下のとおり説明されている（一問一答228頁）。

> しかし、危険負担制度を単純に廃止すると、債権者は、旧法下では反対給付債務が当然に消滅していた場面においても、解除の意思表示をしなければなら

ず、実務的な負担を増加させるおそれがある。また、複数の債権者の全員による解除権の行使が必要とされる場面（旧法第544条）において、債権者のうち1名が行方不明である場合などでは、解除権の行使が事実上困難になる場合があるなどの不都合も生じ得る。

　（c）売買における債権者主義

　特定物の売買について債権者主義を定めた民法534条の規定は実務に適合しないことから、同条を廃止するものとしたが、危険の移転時期に関するルールは必要であることから、最も適用場面が多い売買の項において、危険の移転について規律を設けた（補足説明429条）。

　その際、実務に従い、危険の移転時期を契約時ではなく引渡時とした（民法567条1項）。

　また、受領遅滞の効果として売主から買主に危険が移転するというのは、異論のない解釈といわれているので、その点も民法567条2項で定めた。

11　契約の終了

（1）終了原因

　契約の終了原因には、①合意解除、②期間満了（解約申入れ）、②解除、の三通りがある。

　（A）合意解除

　合意解除は、当事者の合意によって契約を終了させるものである。契約自由の原則から、このような合意も当然有効である。

　合意解除によって、契約は遡及的に消滅し、互いに相手方に対して不当利得返還請求権を有することになる（我妻榮『債権各論上巻（民法講義 V_1）』215頁）。もっとも、不当利得の規定をそのまま適用すれば、返還義務は現存利益に限定され（民法703条）、たとえば、売買の目的物を費消した場合には返還の必要がないことになり、適当でない。改正民法は、無効な行為に

基づく債務の履行として給付を受けた者は、相手方を原状に復させる義務を負うとし（民法121条の2第1項）、不当利得の特則を定めたが、合意解除においても同様とするのが相当であろう。

将来に向かって契約を消滅させる合意解除も有効である。原状回復の煩わしさを避ける趣旨でそのような合意をすることもあり得よう。

(B) 期間満了（解約申入れ）

期間の定めのある契約は期間の満了によって終了する。なお、継続的契約においては、満了日の一定期間前に異議を述べない限り契約は同一条件で更新されるという定めを置くことがあり、その際に述べられる異議を「更新拒絶」という。

これに対し、期間の定めのない契約は、当事者において何時でも一方的意思表示によって終了させることができる。これを「解約申入れ」という。

(C) 解除

解除とは、当事者の一方的な意思表示によって契約を終了させることである。相手方の同意なく契約を終了させるので、解除する当事者に解除権がなければならない。当事者に解除権が与えられるのは、法律によるもの（法定解除権）と契約によるもの（約定解除権）とがある。

法定解除権には、特定の契約に特有のもの（手付解除［民法557条］、賃貸人の解除権［民法612条］等）と、全ての契約に共通の債務不履行による解除（民法541条、542条）とがある。

約定解除権は、契約によって解除権を当事者に与えることである。継続的契約において、契約期間内に一方的に契約を解約できるとする定めを「解約権の留保」といい、これによる解約を「留保解約権の行使」という。

(D) 論点

以下においては、全ての契約に適用のある債務不履行による解除について述べるとともに、継続的契約において問題となることの多い、①更新拒絶、②留保解約権の行使、③解約申入れ、について述べる。

(2) 債務不履行による解除

(A) 解除の要件

(a) 催告による解除

当事者の一方がその債務を履行しない場合において、相手方当事者が相当の期間を定めてその履行を催告し、その期間内に履行がないときは、相手方は、契約の解除をすることができる（民法541条本文）。これを「催告による解除」という。

ただし、期間を経過した時における債務の不履行がその契約及び取引上の社会通念に照らして軽微であるときは、解除することはできない（同条ただし書）。旧民法541条の文言上は不履行の程度、態様等につき特段の限定がない一方で、付随的義務等の軽微な義務違反については解除原因とはならないとする判例法理が確立している（最判昭和36・11・21民集15巻10号2507頁、最判昭和42・4・6民集21巻3号533頁等）ことから、この判例法理の趣旨を明文化したものである（補足説明133頁）。

条文から明らかなように、債務不履行が軽微であるかどうかの判断の基準時は、解除権の発生時である催告期間の経過時である。

(b) 催告によらない解除

債権者において、催告をすることなく、直ちに契約を解除することができる場合がある。これを「催告によらない解除」又は「無催告解除」という。以下に掲げる場合がそれに当たる（民法542条1項）。

① 債務の全部の履行が不能であるとき。

② 債務者がその債務の全部の履行を拒絶する意思を明確に表示したとき。

③ 債務の一部の履行が不能である場合又は債務者がその債務の一部の履行を拒絶する意思を明確に表示した場合において、残存する部分のみでは契約をした目的を達することができないとき。

④ 契約の性質又は当事者の意思表示により、特定の日時又は一定の期間内に履行しなければ契約をした目的を達することができない場合（たとえば、中元の進物用としてしたうちわの売買［大判大正9・11・15民録26輯1779頁］）において、当事者の一方が履行をしないでその時期を

経過したとき。これを「定期行為の履行遅滞による解除」という。
⑤　前各号に掲げる場合のほか、債務者がその債務の履行をせず、債権者が前条の催告をしても契約の目的を達するのに足りる履行がされる見込みがないことが明らかであるとき。

(c) 契約の一部の解除

民法542条1項は契約の全部を解除する場合であるが、①債務の一部の履行が不能であるとき、②債務者がその債務の一部の履行を拒絶する意思を明確に表示したとき、以上の場合には、債権者は、催告をすることなく契約の一部を解除することができる（民法542条2項）。

(d) 債権者の責に帰すべき事由による場合

債務の不履行が債権者の責に帰すべき事由によるものであるときは、債権者は前二条による契約の解除をすることができない（民法543条）。

(e) 判例

債務不履行による解除の要件については、以下のような判例がある。

- 履行期の定めのない債務については、債権者は、相当の期間を定めた履行の催告をして債務者を遅滞に付すると同時に、その期間内に履行がないときに契約を解除できる（大判大正6・6・27民録23輯1153頁）。
- 履行期前であっても、債務者が履行を拒絶した場合には、履行不能として契約の解除ができる（大判大正15・11・25民集5巻763頁）。
- 債務者が遅滞に陥ったときは、債権者が期間を定めずに催告した場合でも、催告の時から相当期間を経過してなお債務を履行しなければ、契約を解除することができる（最判昭和31・12・6民集10巻12号1527頁）。
- 当事者が契約をした主たる目的の達成に必須でない付随義務の履行を怠ったに過ぎない場合には、特段の事情がない限り、相手方は契約を解除できない（最判昭和36・11・21民集15巻10号2507頁）。
- 建物の賃貸借契約において、特約により賃借人に課された付随的義務の不履行が賃貸人に対する信頼関係を破壊するような場合、賃貸人は催告なく解除できる（最判昭和50・2・20民集29巻2号99頁）。
- 同一当事者間に複数の契約がある場合、それらの目的が相互に密接に関連し、社会通念上、いずれかが履行されただけでは契約の目的を全体として達成できないときは、ひとつの契約の債務不履行を理由に、当該契約と他の契約の両方を解除することができる（最判平成8・11・12民集50巻10号2673頁）。

(B) 解除の効果

当事者の一方が解除権を行使したときは、各当事者は、その相手方を原状に復させる義務を負う（民法545条1項）。これは、解除によって契約は遡及的に消滅することを前提にした規定と解されている（内田貴『民法Ⅱ［第3版］債権各論』102頁）。ただし、解除は第三者の権利を害することができず（同項ただし書）、解除によって債務不履行による損害賠償請求権まで消滅するものではない（同条4項）。

賃貸借、雇用、委任、組合の各契約の場合、解除の効果は遡及しない（同法620条、630条、652条、684条）。その他の継続的契約（代理店契約等）においても、解除には遡及効がないと解されている（内田・前掲書108頁）。なお、中間試案は、契約の存続期間を観念できる契約（期間の定めのある契約及び期間の定めのない契約）の解除には遡及効がない旨を定めるものとしていた（補足説明394頁）が、改正民法には採用されなかった。もちろん、解釈上そのような結果となることを否定する趣旨ではない。

原状回復によって金銭を返還するときは、受領時からの利息を付さなければならず（同情2項）、金銭以外の物を返還するときは、受領時からの果実を返還しなければならない（同条3項）。

解除の効果に関する判例には、以下のようなものがある。

- 甲から立木を買い受けた乙がこれを木材として丙に売り渡した後、甲乙間の売買が解除された場合、丙がまだ木材の引渡を受けていないときは、丙はその所有権の取得を甲に対抗できない（大判大正10・5・17民録27輯929頁）。[18]
- 契約の解除は、登記しなければ解除後の第三者に対抗できない（最判昭和35・11・29民集14巻13号2869頁）。

---

[18] 詐欺による取消の場合、取消前の第三者は登記なく対抗できるとされている（7 (5) (c)）のと異なる。

第1章　契約の理論

(C) 改正のポイント

(a) 催告解除

民法541条は、軽微な債務不履行は解除権を発生させないという前記の判例を明文化したものである。

(b) 無催告解除

民法542条1項は、旧民法でも無催告解除が認められている履行不能（1号）及び定期行為（4号）のほか、それに準ずる場合、即ち、催告が無意味な場合（2号・3号・5号）にも無催告解除を認めるものである。なお、同項2号は、前掲大判大正15・11・25に拠ったものである。

(c) 一部解除

民法542条2項は、契約の一部の解除を認めるものである。旧民法では、契約の一部に履行不能があっても、契約の全部の解除しか認められていなかったが、契約が可分であれば、一部の解除を認めるべきであるとの見解が有力であった（内田・前掲書105頁）ことから、それに拠ったものである。

(d) 債務者の帰責事由

改正民法は、債務者の帰責事由の有無を問題とせずに解除を認めている。旧民法は、債務者に帰責事由がない場合は解除できないと定めていた（旧民法543条ただし書）のを改めたものである。立法論として、履行不能による解除に債務者の帰責事由を不要とすべきだとの見解が有力であった（内田・前掲書104頁）ことから、それに拠ったものである。

この点に関する補足説明は以下のとおりである（補足説明136頁）。

> 近時の学説においても、解除制度につき、履行を怠った債務者への「制裁」としてではなく、契約の拘束力から解放する制度であると理解した上で、いかなる要件の下であれば契約の拘束力からの解放が正当化されるかを正面から問題にすべきであるとし、解除の要件として債務者の帰責事由ではなく、解除により不利益を被る債務者との利害調整を「重大な不履行」などの要件において考慮すべきであるとの考え方が有力であり、それは国際的な立法の動向にも合致しているとされている。

(e) 債権者の帰責事由

民法 543 条は、債権者に帰責事由のある場合に解除権を否定するものである。上記のとおり、改正民法が解除の要件に債務者の帰責事由を求めない理由は、解除制度の意義を債務の履行を得られない債権者を契約の拘束から解放することにあるが、故意に債務の履行を妨げた債権者に解除を認めることは、信義則及び公平の原則に反するからである（一問一答 235 頁）。

(f) 原状回復の内容

民法 545 条 3 項は、解除の原状回復義務の内容として、金銭以外の物に対する果実（不動産の賃料等）の付加を定めるものである。金銭の返還に対する利息の付加を定める同条 2 項の趣旨を物の返還の場合にも適用したものである。

(g) 複数契約の解除

中間試案は、前掲最判平成 8・11・12 の法理を「複数契約の解除」という表題の下で明文化することとしていたが、改正民法には採用されなかった。

(3) 更新拒絶

(A) 意義

更新拒絶は、契約期間の満了に当たり、契約を更新しないという意思を事前に明らかにすることである。これによって契約は期間満了とともに終了することとなる。

もっとも、借地・借家の場合、家主や地主は、自己使用の必要性などの正当事由がない限り更新拒絶はできないとされている（借地借家法 6 条、9 条、28 条、30 条）。社会的弱者である賃借人の保護が必要と考えられているからである。

これに対し、一般の商取引では、あくまで当事者は対等というのが建前であるから、契約期間が満了すれば、それを更新するかどうかは当事者の自由であり、更新拒絶に正当事由は要らないのが原則である。

(B) 更新拒絶の制限

しかしながら、継続的取引、たとえば、独占的販売代理店の場合、商品の

販売権を取得した後、長期的な事業計画を立てて販路拡大のために資本を投下するので、その回収ができないうちに契約が終了すると大きな損害を被ることになる。

かような点を考慮し、更新拒絶に一定の制限を加えた判例がある。

札幌高裁（札幌高決昭和62・9・3判時1258号76頁）は、農機具の独占的販売総代理店契約に期間と更新拒絶に関する定めのある事案において、更新拒絶を認めれば、代理店は莫大な損害を被るのに反し、製造者は何らの犠牲を払うこともなく、代理店がこれまでに開拓した販売権益をその手中に納めることができ、極めて不合理であることなどを理由に、独占的販売総代理店契約の更新拒絶は無効であるとして、製造者による当該農機具の販売を差し止めた。同判決が独占的販売総代理店契約における期間に関する定めの解釈について述べた部分は、次のとおりである。

> （中略）たとえ基本契約書に本件契約の有効期間を1年間とする、期間満了3ヶ月前に当事者の申し出のない限り更に1ケ年延長する旨の定めがあったとしても、それが期間満了3ヶ月前の当事者の一方的終了の意思表示によって契約を終了させ得るものと解することは妥当ではなく、債務不履行又はこれに準ずる事由には限らないが、契約を存続させることが当事者にとって酷であり、契約を終了させてもやむを得ないという事情がある場合には契約を告知し得る旨を定めたものと解するのが相当である。

このほか、最近の判例としては、いずれも新聞販売店契約の更新拒絶について、信義則上、信頼関係の破壊等契約関係の継続が困難な事情が存在することなど、本件新聞販売店契約を終了すべき正当な理由が必要であると解されるとしたもの（福岡高判平成19・6・19判タ1244号213頁）や、販売店の著しい不信行為、販売成績の不良等により、当事者の信頼関係が破壊されるなど、新聞販売店契約の継続を期待しがたい重大な事由が存することが必要であるとしたもの（札幌高判平成23・7・29判時2133号13頁）がある。

(C) 継続性の原理

この点につき、内田貴東京大学名誉教授は、以下のとおり述べて、上記のような判例を支持している（内田・前掲書77頁、84頁）。

「このような考え方の背後には、契約関係は、維持・継続できるならそれ

が望ましい、という評価がある（契約法における継続性原理と呼ぶことができる）。（中略）契約関係の継続が強調されるのは、不動産賃貸借や労働契約などの、いわゆる社会法的考慮が要請される領域に限られていたのである。しかし、このような見方は、現実の契約実務において、契約関係の維持が持っている価値を見落としている。（中略）多くの裁判例は、このような継続性の原理を想定することでよりよく説明できるのである。

一般の商取引においても、継続的取引関係の解消は、一方当事者にとって死活問題であることが少なくない。このような事情を、どこまで法的判断に反映させうるかが契約法の重要なテーマとなっている。たとえば、長期間継続した代理店契約の更新拒絶がどのような要件のもとに認められるか、といった問題である。

（中略）更新拒絶や解約申入れ、さらに債務不履行解除に、「やむを得ない事情」等を要求する裁判例が、数多く現れている。当事者に契約の継続性に対する強い期待のある契約においては、契約関係継続義務ないし継続性原理とでも呼ぶべき新たな法理が形成されていると見ることができる。」

(D) 中間試案

改正民法には採用されなかったが、中間試案は、期間の定めのある契約の終了について、以下のような定めを置くこととしていた（補足説明392頁）。上記のような判例学説に拠ったものである。

---

(1) 期間の定めのある契約は、その期間の満了によって終了するものとする。
(2) 上記(1)にかかわらず、当事者の一方が契約の更新を申し入れた場合において、当該契約の趣旨、契約に定めた期間の長短、従前の更新の有無及びその経緯その他の事情に照らし、当該契約を存続させることにつき正当な事由があると認められるときは、当該契約は、従前と同一の条件で更新されたものとみなすものとする。ただし、その期間は、定めがないものとする。

この点につき、中間試案の概要は「もっとも、以上の規律に対しては、そもそも継続的契約には様々な類型のものがあるためその更新に関して一律に適用されるべき規定を設けることは困難であるとして、特段の規定を設けずに引き続き解釈に委ねるべきであるという考え方があ（る）」としており

（補足説明393頁）、改正民法はその立場から明文化を見送ったものであるが、基本的な考え方に変わりはないと思われる。

（4）留保解約権の行使

（A）意義

継続的契約において解約権留保の特約がなされた場合、当事者は期間満了前でも契約を一方的に解約することができ、これにより契約は終了する。このような解約権の留保がされるのは、継続的契約には信頼関係が重要であるから、相手方に対する信頼を失った当事者は、いつでも契約から離脱することができるという考え方に基づくものである。

（B）留保解約権の制限

確かに、当事者の対等を前提とする一般的な商取引においては、信頼関係がなくなれば何時でも契約を解消して構わないはずであるが、ここでも、継続性への期待という、更新拒絶の場合と同様の問題がある。

この点については、資生堂とその販売店との間の特約店契約の解除が問題となった事案が有名である。対面販売のみを認めるとの指定に反してカタログ販売を行った販売店との契約を、解約権の留保に基づき資生堂が中途解約したところ、販売店がその無効を主張したという事案である。

第一審（東京地判平成5・9・27判時1474号25頁）は、資生堂による対面販売の指定は合理性がなく、不当な取引制限といわざるを得ないから、そのことを理由として特約店契約を解約することは許されないとして、販売店の請求を認容した。これに対し、控訴審（東京高判平成6・9・14判時1507号43頁）は、対面販売の指定は合理的であり、それに反した販売店は特約店契約を解除されてもやむを得ないとして、第一審判決を取り消して請求を棄却したが、その際、以下のとおり判示して、留保解約権の行使は無制限ではないとした。

> 本件特約店契約は、1年という期限の定めのある契約であるとはいえ、自動更新条項があり、通常、相当の期間にわたって存続することが予定されているう

え、実際にも契約期間がある程度長期に及ぶのが通例であると考えられること（控訴人との契約も28年間という長期間に達している。）、各小売店の側も、そのような長期間の継続的取引を前提に事業計画を立てていると考えられること、また、本件特約店契約は、それに付随して資生堂化粧品専用の販売コーナーの設置や、顧客管理のための台帳の作成、備え付けが義務付けられるなど、商品の供給を受ける側において、ある程度の資本投下と、取引態勢の整備が必要とされるものであり、短期間での取引打ち切りや、恣意的な契約の解消は、小売店の側に予期せぬ多大な損害を及ぼすおそれがあること、なお、前記解約条項に基づく解除が行われるのは極めて例外的な事態であること（証拠略）などからすれば、30日間の解約予告期間を設けているとはいえ、前記のような約定解除権の行使が全く自由であるとは解しがたく、右解除権の行使には、取引関係を継続しがたいような不信行為の存在等やむを得ない事由が必要であると解するのが相当である。

最高裁（最判平成10・12・18民集52巻9号1866頁）は、対面販売の指定は不当な取引制限に当たらないとしたほか、本件解約が信義則に違反せず、権利の濫用に当たらないとした控訴審の判断は是認することができるとして、販売店の上告を棄却した。

最高裁は、留保解約権の行使の要件について特に述べてはいないが、この点については、①留保解約権の行使にはやむを得ない事由が必要だが、本件ではそのような事情があった（原審の判断）としたものか、②留保解約権の行使にやむを得ない事由は必要なく、信義則違反・権利濫用がある場合にのみ無効となるが、本件ではそのような事情はないとしたものか、のいずれかであろう。同判決に関する最高裁調査官の解説は、②の立場である（「最高裁判所判例解説平成10年度（下）」1020頁）。

(5) 解約申入れ

(A) 意義

期間の定めのない契約は、当事者において何時でも終了させることができる。そのような意思表示を解約申入れという。

もっとも、借家契約の解約申入れには正当事由が必要であり（借地借家法

28条)、期間の定めのない労働契約の解約申入れ（解雇）は、客観的に合理的な理由を欠き、社会通念上相当と認められない場合は無効である（労働契約法16条）。これらは、社会的弱者である借家人や労働者を保護するために、法律によって解約申入れが制限されているのである。

これに対し、一般の商取引については、借地借家法や労働契約法のような法律上の制約はない。したがって、本来解約申入れに正当事由は必要ないのが原則である。

(B) 解約申入れの制限

しかしながら、ここでも更新拒絶や留保解約権の行使と同じ問題がある。たとえば、独占的代理店契約に期間の定めがなかった場合、契約締結後短期間で解除されたのでは、長期の契約を期待する代理店は予期せぬ損害を被るであろう。そこで、期間の定めのない継続的契約についても、解約申入れに正当事由が必要という考え方が出て来るのである。この点については、以下のような判例がある。

(a) 正当事由を要するとした判例

大手飲食チェーン店（ミスタードーナッツ）で提供される肉まんの製造供給を内容とする業務委託契約の解約申し入れの効力が争われた事案において、大阪地裁（大阪地判平成17・9・16判時1920号96頁）は、以下のとおり判示して、解約申入れには正当事由が必要であるとした。

> 一般に、期間の定めのない契約は、一方当事者からの解約申入れによって終了するのが原則である。（中略）しかしながら、契約の実現に一定の資本の投下が必要で、継続されることを前提に当該契約が締結された場合、当事者はその契約から投下した資本を回収することを期待しているから、このような場合には、一方当事者の解約申入れによって契約を終了させるのは妥当ではなく、契約を解約するために「正当な事由」が存在することが必要であるというべきである。そして、「正当な事由」が必要であるか否かは、契約の目的物の性質、当事者の性質等事案の特質を考慮して判断するのが相当である。

(b) 正当事由を要しないとした判例

他方、第二地銀（東京スター銀行）と都市銀行（三菱東京UFJ銀行）との間で締結された業務提携契約の解約申入れの効力が争われた事案において、

東京地裁（東京地判平成 23・7・28 判時 2143 号 128 頁）は、以下のとおり判示して、解約申入れに正当事由は必要ないとした。

> （中略）原告と被告は、いずれも自らの経営判断に基づいて対等な立場で契約関係に入った独立した事業者であり、その間に、本件提携業務の委託に関する契約関係をめぐる情報の非対称性があるわけではなく、原告の事業が本件委託契約に基づく取引に全面的に依存しているといった関係が存するわけでもないというべきである。そうすると、本件委託契約が期間の定めのない継続的契約であるからといって、これを解約するのに、契約を継続し難い重大な事由ややむを得ない事由が必要とされる理由はないといわざるを得ない。

(c) 両判決の比較検討

前掲東京地判平成 23・7・28 は、商取引における理念的な当事者対等が現実にも存在している（裁判所は、これを「情報の非対称性や依存性がない」という表現で示している）ので、原則どおり、期間の定めのない契約はいつでも解約申入れ可能という判断がなされたのに対し、前掲大阪地判平成 17・9・16 では、商取引における理念的な当事者対等が必ずしも実現しているとは言えないと判断されたものであり、これが両判決の結論を分けた理由と思われる。

(C) 中間試案

これも改正民法には採用されなかったが、中間試案は、期間の定めのない契約の終了について、以下のような定めを置くものとしていた。更新拒絶の場合と同趣旨である。改正民法に採用されなかった理由も同じである。

(1) 期間の定めのない契約の当事者の一方は、相手方に対し、いつでも解約の申入れをすることができるものとする。
(2) 上記(1)の解約の申入れがされたときは、当該契約は、解約の申入れの日から相当な期間を経過することによって終了するものとする。この場合において、解約の申入れに相当な予告期間が付されていたときは、当該契約は、その予告期間を経過することによって終了するものとする。
(3) 上記(1)及び(2)にかかわらず、当事者の一方が解約の申入れをした場合において、当該契約の趣旨、契約の締結から解約の申入れまでの期間の長短、予告期間の有無その他の事情に照らし、当該契約を存続させることにつき正当な事由があると認められるときは、当該契約は、その解約の申入れによって

第1章 契約の理論

は終了しないものとする。

第 2 章

契約書

第2章　契約書

1　はじめに

　この章では、契約書に関する一般的な事項について説明する。契約書の意義と機能（確認機能、紛争予防機能、立証機能）、書面によらない契約の効力、完全合意条項について説明した後、最後に、契約書を作成する場合の心構えについても触れてみたい。
　具体的な契約書の文例については第3章で述べることとするので、そちらを参照していただきたい。

2　契約書の意義と機能

（1）意義

　契約書とは当事者間の合意内容を書面にしたものである。特に書式が法定されているものではなく、また、法律によって定めるべき事項が決められている場合のほかは、何を記載するかは当事者の自由である。ただし、強行法規違反や公序良俗違反の事項を記載しても無効である。
　契約において定めるべき事項が法定されている場合、契約書に当該事項を欠いたときは、契約が無効になる。たとえば、吸収合併契約の場合、①吸収合併後に存続する会社と消滅する会社の商号及び住所、②存続会社が消滅会社の株主に交付する存続会社の株式の数並びに存続会社の資本金及び準備金の額に関する事項、③消滅会社の株主に対する存続会社の株式の割当に関する事項、④消滅会社が新株予約権を発行している場合には、当該新株予約権者に対して交付する存続会社の新株予約権の内容及び数、⑤消滅会社の新株予約権者に対する存続会社の新株予約権の割当に関する事項、⑥吸収合併が効力を生ずる日、について定めを置かなければならない（会社法749条1

項)。このうちいずれかを欠けば、吸収合併契約は無効である。

(2) 機能

(A) 確認機能

契約書を作成することにより、当事者は契約内容を理解し、契約を締結するかどうか熟考する機会が与えられる。そのうえで契約書に署名押印するので、当事者の意思に基づいて契約が成立したこと、また契約の成立時期が明確になる。これを契約書の確認機能という。

ところで、契約書の末尾には、通常「以上のとおり契約が成立したので、両当事者は、頭書の日付をもって本契約書を作成した」との文言が記載されるが、契約が成立したのは、あくまで当事者間で意思の合致がなされた日(通常は署名捺印した日)であり、契約書の日付はその証拠にすぎない。

契約書の日付を実際の署名日よりも後の日付にし、又は前の日付に遡らせることがある。

後日付とした趣旨が、契約書の効力をその日まで発生させないというものであれば、それは契約の始期(停止期限)を定めたものとなる。したがって、署名日において契約は成立しているが、契約の効力は記載された日まで発生しないことになる(民法135条1項)。

契約書の日付を遡らせることも、当事者間にその日から契約の効力を引き受ける旨の合意があれば問題ない。たとえば、秘密保持契約に署名した日よりも前に既に営業秘密が開示されていた場合、契約書作成日までの間にも秘密保持義務を負わせる趣旨で日付を遡らせることはあり得る。

しかし、契約書の日付を実際の署名日と異なる日とすると、契約書に記載された日付の時点では、代表権がなかった、あるいは、代表権が消滅していたということがありうるので、後日契約の効力が争われるおそれがある。

そのようなリスクを回避するには、契約書の日付は署名日としたうえで、有効期間の始期を遡らせるか、後の日付にするのが適当である。

(B) 紛争予防機能

契約書を作成することで、合意内容は書面によって明らかになるので、口

頭の合意の場合のように「言った」「言わない」などという議論が起こりにくい。また、契約書に記載した事項に反する主張を封ずることができる。このような点で、契約書があれば無用な紛争を予防することが期待できる。これを契約書の紛争予防機能という。

近年、企業法務においては、紛争が起きてからの対処（紛争処理法務）よりも、紛争を事前に予防すること（紛争予防法務）が重要であるということが強調されている。契約書がこのような紛争予防法務において重要な役割を果たすことは明らかである。

紛争予防という観点からは、当事者間に紛争が生じやすい類型の契約、あるいは紛争が生じた場合にそれが深刻になりやすい類型の契約は、契約書を作成する必要性の高いものといえる。

そのような類型の契約としては、①重要な財産や高額な商品の処分等の取引に関するもの、②複雑な取引に関するもの、③取引が完了するまで相当の期間を要するもの、④民法の典型契約とは異なる取引、以上のようなものが考えられる。本書において紹介する文例は、いずれもこのような類型の取引に関するものである。

契約書が紛争予防機能を果たすには、契約から生じうるあらゆるリスクを想定し、それに適切に対応できる条項を定めなければならない。

もちろん、民法（商法等の取引法を含む。以下同じ）は、典型契約について一定の要件と効果を定めており、当事者の契約が典型契約に該当すれば、契約書に定めがなくとも、民法の規定の適用によって処理がなされるため、一定の紛争予防効果はある。

しかし、典型契約に関する民法の条文がそのまま適用になる場合でも、その内容を具体化し、判例学説等が定める解釈で補充するなどして契約書に明示することで、当事者間において紛争が起きた場合の処理の内容を予め確認し、無用な紛争を予防することができる。

さらに、民法の条文とは異なった処理が適当と考えられる場合や、民法の条文が想定していない事態に対処する場合には、それらの趣旨に沿った条文を用意して紛争を防止することが望ましい。

以下、(a) 民法の条文を補充する場合、(b) 民法の条文と異なる処理を

する場合、(c) 民法の条文が明示していない事態に対処する場合、(d) 民法と同一の条文を置く場合、の四つの場合に分けて例示する。

(a) 民法の条文を補充する場合

商人間の売買については、買主は、目的物を受領したときは遅滞なく検査し、瑕疵を発見したときは直ちに売主に通知しなければ、売主に瑕疵担保責任を追及することができない（商法526条）。ここでは、条文の要件である「遅滞なく」と「直ちに」という用語の意味が問題になるので、たとえば、契約書において「3日以内に」という条項を定めることで、当該要件の該当性についての紛争を避けることができる。

金銭債務の遅延損害金は法定利率によるのが原則であるが、約定利率が法定利率を超えるときは約定利率による（民法419条1項）ところ、法定利率は年3％である[19]（同法404条）から、これらを超える利率の遅延損害金を支払わせるには、その旨の定めが必要である。

そのほか、当事者は損害賠償の額を予定することができる（民法420条1項）ので、契約書で損害賠償の予定とその額を定めることが行われる。損害賠償額に関する紛争をあらかじめ防止するためのものである。

(b) 民法の条文と異なる処理を定める場合

任意規定と異なる契約は有効である（民法91条）。民法債権編の規定は多くが任意規定であり、実務的にも、民法債権編の条文と異なる契約条項を定めることがしばしば行われる。

たとえば、建物賃貸借契約の賃料は毎月末日払いとされている（民法614条）が、毎月末日までに翌月分を先払いする旨の合意がなされるのが普通である。

また、売買契約においては、目的物の滅失の危険は引渡時に買主に移転する（民法567条1項）。そこで、売買契約における所有権移転時期を、契約締結時（同法176条）ではなく、危険の移転時期に合わせる旨の合意がなさ

---

19 改正民法は、法定利率を年3％としつつ、3年ごとの変動制を採用した（民法404条）。これを受けて、民法の一部を改正する法律の施行に伴う関係法律の整備等に関する法律（以下「整備法」という）は、商行為によって生じた債務に関する法定利率を年6分と定めていた商法514条を廃止した。

れることが多い。

　ところで、訴訟における主張立証責任は、法律の定めによって決まる（法律要件分類説）が、契約によって主張立証責任の所在を変更することも、証拠契約のひとつとして可能と考えられる（山浦善樹編『民事要件事実講座5　企業活動と要件事実』59頁〔森脇純夫〕）。たとえば、履行不能による損害賠償請求権の発生事由は、履行期の到来と損害（額）であり、債務者の責めに帰すことのできない事由が、損害賠償請求権の発生障害事由として、債務者の主張立証責任に属するとされている（司法研修所・前掲書22頁）。それを、契約書に「本契約による債務が履行されなかった場合、それが債務者の責めに帰すべき事由に起因するものであることを債権者が主張立証した場合に限り、損害賠償を請求することができる」という条文を置くことによって、主張立証責任を転換するということである。

　　(c) 民法の条文が明示していない事態に対処する場合

　たとえば、販売代理店が製造者から製品を仕入れて消費者に販売する場合、目的物に欠陥があれば、消費者は製造者に対して損害賠償請求ができる（製造物責任法3条）。しかし、販売者も債務不履行責任に基づく損害賠償責任を負っているので、通常消費者は、自己が直接取引関係にある販売者に対して損害賠償を請求するものと思われる。

　そのような請求に対応するためには、販売者は製品に対する知識が十分にないので、製造者の協力が不可欠である。しかるに、民法や製造物責任法は、実体法上の権利関係を定めるのみであり、このような実際の交渉プロセスを規律するものではない。

　そこで、製造者と販売者との契約（販売代理店契約、継続的売買契約等）において、製造物責任が主張された場合の手続を定めておく必要がある。通常、①第三者からのクレームに対しては、製造者と販売者が協力して対応すること、②製造物の欠陥に起因して販売者が第三者に損害賠償等をした場合は、製造者がそれを補償すること、③ただし、販売者が第三者に対して金銭を支払う場合、事前に製造者と協議すること、等が定められる。

　　(d) 民法の規定と同一内容の契約条項

　民法の規定と同一の内容の契約条項[20]を置いたとしても、仮に、そのような

条項がなくとも法律上当然にその効力は発生するのであるから、本来的には無意味である。しかし、当事者にとっては、いちいち民法の定めを確認する必要がないという点で便宜であるうえ、民法規定と同一の条項がないことを奇貨として、それに反する口頭の合意があったという主張を誘発しないためには、特に重要な条文については、あえて民法と同一の条項を記載する価値はある（山浦・前掲書57頁）。

(C) 立証機能

契約書は、紛争となった場合に裁判所等において重要な証拠となる。これを契約書の立証機能という。契約書の立証機能は、契約書の証拠価値（「証明力」あるいは「証拠力」ともいう）に由来するものである。

契約書の証拠価値については、重要な事柄であるので、以下に項を改めて説明することとする。

(3) 契約書の証拠価値

契約書を含む文書一般の証拠価値については、以下の点が重要である（司法研修所編『民事訴訟における事実認定』49頁以下参照）。

(A) 形式的証拠力と実質的証拠力

文書は、作成者の意思に基づいて作成されたものでなければ証拠価値がない。なぜなら、文書の記載内容が証拠価値を有するかどうかは、文書の意味内容を探求することによってなされるものであるところ、文書の意味内容は作成者の思想に依拠するものであって、文書が作成者の意思に基づいて作成されたものでなければ、文書の意味内容を吟味する前提を欠くからである。

このように、文書が作成者の意思に基づいて作成されることを、文書が「真正に成立した」といい、また、文書が「形式的証拠力」を有しているともいう。

しかしながら、文書が形式的証拠力を有しているからといって、直ちにそ

---

20 たとえば、借家人は家主に無断で転貸してはならず、その場合は家主は契約を解除できるという条項など。

の内容が真実だと認定できるものではない。文書の記載内容が真実であると認めさせる力を有していること、すなわち、要証事実（裁判における立証の対象となる事実）に対して裁判官の心証を左右できる影響力を持っていなければ、文書に証拠価値があるとはなし得ない。これを文書の「実質的証拠力」という。

文書は、形式的証拠力と実質的証拠力の双方を兼ね備えることで要証事実を認定させる証拠となり得るのである。

(B) 契約書の実質的証拠力

文書そのものに要証事実が包含されている文書を処分証書といい、処分証書の場合、形式的証拠力が認められれば、特段の事由のない限り、実質的証拠力も認められる。[21]

契約書は、当事者の合意内容（これが要証事実である）が記載された書面であり、典型的な処分証書である。契約書が当事者の意思に基づき作成された（形式的証拠力がある）場合、特段の事情のない限り、契約内容については、当該記載事項どおりの事実認定がされる（実質的証拠力がある）ことになる。

この点に関する判例には、以下のようなものがある。

・売買予約の公正証書が作成されているのに、それと別異に解すべき特段の事情もなく売買予約の成立を否定した判断には経験則違背がある（最判昭和45・11・26集民101号565頁）
・「協定書」「契約書」と題する書面に、補償条項の記載があり、書面締結の経緯等からみれば、両当事者間の紛争をすべて解決するために一方当事者が行うべきことを明らかにしたものと考えられる場合、特段の事情のない限り、同記載の法的拘束力を否定することはできない（最判昭和42・12・21集民89号457頁）。
・関係者の供述のみに基づいて契約書等の記載に反する認定をするのは、経験則ないし採証法則違反である（最判平成14・6・13判時1816号25頁）。
・売買の目的たる土地の利用方法に関する特約は、契約の当事者にとっては極

---

21 これに対し、作成者の見聞、判断、感想等が記載されている文書を報告文書という。報告文書は形式的証拠力があっても、実質的証拠力があるとは限らない。

> めて重要な事項であるから、法令の規定に基づき当事者間に契約書が作成された以上、かかる特約の趣旨はその契約書中に記載されるのが通常の事態であつて、これに記載されていなければ、特段の事情のないかぎり、そのような特約は存在しなかつたものと認めるのが経験則である（最判昭和47・3・2 集民 105 号 225 頁）。

以上のとおり、契約書の証拠価値は極めて高いものであるが、あくまでも証拠判断であって、特段の事情があれば、契約書の記載内容とは異なる事実認定がなされる場合もあり得る。

当事者の共通の意思に基づいて解釈した結果、契約書の文言とは異なる意味が付与されることがある（誤った表示でも害を与えない）こと、契約文言について両当事者の解釈が異なっているため、意思の不合致により契約が不成立となることは既に述べた（第 1 章 6 (1) (A)、同 (2) (A)）が、これらは「特段の事由」に当たると考えられるであろう。

もっとも、このような特段の事情が立証されることは通常考えられず、上記の各判例にもあるとおり、契約書の記載以外の合意を立証することはきわめて難しいというほかない。

契約書に署名押印することは重大な意味を持つものであり、安易にされてはならないというべきである。

(C) 契約書の形式的証拠力

文書の形式的証拠力は、本人又は代理人の署名又は押印があれば推定される（民事訴訟法 228 条 4 項）。これは、本人又は代理人の署名又は押印が自己の意思に基づいてなされたことが証明された場合に、文書全体が真正に成立したことを推定するものである。

他方、作成名義人の印影が本人の印章によって顕出されたことが証明されれば、当該印影は本人の意思に基づいて顕出されたものと推定される（最判昭和 39・5・12 民集 18 巻 4 号 597 頁[22]）。

したがって、契約書に押された印影が本人のものであることが証明されれば、上記のような二段階の推定により、契約書の形式的証拠力が肯定され、特段の事情のない限り、契約書に記載されたとおりの契約が成立したものと

認定されるのである。

　もっとも、あくまで「推定」であり、反証を挙げることによって形式的証拠力を覆すことは可能である。この点に関する判例として、委任状交付の経緯や同一機会に交付されたとされる印鑑証明書の日付等に不自然な事情が認められるなどとして、当該委任状についての偽造の主張を排斥した原判決を破棄したもの（最判昭和35・6・2集民42号75頁）がある。

　形式的証拠力に関する上記の推定は、単に署名者又は押印者が本文の記載をしなかったこと、本文に目を通さなかったこと、本文は第三者が後日記載したものであること、以上のような事実が立証されただけで破られることはない（注23参照）が、署名又は印影のある白紙が他人に悪用されたこと、署名者・押印者から委託された事項以外の事項が記入されたこと、文書の記載が後日改竄されたこと、以上のような事実が立証されれば推定が破られることになる（岩松三郎＝兼子一編『法律実務講座民事訴訟第一審手続(3)[復刻版]』267頁）。

　この点につき、当事者にとって著しく不利な条項を有する契約書に「めくら判」を押した場合も、改竄に準じて契約書の形式的証拠力を否定すべきであるとする見解がある。このことは既に述べた（第1章6(3)）。

22　この推定は「人はみだりに自分の判を押さないものである。印章を人に託する場合でも、その用途を限定して信頼する人に託すのが通常である。日本人はこのように印章を大切にする習慣がある。この習慣に照らして考えれば、文章に本人の印章が押捺されている以上、押印の際に本文に目を通さなかったという弁解は容易に通らないし、本文の記載自体を本人自らがしていないからと言って、また、これが後日第三者によってなされたからとして、そのことのみで、その内容が本人の意思に基づかないということもできない」という経験則によるものである（司法研修所・前掲書（民事訴訟における事実認定）131頁）。

3 書面によらない契約の効力

(1) 口頭の契約

　契約内容を書面にしたものが契約書であるが、契約書のない口頭だけの合意（世上「口約束」といわれるもの）も契約であることに変わりはない。これは、契約自由の原則のうち「方式の自由」といわれるものである。

　口約束でも、自らの自由な意思で合意した以上、それは守られるべきであって、合意の内容が法的拘束力を認めるに足る真摯なもの（大判昭和10・4・25新聞3835号5頁［カフェー丸玉事件］（第1章3（1））参照）であれば、契約として有効であり、法律をもって強制的に実現されるべきである。

(2) 黙示の契約

　さらに、契約書はおろか口約束すらない場合でも、契約が成立したとして法的拘束力が認められる場合もある。これを「黙示の契約」という。

　たとえば、社員が死亡した時点で社宅の利用契約は終了することになっているのに、その後も家族が社宅に住み続けていたとして、会社がそれを知りながら何年にもわたって明渡を請求しなかったとすれば、会社とその家族との間には黙示の使用貸借契約が成立したと認められるであろう。

　また、商法509条は、商人が平常取引をする者からその営業の部類に属する契約の申込を受けたとき、遅滞なく拒否の通知をしなければ、契約が成立したものとみなすと規定している。

　これらの場合、当事者の行為から契約を締結する共通の意思が認められるので、法的拘束力を肯定できるのである。

(3) 書面が必要な場合

　しかし、以上のような場合とは異なり、口約束は無効であり、契約書等の書面がなければ法的拘束力が認められない場合もある。以下のような場合が

第 2 章　契約書

それである。

(A) 法令の定めによる場合

　定期借地権契約、事業用借地権契約、定期建物賃貸借契約は書面によってしなければならない（借地借家法 22 条、23 条、33 条）。これらの契約は、本来賃借人に認められる契約の更新権を奪うものであり、慎重になされなければならないとの立場から設けられた規定であり、社会的弱者である賃借人を保護するためのものである。

　書面によらない保証契約は無効とされている（民法 446 条 2 項）。商工ローンの保証人被害が社会問題化したことを受け、平成 16 年の民法改正により規定されたものである。保証契約に書面を要求することにより、安易な保証債務の引受を防止して保証人を保護しようとするものである。

　諾成的消費貸借契約は書面でしなければならない（民法 587 条の 2）。このことは既に述べた（第 1 章 5 (4)）。

(B) 英米法の場合

　このような考え方は何も我が国に限ったものではない。英国と米国には詐欺防止法というものがあり、重要な契約は必ず書面でしなければならないとされている。

　たとえば、英国では不動産売買契約や保証契約には書面が必要とされ、米国では多くの州で 500 ドル以上を目的とする契約には書面が必要とされている（ゴードン・D・シェーバー＝クロード・D・ローワー（内藤加代子訳）『アメリカ契約法』105 頁）。

　我が国では、英米法のように、契約に書面を要する場合を一般的に定めた法律はない代わりに、既に述べた定期借地権契約や保証契約の場合のように、個別の法律によって書面によらない契約を無効と規定しているのである。

(C) 判例による場合

　法律に規定されていなくとも、裁判所によって書面によらない合意の法的拘束力が否定される場合もある。

　東京高裁（東京高判昭和 50・6・30 判時 790 号 63 頁）は、相当高額の土地の売買にあっては、当事者の合意のほか、売買契約書を作成し、手付金もしくは内金を授受するのは、相当定着した慣行であり、それに従うことが売

買の成立要件である旨判示している。

(D) 改正民法

改正民法465条の6から10は、保証人保護の方策の拡充として、事業のために負担した貸金等債務を主たる債務とする保証契約または主たる債務の範囲に事業のために負担する貸金等債務が含まれる根保証契約は、その契約の締結の日前1か月以内に作成された公正証書で保証人になろうとする者が保証債務を履行する意思を表示していなければ、その効力を生じないとしたうえで、公正証書作成のための手続を定めている。

4 完全合意条項

契約書を作成した場合、契約書に書いていないことについては契約が成立しなかったことになるのかというとそうではない。

既に述べたとおり、口約束も契約である以上、契約書に書いていない事柄を口約束で補充することは可能である。それだけでなく、契約書の内容を後日口約束で変更することもある。

そこで、契約書に書いていない合意、あるいは契約書と異なる合意があったとの主張を封ずるために「本契約は、両当事者の合意のすべてであり、本契約締結前における両当事者間のすべての明示又は黙示の合意に優先する」とか「本契約の変更は書面によらなければ効力がない」という定めを置くことがあり、これを「完全合意条項」という。

完全合意条項は、書面による約束の効力を口約束よりも重く見るものであるが、それにとどまらず、契約の内容を証明する証拠は、契約書及びその改訂書面に限定するという合意（証拠契約）と考えることができる。完全合意条項については後述する（第3章2(5)）。

5　契約書作成の基本

　契約書を作成するに当たっては、まず、それが取引の目的に沿っているか、取引の枠組みが反映されているかを確認することが必要であり、そのような内容を持つ契約書を作成することを心掛ける必要がある。
　それとともに、契約書を作成するに際しての基本（心構え）があるので、契約書に関する一般論の最後にこの点について触れてみたい。これについては、以下のようなものが考えられるが、いずれも「言うは易く行うは難し」である。法律専門家（弁護士）の助言を仰ぐのが適当であろう。

（1）要件に過不足のないこと

　契約は当事者間の権利義務関係を規律するためのものであるから、契約書には目的となる権利義務の発生要件を過不足なく記載しなければならない。法律要件が足りないことで予定した法律効果が発生しないのは問題であるが、余計な要件を付加することで、本来予定していない法律効果を発生させることも避けなければならない。
　特に、民法に規定されているものとは異なる効果を発生させようとするならば、そのための要件の記載が必要かつ十分でなければならない。もしも要件に不足ないし法律違反があれば、法律の定めが適用され、本来の目的とは異なる法律効果が発生するか、契約が無効となってしまうからである。
　若干の例を挙げれば、以下のとおりである。
　(A) 保証契約
　保証契約を締結する場合、保証債務が発生するには、保証契約の成立だけでなく、主債務の発生原因（たとえば金銭消費貸借契約）の存在も要件となる。これを保証債務の附従性という。それゆえ、保証契約においては、保証人が主債務者の貸主に対する債務を保証することを約したという趣旨の条項だけでは足りず、貸主が主債務者に対して一定の金銭を貸し付けたことを基礎付ける具体的事実を明示しなければならない。[23]
　保証人が複数である場合、各自の保証債務は分割される（民法456条、

427条)。これを保証人の「分別の利益」というが、連帯保証人には分別の利益がない（民法465条)。そこで、保証債務の分割を避けて保証人に全額の保証をさせようとするならば、保証人が主たる債務者と連帯して債務を負担する旨を明示しなければならない。

(B) 農地売買契約

売買契約については、目的物を特定する必要があり、不動産の場合、不動産登記簿の記載（地番・地目・地積）をもって特定するのがふつうである。その際、地目が農地又は放牧地である場合は、それを売買するには都道府県知事等の許可を受けなければならず（農地法3条、5条)、許可のない限り売買契約は効力を生じない（最判昭和37・5・29民集16巻5号1226頁)。

したがって、このような場合、売主に対し許可申請をする義務を負わせる旨の条項を併せて記載しなければならない。

(C) 集合動産譲渡担保

構成部分の変動する集合動産を目的とする譲渡担保[24]において、目的物の種類・量的範囲・所在場所が明確に特定されていれば、特定された一個の集合物を目的とする譲渡担保権設定契約として効力を有する（最判昭和62・11・10民集41巻8号1559頁)。

そこで、このような譲渡担保権設定契約においては、たとえば「甲は乙に対し、別紙債権目録記載の債権の担保のため、別紙物件目録記載の動産を譲渡する」として、別紙に「種類（貴金属製品)」「所在場所（東京都○○区○○丁目○番○号○○商事株式会社倉庫)」などと、他と識別可能な程度に特定する必要がある。[25]

(D) 手付

売買契約に基づき手付が授受されている場合において、買主の債務不履行

---

[23] もちろん、貸主と主債務者との間で金銭消費貸借契約が作成されておれば、当事者名、日付、表題等で対象となる契約書を特定し、その契約書に基づく債務を保証したという趣旨の条項を置くことで足りる場合もある。

[24] 債権者が債務者から目的物の所有権を譲り受けるが、その目的は債権担保であり、被担保債権の弁済があれば目的物を返還するという約束がある場合をいう。

[25] 集合動産譲渡担保権は、登記することで第三者に対する対抗力を取得できる（動産及び債権の譲渡の対抗要件に関する民法の特例等に関する法律3条)。

で解除された場合は手付を没収し、売主の債務不履行で解除された場合は手付の倍額を返還するという約定に付加して「それ以外に特別の損害を被った当事者の一方は相手方に違約金又は損害賠償を請求することができる」という条項を見ることがある。このように「特別な損害」という要件が付加されることにより、売主の債務不履行により解除した場合、買主の転売利益は「特別の損害」ではないから、損害賠償の請求ができないという解釈がなされる可能性がある。[26]

　しかし、手付は、損害賠償の予定にすぎず、それ以上の損害があれば、「通常の損害」であれ「特別の損害」であれ、賠償の対象とするのが適当である。このような不都合を避けるには、上記の条項にかえて「手付の授受は、相手方当事者の債務不履行によって手付金額を超える損害が発生した場合に、その賠償を請求することを妨げるものではない」とするのが適当である。

(2) 想定されるリスクに対応するものであること

　契約書の機能に紛争予防があるということは既に述べたとおりである。であるなら、契約書には、そのような類型の契約から通常想定されるリスクを念頭において、それに対処しうる条文を置かなければならない。

　若干の例を挙げれば、以下のとおりである。

(A) 著作権譲渡契約

　著作権譲渡契約において、翻案権（著作権法27条）と二次的著作物の利用に関する原著作者の権利（同法28条）が譲渡の目的として特掲されていないときは、これらの権利は譲渡した者に留保されたものと推定される（同法61条2項）。したがって、これらの権利を譲り受けたいと思う当事者は、必ずそれを譲渡対象として特掲しなければならない。

　これを怠ると、たとえば、映画製作者がある小説の映画化のために著作権の譲渡を受けていながら、翻案権がないことにより映画化が不可能になってしまうかも知れない。また、たとえ翻案権を譲り受けたとしても、二次的著

26　最判平成9・2・25判時1599号66頁はこの点が争われた事案である。

作物の利用に関する原著作者の権利を譲り受けていなければ、映画の上映について原作者の許諾を受けなければならなくなる。

(B) 著作者人格権

著作者人格権は譲渡不可能であるから、著作権を譲り受けたとしても、そのままでは、著作者の同一性保持権に妨げられ、自由に著作物の翻案はできなくなる。この場合、著作者に対し、著作者人格権（同一性保持権）を行使しないことを約束させる必要がある。

(C) 著作物の利用許諾

著作権の譲渡ではなく、単に利用許諾を受けたにすぎない者は、著作権を保有していない以上、第三者が著作権を侵害したとしても、自ら権利侵害の排除をすることができない。そのようなリスクに対処するには、著作権利用許諾契約において、著作権者に権利侵害の排除を義務付ける必要がある。

そのほか、著作物の利用許諾契約において、著作物の複製（たとえば、キャラクターの商品化）を行う場合、著作者はキャラクターのイメージを損なわれないよう、商品化の具体的内容を事前に知り、それに許諾を与える権限を確保しておく必要がある。著作者にとって、契約書に「商品化に当たっては、企画書、写真、見本その他商品化の内容が分かる資料により、事前に著作者の承認を得なければならない」という趣旨の条項は必須である。

逆に、商品化を行う立場に立てば、イメージダウンにならないような商品の製作についても不当に承認を拒まれることがあっては、複製を許諾されたことの意味がなくなってしまう。この場合「商品化に当たって事前に著作権者の承認を得る」という条項だけでは、予期せぬ不承認に遭って不測の損害を被る虞がある。そのようなリスクを避けるため、承認・不承認の基準を設けたり、承認申請を受けて一定期間内に確答がなければ承認したものとみなす等の規定を設けるよう交渉すべきであろう。

(3) 文意が明確であること

契約書は裁判において証拠となるものである。したがって、契約書が多様な解釈を許すものであれば、判決の予見可能性が低くなり、立証機能・紛争

予防機能を十分に果たすことができないことになる。

そのため、契約書に記載すべき文言は、一義的であり、前後相矛盾しておらず、曖昧でないことが要求される。そのため、定義条項や引用が利用されてよい。また、仲間内だけの隠語、業界用語は避けるべきである。どうしても使用せざるを得ない場合は定義付けをすべきである。

若干の例を挙げれば、以下のとおりである。

(A)「原則として」

当事者に一定の義務を負わせるのに「原則として○○○しなければならない」としただけでは、例外があるのか、それはどういう場合かが明らかではなく、適当でない。この場合は「○○○しなければならない。ただし、○○○の場合はこの限りでない」とすべきである。例外を設けないなら「原則として」は削除すべきである。

(B)「等」

ある事実のほかにそれに類似する事実があることを示すのに「○○○等」は避けるべきである。それだけでは、その「等」に含まれる事実が何か明らかでないからである。

この場合は「○○○、△△△その他の□□□」とするのがよい。これなら「□□□」に含まれるものの例示として「○○○」と「△△△」が明示されるので、類似事実の外延は少し明瞭になってくる。たとえば、契約の解除事由として「主要な株主・取締役の変更等」とするよりも、「主要な株主・取締役の変更、事業譲渡・合併・会社分割その他の会社の支配に重要な影響を及ぼす事実」とした方が明確である。

(C)「甲が認めた場合」

契約の解除事由として、債務不履行のほか「その他前各号に定める事由に準ずる事由によって当事者間の信頼が破壊されたと甲が認めた場合」という条項を見かけることがある。これだと、あたかも甲が任意に解除事由を認定できるかのように読めるので、相手方は非常に不安定な立場に置かれる。

この場合は「その他前各号に定める事由に準ずる事由によって当事者間の信頼が破壊されたと認められる場合」とすべきである。これ自体も抽象的ではあるが、最終的に裁判所の判断に委ねるものとしては十分である。

(D)「1回でも怠ったとき」

　債務の分割弁済を定めるとともに、期限の利益喪失約款を付する場合、期限の利益を喪失する事由として「分割金の弁済を1回でも怠ったとき」としただけでは、弁済したが金額が分割金に足りなかった場合はどうなのかが不明である。

　この場合は「分割金の全部又は一部の弁済を怠ったとき」としなければならない。

(E) 定義規定

　一義的でない用語や複雑な概念については、定義規定を設けることで誤解を避ける必要がある。

　たとえば、知的財産権の利用許諾契約において、ロイヤルティは「純売上」に一定の料率を乗じて定められるとするのが普通であるところ、この場合「純売上」といえば、売上額からそれに要する経費を控除するという意味であることは明らかであるが、何を控除するかは必ずしも明確ではない。

　後日の紛争を避けるためには、たとえば「純売上とは、本件製品の販売額から、梱包費、運送費、保険料および消費税を控除したものをいう」というように、控除できる項目を具体的に定めておく必要がある。

(F) 業界用語

　業界用語はつとめて避けるのが適当である。当事者が分かっておればそれでよいと思われるかも知れないが、紛争になった場合に、代理人や裁判官が理解できなければ契約書の立証機能は果たせない。

　たとえば、継続的売買契約において「甲と乙との売買契約は消化仕入とする」とある契約書を見かけることがある。「消化仕入れ」[27]とは、仕入元から仕入先に卸売された商品について、消費者に販売された時点で仕入元と仕入先との売買が成立し、それまでは仕入元に所有権が留保される形態の取引をいい、流通業界では周知のもののようである。

　しかし、あくまで業界用語にすぎず、民法上の概念ではないので、これだけでは、売買契約の効力発生時期、危険負担や所有権の移転時期など、民法

27　「売上仕入」あるいは「売仕」と呼ばれることもある。

第2章　契約書

上の効果が明確ではない。当事者間では問題ないかも知れないが、二重譲渡や差押があった場合に、第三者との優劣が争われる段階で問題が生じるおそれもある。民法上の概念に置き換えて条項を書き直すか、上記のような概念に基づく定義規定を置くのが適当である。

(4) 理解しやすいこと

　契約書は当事者の共通の認識を文書にしたものである。したがって、契約書の記載に対する両当事者の認識が異なることのないよう、契約書の文言は、平易・簡明で、誰が読んでも同じ理解に達するようなものでなければならない。当事者が会社の場合、担当者が交替することがあるので尚更である。

　ただし、法律用語自体が複雑で理解困難な場合があり、上記2 (2) で述べた立証機能を維持するため、門外漢による理解をある程度犠牲にしてでも、法律用語を使用せざるを得ない場合はあろう。また、明確性を求めるため、冗長な繰り返しが行われる場合も避けられない。

　(A) 分かりやすい文章

　たとえば、知的財産権の利用許諾契約には、第三者からのクレームに対する処理を定めることが多い。その場合、以下の文例1よりも文例2の方が理解しやすいと思われる。契約条項は一文でなければならないわけではなく、適宜句点で分割することが理解を助けるものと思われるし、並列する要件については、適宜番号を振ることで分類・整理を行うのが適当である。

> (文例1)
> 　ライセンシーは、本契約期間中及び終了後も、ライセンシーの過失による作為又は不作為、明らかな瑕疵と隠れた瑕疵の両方を含み、かつ、ライセンサーに提示された見本品に含まれていたかどうかを問わないライセンス商品の瑕疵、ライセンサシーによるライセンス商品の製造、販売、所持もしくは利用による第三者の権利の侵害及び人身損害、ライセンシーによる本契約の条項違反、ライセンシーによる法令違反に起因して、ライセンサーが第三者から損害賠償を含むあらゆる請求を受け、又は訴訟を提起された場合、ライセンサーに生じた損害及び合理的な弁護士費用を含む費用を補償しなければならない。

(文例2)
　ライセンシーは、本契約期間中及び終了後も、ライセンシーの側に生じた以下の事由によりライセンサーが被った損害を補償しなければならない。損害が発生した原因には、ライセンサーが第三者から訴訟を提起された場合に限られず、請求を受けただけの場合も含む。この場合、ライセンシーは、ライセンサーが負担した費用（合理的な弁護士費用を含む）も補償しなければならない。
① 　過失による作為又は不作為
② 　ライセンス商品の瑕疵（明らかな瑕疵と隠れた瑕疵の両方を含み、かつ、ライセンサーに提示された見本品に含まれていたかどうかを問わない）
③ 　ライセンス商品の製造、販売、所持もしくは利用によって生じた第三者の権利の侵害及び人身損害
④ 　本契約の条項違反
⑤ 　法令違反

(B) 法律用語

　法令が定める用語は、たとえ難解であったとしても、定義規定等で説明することなく、そのまま使用することが望ましい。あえて定義規定を設けた場合、それが法令の定めと反するときに、当事者が前提としている法律効果が生じないおそれがあるからである。

　たとえば、合弁契約において「定款の変更、資本の減少、事業の全部又は重要な一部の譲渡、事後設立、合併、会社分割、株式交換・株式移転、解散、募集株式の発行、募集新株予約権の発行、株式の併合をするときは、甲乙ともに同意のうえで行わなければならない」とした場合、ここに含まれる概念は会社法及び判例によって要件と効果が定められているので、あえて定義する必要はないし、定義しない方がよい。

(C) 用語の繰り返し

　上記（A）の文例を見れば、ある行為の主体と客体を示すために「ライセンサー」と「ライセンシー」という用語が繰り返し使用されていることが分かる。通常は、文脈からそれらを推測することは容易であり、私的な書簡でここまで明確に行為の主体と客体を摘示することはないであろう。

　しかし、紛争予防機能、立証機能を働かせるために、契約書ではこの点をくどいほど繰り返して記載するのである。契約書が悪文と呼ばれる所以であ

るが、致し方ないところである。

(5) 内容が適正であること

　契約自由の原則（合意優先の原則）があるので、契約内容をどうするかは当事者の自由であるが、交渉力が勝っているからといって、苛酷な条項あるいは著しく不利な条項を相手方に押しつけるようなことがあってはならない。
　そのような場合、強行法規違反、公序良俗違反、信義則違反等を理由に、当該契約条項が裁判所によって無効と認定される虞があるからである。契約が無効となれば、未履行の給付は受けられず、既履行の給付は原状回復しなければならないだけでなく、そのような契約条項を履行したことが不法行為となり損害賠償を命じられるおそれもある。
　少なくとも、そのような不当な契約を相手方に押しつけた当事会社のレピュテーションに影響するであろう。

(A) 借家契約の更新拒絶

　たとえば、借地借家法によれば、建物の賃貸借契約の更新拒絶には正当事由が必要であり（同法 28 条）、これに反する契約は無効である（同法 30 条）。したがって、借家契約において「期間満了により賃貸借契約は当然終了して更新できない」又は「賃貸人による更新拒絶に正当事由は不要である」という趣旨の定めを置いても無効である。いずれにせよ、無効であるなら、契約書に買いても良いではないかというわけにはいかない。相手方が借地借家法を知らない場合に騙すような結果になってしまうからである。

(B) 自力執行

　民法に明文の定めはないものの、自力執行（自力救済ともいう）は違法というのが判例の立場である。
　この点に関する判例として、賃貸借契約に「賃料滞納の場合には賃借人の承諾なく建物に立ち入り適当な処置をとることができる」旨の合意があっても、公序良俗に反して無効であるとして、賃貸マンション管理会社の従業員が建物に立ち入り施錠具を取り付けた行為は、賃借人の平穏に生活する権利を侵害する違法な行為であるとしたもの（東京地判平成 18・5・30 判時

1954 号 80 頁）がある。

第3章

契約書の文例

第3章　契約書の文例

1　はじめに

　本章では、いくつかの契約書の文例を取り上げる。まずは、いかなる契約書にも規定される一般条項の文例について述べ、次いで、個別の契約書の文例について述べる。
　ところで、契約書は、個別具体的なものなので、本書のような文例集に掲載されている文例をそのまま適用することのできない場合が多い。しかも、契約書の文例集自体が、実際に取引で使用された契約書ではなく、筆者が別の文例集から引用したものに適宜変更を加えたり、簡略化したものが多く、臨場感に乏しい。したがって、契約書の文例集をそのまま引き写したのでは、適切な契約書条項にはならないであろう。
　このような観点から、文例集を出すことの意義に疑問を呈する向きもあると思われる。また、現に「文例集を読み込む必要はないのでは」という読者の感想も多いとのことである。
　確かに、文例はあくまでサンプルに過ぎないのであって、それを読み込んで記憶するようなものではない。しかし、単なる契約書条項のサンプルを羅列したものではなく、その条項の法的な意義は何か、そのような条文を置く理由は何かを併せて説明するならば、文例集にもそれなりに価値がないわけではないであろう。
　文例集において重要なのは、文例が契約書において有する意義とその趣旨目的を明らかにすることであって、契約書の書き方を示すことではない。もっとも、契約書における条項の意義と趣旨目的のみを説明したのでは、平板で抽象的な叙述にしかならない。そこで、契約書条項をよりよく理解するための参考として文例を記載するのである。
　本書では、このような文例の意義と趣旨目的を理解してもらうことに焦点を合わせたつもりである。読者は、本書にある文例の説明をよく理解したうえで、自分の言葉で文例に相当する契約書の条項を書き下ろすという心構えでいてもらいたい。その際、契約書らしい文章とはどのようなものかの参考

として(文書作法として)文例を使ってもらえればよいと思う。

また、文例を通じて、その文例が示す契約の基本的な要件・効果を説明するとともに、それにまつわる判例を紹介し、さらに、独占禁止法等の関連法令の説明も加えている。読者には、これらを通じて、文例だけでなく契約法の基礎を理解してもらえたらと思う。

2 一般条項

(1) Whereas Clause(前文)

英文契約書では、当事者が契約に至った経緯や理由を前文に記載することが多く、それがWhereasで始まることから、Whereas Clause という。最近では、我が国でもそれにならって同趣旨の記載をする場合がある。和文契約書では「前文」という表題が適当であろう。

以下のような文例が考えられる。

> Xは○○○の製造販売を営んでおり、Yは○○○の製造販売を営んでいる。今般、両者は各自の技術を活かした新しい製品を開発し、製造販売するための新会社を設立することに合意し、以下のとおり合弁契約を締結する。

Whereas Clause は、当事者に具体的な権利義務を与えるものではないが、契約を解釈する指針になると解されている。文例の場合、後日契約の解釈が争いになった場合、裁判所は、ここにある「各自の技術を活かした新しい製品を開発し、製造販売する」という目的に沿った解釈を行うことになろう。

たとえば、上記の前文が含まれる合弁契約において「各当事者は、出資比率に応じて、合弁会社が必要とする資金を貸し付け、又は出資しなければならない」という趣旨の定めがあった場合、ここにおいて「合弁会社が必要とする資金」とは何かが争点となったとすれば、その必要性とは、前文にある「各自の技術を活かした新製品の開発等」に必要なものでなければならない、

したがって、そうでない資金について貸付等の義務はないとの解釈がなされる可能性がある。

また、合弁契約において、各当事者が合弁会社に技術供与を行うとの合意がなされた場合、前文の趣旨から、技術供与の範囲は各自が契約当時現に有する技術に限定されると解される可能性がある。

もちろん、以上の争点について解釈の違いによる紛争を避けるため、条文で明確に義務の範囲を確定するのがもっとも適当であるが、それがなされなかった場合、前文の解釈によって、思ってもみなかった義務を負担するリスク（逆に、相手方が負うものと期待した義務が否定されるリスク）もなくはない。前文といえども安易に考えることはできないのである。

(2) 契約期間

本章では、継続的契約を前提として文例を考えている。その場合、以下のような契約期間の定めを置くことが多い。ここでは、期間満了に当たり、更新拒絶の通知がない限り自動更新するという定めが重要である。

> 本契約の期間は本契約締結日から3年間とする。ただし、期間満了の1か月前までにいずれの当事者からも更新拒絶の通知のない限り、1年間更新されるものとし、その後も同様とする。

日、週、月又は年によって期間を定めたときは、期間の初日は算入しない（民法140条）。したがって、文例の場合、契約締結日が平成26年11月3日だとすれば、翌日4日から期間が進行し、平成29年11月3日に満了することになる。

民法142条は、期間の末日が日曜日又は国民の祝日である場合、その日に取引をしない慣習がある場合に限り、期間はその翌日に満了すると定めている。民法制定当時ならともかく、現在では休日に取引をしないのが慣習というべきであるから、期間満了日が休日の場合、翌日まで延期されることになる。平成29年11月3日は休日だから、文例の場合は翌日の同年11月4日に期間が満了することになる。

文例では期間満了の1か月前までに更新拒絶の通知をしなければ自動更新されるとあるが、期間満了日が平成29年11月4日の場合、いつまでに通知しなければならないか。

この点については、株主総会の招集通知の発送に関する大審院判決（大判昭和10・7・15民集14巻1401頁）が参考になる。旧商法は、株主総会の招集通知は会日の2週間前までに発すると定めていたが、この「会日の2週間前までに発する」ということの意味について、大審院は、会日と発信日を除き、その間に14日以上なければならないとした。そうすると、期間満了日の1か月前に通知するということは、満了日（平成29年11月4日）と発信日との間に丸1か月なければならないので、通知は同年10月3日までにしなければならない。

更新拒絶に正当事由が必要かどうかという問題がある。このことは既に述べた（第1章11（3））。

(3) 解約権の留保

継続的契約の場合、以下の文例のように、期間内でも一方的意思表示で解約できるとする条項を設けるのが普通である。

> 当事者は、本契約の期間中といえども、3か月の予告期間をおいて、本契約を解約することができる。

ここでも、更新拒絶と同様に、留保解約権の行使に正当事由が必要かという問題がある。このことも既に述べた（第1章11（4））。

(4) 解除

当事者の一方が債務不履行となった場合、他方当事者は催告のうえで契約を解除することができる（民法541条）。それだけでなく、継続的契約においては、以下の文例のように、債務不履行に準ずる事由が発生した場合にも解除できることを定めるのが普通である。

> 　いずれの当事者も、相手方に以下の事由が生じた場合、直ちに本契約を解除することができる。
> (1) 本契約の条項の一つにでも違反し、相手方から相当な期間を定めて是正の催告を受けたにもかかわらず、当該期間内に是正されなかったとき
> (2) 差押、仮差押、仮処分、滞納処分を受けたとき
> (3) 破産、特別清算、会社更生、民事再生の申立があったとき
> (4) 支払停止又は支払不能となったとき
> (5) 銀行取引停止処分を受けたとき
> (6) 監督官庁から営業の停止を命じられたとき
> (7) 主要な株主・取締役の変更、事業譲渡・合併・会社分割等の組織再編その他の会社の支配に重要な影響を及ぼす事実が生じたとき
> (8) 解散したとき
> (9) その他前各号に準ずる事由が生じたとき

(A) 解除事由の趣旨

　文例(1)は契約違反、(2)ないし(5)は信用の悪化、(6)ないし(8)はビジネスパートナーとしての適格性の喪失であり、いずれも継続的契約における信頼関係を破壊する事情であって、解除権を発生させる根拠として合理的なものである。

　形式的には(1)ないし(8)に該当しない場合であっても、実質的に継続的契約における信頼関係を破壊する事由がある場合も解除することができるように、(9)のような条文を記載する。

(B) 説明

　個々の解除事由について若干のコメントを付するとすれば、以下のとおりである。

　(a) 契約違反

　文例(1)と同趣旨の条項で「契約の条項の一つにでも違反したとき」と記載された契約書案を見ることがあるが、それでは厳し過ぎるので、文例のように、いったん催告をして是正の機会を与えたうえで解除するというのが穏当なところであろう。

　また、信頼関係を喪失させるに足りない軽微な違約は除くという趣旨で、たとえば「第○条（重要な義務を定めた条項）に違反した場合」とか「重大

な契約違反があった場合」などとすることが考えられる。

　(b)　仮差押・仮処分

　文例(2)の場合、形式的にこれを適用することが必ずしも適当でないときがある。仮差押や仮処分は、発令要件である被保全権利や保全の必要性は疎明（一応確からしいという推測が得られること）で足り、しかも、債務者の言い分は聞かずに発令されることがあるので、被保全権利や保全の必要性がないにもかかわらず仮差押命令や仮処分命令がなされることがあり得るからである。

　そこで、そのような危険を避けるために、たとえば「ただし、債務者の異議申立があった場合はこの限りではない。この場合、当該異議に対する決定があるまでは相手方は本契約を解除することができない」などと追加することが考えられる。

　(c)　破産申立

　文例(3)の場合、文例では破産等の「申立」で足りることになっているが、それが適当でない場合があり得る。債務者が申立をした場合は、信用の悪化は間違いないであろうが、債務者に信用悪化がないのに、債権者が嫌がらせで倒産の申立をすることもあり得るからである。

　この場合、債務者は自己に倒産原因のないことを主張して申立の却下を求め、あるいは決定に対する不服申立をすることができるが、文例の場合、理由の如何を問わず「申立」のみで解除できることになっている。それが適当でないと考えれば、たとえば「ただし、破産等の申立が却下され、または破産等の決定が取り消された場合はこの限りでない」などと追加することも考えられる。

　もっとも、このように破産等の申立による解除権を規定しても、それを管財人に対抗できない場合がある。なぜなら、最高裁（最判昭和57・3・30民集36巻3号484頁）は、買主に更生手続開始の申立の原因となるべき事実が生じたことを売買契約解除の事由とする旨の特約は無効としているからである。この点に関する最高裁の判示は、以下のとおりである。

> 買主たる株式会社に更生手続開始の申立の原因となるべき事実が生じたこと

> を売買契約解除の事由とする旨の特約は、債権者、株主その他の利害関係人の利害を調整しつつ窮境にある株式会社の事業の維持更生を図ろうとする会社更生手続の趣旨、目的（会社更生法1条参照）を害するものであるから、その効力を肯認しえないものといわなければならない。

(d) 支払停止

破産等の申立があった場合、申立会社は債務の弁済を禁じられる。破産等の決定があれば当然にそうなるが、決定前でも、裁判所は保全処分によって債務の弁済を禁止することがある。倒産会社の資産を保全し、債権者の平等を確保するためである。そうすると、これは形式的には文例(1)または文例(4)に該当することになるが、相手方当事者は、それらを理由に契約を解除できるであろうか。

前掲最判昭和57・3・30の事案では、債務不履行による解除も併せて主張されたのであるが、最高裁はそれも無効とした。この点に関する最高裁の判示は、次のとおりである。

> 更生手続開始の申立のあつた株式会社に対し会社更生法39条〔現行会社更生法28条〕の規定によりいわゆる旧債務弁済禁止の保全処分が命じられたときは、これにより会社はその債務を弁済してはならないとの拘束を受けるのであるから、その後に会社の負担する契約上の債務につき弁済期が到来しても、債権者は、会社の履行遅滞を理由として契約を解除することはできないものと解するのが相当である。

(e) チェンジ・オブ・コントロール条項

相手方の経営陣が交代すれば、それまでの信頼関係はなくなるので、従前どおり契約を維持するのが困難になる（相手方が自社のライバル企業に買収された場合を想定してみよ）。そこで、そのような場合は契約からの離脱が認められるのは当然だという考え方に基づき定められるのが文例(7)である。通常「チェンジ・オブ・コントロール条項」と呼ばれる解除事由である。

この条項には、企業買収をやりにくくするという副次的効果がある。たとえば、A社がB社から特許権の実施許諾を受けて製品を製造・販売しており、

それが A 社の主な収入源となっているとした場合、A 社が他社に買収されたことを理由に、B 社が特許権の実施許諾契約を解除すれば、A 社の買収者は収入源を失うことになる。そこで、買収者としては、特許権の実施許諾契約を維持するために B 社と交渉する必要があり、実施料の増額に応じざるを得なくなる可能性がある。その結果企業買収のコストが上昇するので、チェンジ・オブ・コントロール条項は企業買収を思いとどまらせる理由になるのである。

このように、チェンジ・オブ・コントロール条項は企業買収の阻害要因となるので、現経営陣にとっては、敵対的買収に対する防衛策として使うことができる。しかし、この条項は、同時に友好的買収の阻害要因にもなるので、前の例で A 社の経営陣が友好的買収を進めようとすれば、あらかじめチェンジ・オブ・コントロール条項の発動をしないという確約を B 社からもらう必要がある。

(5) 完全合意

既に述べたとおり、契約書と矛盾する口約束の効力を否定するために「完全合意条項」を定めることがある。完全合意条項の文例は、次のようなものである。

> 本契約は、両当事者の合意のすべてであり、本契約締結前における両当事者間のすべての明示又は黙示の合意に優先する。本契約の全部又は一部を変更するには、両当事者を代表する者の署名捺印のある書面によらなければならない。

(A) 口頭証拠の原則

英米法には、当事者が書面によって契約をし、それが完全かつ最終的な合意であることを意図した場合には、その契約書と異なる合意が契約書作成以前に存在したとしても、それを裁判所において証拠にできないものとする考え方がある（ゴードン・D・シェーバー＝クロード・D・ローワー（内藤加代子訳）『アメリカ契約法』130 頁）。これを口頭証拠の原則といい、完全合意条項はそれを契約書に明記したものである。

この点につき、東京地裁（東京地判平成7・12・13判タ938号160頁）は、株式譲渡契約における完全合意条項の効力が問題となった事案について、次のとおり判示している。

> （中略）SPSA契約（株式譲渡契約：筆者注）には完全合意条項が定められているところ、（中略）SPSA契約の締結に関与した者はいずれも会社の役員（中略）や弁護士であり、右のような事務に関しては十分な経験を有し、契約書に定められた個々の条項の意味内容についても十分理解し得る能力を有していたというべきであるから、本件においては、右条項にその文言どおりの効力を認めるべきである。すなわち、SPSA契約の解釈にあたっては、契約書（中略）以外の外部の証拠によって、各条項の意味内容を変更したり、補充したりすることはできず、専ら各条項の文言のみに基づいて当事者の意思を確定しなければならない。

東京地裁の判示によれば、完全合意条項がある場合、契約書以外の証拠によって契約内容を変更することはもちろん、それを補充することもできないとされており、これは、完全合意条項に証拠契約としての側面があることを認めたものといえる。

証拠契約としての趣旨を明確にするために、完全合意条項に次のような文言を追加することも考えられる。

> いずれの当事者も、両当事者の意思を確定するについて、本契約書に記載されたもの以外のいかなるものも証拠として利用することができない。

(B) 完全合意条項の例外

ただし、完全合意条項も本当の意味で「完全」ではない。ユニドロワ原則は、以下のとおり、完全合意条項にも例外があることを定めている。

- 書面による契約中に、当事者が合意した内容は当該書面にすべて示されている旨の条項が存するときは、先行する言明または合意についての証拠により、その契約内容が否認されまたは補充されてはならない。ただし、それらの言明または合意は当該書面を解釈するために用いることができる（ユニドロワ原則2.1.17条）。
- 書面による契約中に、その変更または合意による解消は特定の方式によるべ

き旨の条項が存するときは、その契約を他の方法により変更または解消することはできない。ただし、当事者は、自己の行動を相手方が信頼して合理的に行動した限度においては、当該条項の援用を妨げられる（同2.1.18条）。

(6) 不可抗力

　債務者の責めに帰すべき事由によらない履行不能の場合、債務者は債務不履行による損害賠償の責任を負うことはない（民法415条1項）。民法は、免責事由として「債務者の責めに帰することができない事由」と定めているのみで、具体的にそれが何かは定めていない。この点は解釈によって定めるほかないが、契約当事者間での予測可能性を高めるため、その具体的な内容を契約書に定めようというのが、不可抗力条項の趣旨である。
　以下のような文例が考えられる。

> 　甲及び乙は、本契約の一部又は全部の不履行につき、その不履行が、天災、地変、火災、ストライキ、戦争、内乱その他の不可抗力による場合、その事由の継続する期間に限り、相手方に対し、その不履行の責を免れる。

　(A)「債務者の責めに帰すことのできない事由」との関係
　「不可効力」と「債務者の責めに帰することのできない事由」とは、厳密にいえば異なる概念であるが、実務的にはほぼ同じに扱われている。この点につき、内田貴東京大学名誉教授は、次のとおり述べている（内田貴『民法Ⅲ［第3版］債権総論・担保物権』140頁以下）。
　「（中略）不可抗力と帰責事由との違いを云々することは、双方の外延が厳密に確定できない以上、生産的とは思えない。どのような場合に責めに帰すべき事由がないとされるのかを、債務ないし債務不履行の類型に応じて具体的に分析していくべきだろう」
　東京地裁は、中国の食品会社が製造した冷凍餃子を原告が被告から購入して販売していたところ、それに毒物が混入していたことが発覚したことにより、販売した冷凍食品の廃棄、回収等を余儀なくされ損害を被ったとして、

原告が被告に対して、瑕疵担保責任及び債務不履行並びに製造物責任に基づき、損害賠償を請求した事案について、債務不履行責任を否定するに当たり、次のとおり判示している（東京地判平成22・12・22判時2118号50頁）。

> （中略）本件商品の瑕疵は、有害物質の混入の疑いがあったことに起因するものであるが、冷凍餃子へのメタミドホスの混入が故意の犯罪行為によるものである可能性があり、他の具体的混入経路は想定し難いことがうかがわれることを考慮すると、メタミドホスの混入は、通常想定し得ない異常事態であって、不可抗力に準ずるものであったということができる。したがって、被告が、メタミドホスの混入を防止する対策をとるべき具体的な注意義務を負っていたと解することはできない。

裁判所は、不可抗力という概念を広く捉えていることが分かるであろう。

(B) 不可抗力となる事由

不可抗力条項は、債務者の責めに帰すことのできない事由を明確化することが目的であるが、実際には全ての事例を網羅することは不可能であり、文例のように「その他の不可抗力による場合」という文言を追加せざるを得ず、明確化にも限界がある。

逆に、不可抗力となる事例をたくさん挙げすぎると、明確にはなるが、当事者に契約違反の口実を与えかねない虞もある。たとえば「原材料の調達不能」とか「取引先の倒産」などを不可抗力とするのは、債務者側に立てば有利であるが、債権者側からすれば大いに問題である。

(C) 契約の終了

文例では、不可抗力となる事由が解消したら、もとにもどって債務が履行されることを前提としているが、不可抗力による債務不履行状態が長期間継続すれば、もはや契約を継続する意味がなくなるから、契約を解除することができるようにすることが望ましい。もちろん、事前に当事者が協議するのが適当なので、この場合、次のような条文を第2項として追加することが考えられる。

> 前項の場合、不可抗力となる事由の継続によって本契約を継続することが著しく困難になったと認められるときは、甲及び乙は、事前に協議の上、本契約

を解除することができる。

　文例にある「契約を継続することが著しく困難になった」という概念が抽象的すぎて不明確であるというなら、「不可抗力となる事由が〇〇日間以上継続したときは」などとすることもあり得る。ただし、不可抗力に藉口して安易な契約解除がなされることを避けるため、ある程度長期間の継続を要するとすべきである。

(7) 管轄裁判所

　(A) 合意管轄
　民事訴訟法 11 条 1 項は「当事者は、第一審に限り、合意により管轄裁判所を定めることができる」と規定しており、当事者が合意で裁判所を指定することを認めている。これを「合意管轄」という。同法 4 条と 5 条は管轄裁判所についての定めを置いているが、これらはいずれも当事者の便宜を考慮して定められたものであるから、当事者がそれと異なる裁判所で訴訟を行うことを認めても特に問題はないからである。ただし、法令に専属管轄の定めがある場合、それ以外の裁判所を管轄裁判所と合意しても無効である（同法 13 条 1 項）。
　合意管轄は、一定の法律関係に基づく訴えに関し、かつ、書面でしなければならない（同法 11 条 2 項）。当事者間の紛争の全てについて管轄裁判所を定めるという無限定な合意は無効であり、口約束で裁判所を指定することはできないということである。書面であればよいので、たとえば、手形振出人が手形面上に管轄裁判所を記載し、その後所持人がそれを承諾する旨の書き込みをすれば、それでも合意管轄は成立する（大判大正 10・3・15 民録 27 輯 434 頁）。
　合意管轄には、専属的合意管轄と競合的合意管轄がある。前者は、合意された管轄裁判所のみが管轄を有するものであり、後者は法令で定まった管轄裁判所のほかに管轄裁判所を追加するものである。

(B) 専属的合意管轄

専属的合意管轄を定める場合、次のような文例になる。

> 本契約から生じる全ての紛争については、○○地方裁判所を第一審の専属的合意管轄とする。

文例では、専属的合意管轄という用語を意識して使用しているが、単に特定の裁判所を第一審の合意管轄と指定するだけの場合、それが専属的なのか競合的なのかが必ずしも明らかではない。

この点につき、東京高裁（東京高決昭和 58・1・19 判時 1076 号 6 頁）は、クレジットカードの会員規約に定める「カード会社は会社の本支店所在地を管轄する裁判所に訴訟を提起できる」という条項について、以下のとおり判示し、これを専属的合意管轄ではないとした。

> （中略）当事者の合意によって定まる裁判所の管轄には、合意した裁判所にのみ管轄を限定する専属的合意管轄と既存の管轄を排除することなく、合意した裁判所の管轄との併存を認める競合的合意管轄の両者があり、具体的合意がその何れに属するかは当該合意の解釈の問題となるところ、競合する法定管轄裁判所のうち一つを特定して管轄裁判所とすることを合意し、そのほかの管轄を排除することが明白である等の特段の事情のないかぎり、当該合意は後者、すなわち競合的合意管轄を定めたものと解するのが相当である。

(C) 国際的合意管轄

国際取引においても、合意管轄を定めることは可能である（民事訴訟法 3 条の 7）。この場合、専属的合意管轄を定めることが多いが、いずれの国の裁判所とするかは深刻な問題である。というのは、自国内であれば、遠隔地の裁判所で訴訟をしなければならないとしても、その負担はたいしたことはないが、外国の裁判所に専属的合意管轄が認められれば、訴訟となった場合の負担は著しく増大するからである。

したがって、国際取引においては、管轄裁判所については安易に妥協しない方がよい。少なくとも、外国の裁判所に専属的合意管轄を設定することは避け、我が国の裁判所にも競合的管轄が認められるようにすべきである。それすらできないのであれば、民事訴訟法 3 条の 2 の定める管轄が我が国にあ

る限り、管轄の合意自体を拒否することも合理的な選択肢である。

国際裁判管轄については後述する（第4章4(1)）。

(8) 仲裁

(A) 意義

契約当事者間に紛争が生じた場合、訴訟によらず、仲裁によって解決する方法を選択することがある。仲裁とは、既に生じた民事上の紛争又は将来において生ずる一定の法律関係に関する民事上の紛争の全部又は一部の解決を一人又は二人以上の仲裁人にゆだね、かつ、その判断に服する旨の合意をいう（仲裁法2条）。仲裁は、当事者が仲裁人の判断（仲裁判断）に服する点で訴訟に似ているが、当事者が紛争を仲裁に付する旨の合意（仲裁合意）をしない限り行うことができない点で訴訟とは異なっている。

(B) 仲裁合意

仲裁合意は書面でしなければならない（仲裁法13条2項）。ただし、書面でした契約の一部に仲裁合意を内容とする条項があれば、それでも仲裁合意として有効である（同条3項）。

契約書に仲裁合意を書く場合、次のような文例が考えられる。

> 本契約から生じる全ての紛争については、日本商事仲裁協会の商事仲裁規則により、仲裁によって解決するものとする。

商事仲裁規則は、日本商事仲裁協会が定めた規則であり、仲裁人の選定、審理手続、仲裁判断の効力等について規定を設けている（内容については、日本商事仲裁協会のホームページにリンクが貼られているので、それを参照されたい）。なお、仲裁を行う機関は、日本商事仲裁協会だけではなく、弁護士会の紛争解決センター、中央建設工事紛争審査会、公害等調整委員会、日本海運集会所など、色々な機関が仲裁を行っている。

上記のような仲裁機関による仲裁（これを「制度的仲裁」という）によらず、当事者間で仲裁人を選定することにより仲裁を行う方法（これを「個別的仲裁」という）もある。この場合、次のような文例が考えられる。

> 1　本契約から生じる全ての紛争については、仲裁によって解決するものとし、○○を仲裁人に選任する。
> 2　仲裁人の報酬は○○円とし、その他の仲裁費用とともに、各当事者が平等に負担する。
> 3　各当事者は、仲裁人が仲裁判断書に理由を付さないことに同意する。
> 4　仲裁に関して裁判所が行う手続については、○○地方裁判所を合意管轄とする。
> 5　その他は仲裁法の定めるところによる。

　単に「仲裁によって解決する」とだけ定めた仲裁合意も有効であり、この場合、仲裁人の選任、審理手続などは、全て仲裁法の定めるところによることとなる。
　(C) 仲裁を選択する理由
　仲裁は、裁判官でない私人が主宰する点で斡旋や調停と似ているが、斡旋や調停は、当事者に互譲を促し紛争解決のための周旋を行うのにとどまり、斡旋案や調停案は当事者を拘束しない。これに対し、仲裁判断は当事者を拘束する点で判決と同じである。
　仲裁には以下のようなメリットとデメリットがあるので、それらを比較考量のうえ仲裁を選択するかどうか決定する必要がある。
　　(a) 仲裁のメリット
　当事者が訴訟よりも仲裁を選ぶメリットとしては、次のようなものがある。
　第1に、仲裁判断が迅速に下される。仲裁は、訴訟のように手続が厳格に法定されていないうえ、仲裁人の判断が最終であり上訴できないので、紛争の迅速な解決が可能となる。
　第2に、仲裁判断は、法令にのみ準拠するのではなく、当事者が求めれば、衡平と善により判断することができる（仲裁法36条3項）ので、杓子定規に法令を適用するのではなく、条理にかなった柔軟な解決を求める当事者に好まれる。
　第3に、仲裁手続は、裁判のように手続が公開されることはないので、紛争を表沙汰にしたくない当事者にとってはメリットが大きい。
　第4に、専門的な知識が必要な分野での紛争については、専門家を仲裁人

に選任することで、紛争の迅速かつ適正な解決が可能になる。

　(b) 仲裁のデメリット

　これに対し、仲裁のデメリットとしては、次のようなものがある。

　第1に、仲裁判断が厳格な法令の適用によらないで下される（これは、仲裁判断が仲裁人の個性に影響される可能性のあることを意味する）ため、判断内容についての予測可能性が低い。

　第2に、仲裁人は、対象案件についての専門家ではあっても、事実認定や証拠判断の手法について専門的な訓練を受けているわけではないので、経験則に反する事実認定がなされないとも限らない。経験則に反するとまでは言えなくとも、当事者にとって予想外の事実認定がなされる可能性は否定できない。

　第3に、裁判官と異なり、仲裁人には報酬を支払わなければならない。

　(D) 仲裁と裁判

　仲裁の対象となる民事上の紛争について訴えが提起された場合、裁判所は被告の申立により訴えを却下する（仲裁法14条）。ただし、事業者と消費者が仲裁合意をした場合、それが仲裁法施行後のものであれば、当分の間、消費者は仲裁合意を解除することができる（同法附則3条）。また、当分の間、仲裁法施行後になされた使用者と労働者との仲裁合意は無効とされる（同法附則4条）。消費者や労働者は、仲裁合意の意味を知らないことが多く、その内容の変更を求めることが困難であることに配慮した定めである。

　仲裁判断は、仲裁判断の内容が公序良俗に反する場合など、特別な事由がある場合に限り、裁判所によって取り消されることがある（同法44条1項）。当事者が仲裁判断を争えるのはこれらの事由がある場合に限られ、仲裁判断に不服があっても、訴訟のように控訴・上告ができるわけではない。仲裁判断が最終だというのはこういう意味である。

　仲裁判断には確定判決と同一の効力がある（同法45条1項）。ただし、同条2項に定める要件が全て満たされることが必要である（これを「仲裁判断の承認」という）。

　仲裁判断によって強制執行を行うためには、事前に、仲裁判断に基づく執行を許す旨の決定（執行決定）を裁判所からもらう必要がある（同法46条）。

(9) 準拠法

　国内取引であれば我が国の法令が適用されることに問題はなく、特にこの点についての条項を定めることは通常ないであろう。しかし、国際取引の場合、いずれの当事者の国の法令が適用されるか（これを「準拠法」という）は大きな問題になるので、その点を定めておく必要がある。
　以下のような文例が考えられる。

> 　本契約の成立、効力、解釈及び履行は、日本国の法令に基づいてなされる。

　既に述べたとおり、国際取引において、管轄裁判所をどこにするかは非常に重要な問題であるが、適用される法律は各国によってそれほど違いがあるものではない。したがって、管轄裁判所を自国のものとするために、交換条件として、準拠法を相手方国のものとするという提案をすることも有効と考えられる。

(10) 譲渡禁止

(A) 意義

　継続的契約においては、当事者間の信頼関係が基礎となるので、相手方が契約上の地位や契約に基づく権利を第三者に譲渡し、担保に提供したりすることは、信頼関係の維持という観点から望ましくない。そこで、次のような条文を置くことになる。

> 　当事者は、本契約上の地位あるいは本契約に基づき取得した権利を、第三者に譲渡し、又は担保に供してはならない。ただし、相手方の事前の書面による承諾がある場合はこの限りでない。

　ただし書は、当事者の一方が事業の譲渡を行う場合や、資金繰りのために代金債権を第三者に譲渡または担保提供する場合などを念頭においたものである。契約上の権利義務は本来譲渡可能な財産であり、相手方が承認すれば譲渡を有効として差し支えないからである。

もっとも、文例では承諾するかどうかは相手方の任意であり、特段の理由を必要とせず承認申請を拒否することが可能となっている。また、承認を求めても返事をしないで放置されれば、いつまでも譲渡はできないことになる。そこで、契約上の権利を譲渡ないし担保提供したい当事者としては、ただし書の後に次のような文言を追加するよう求めることが考えられる。

> 　この場合、相手方は不当に承諾を拒んではならない。また、承諾を求められて〇日以内に確答のない場合、承諾したものとみなされる。

(B) 第三者の保護

　契約当事者間では以上のとおりであるが、譲渡や担保提供を受ける第三者との関係については、別途検討が必要である。

　旧民法466条2項は、債権の譲渡を禁ずる旨の特約は善意の第三者に対抗できないと定め、第三者の保護（取引の安全の保護）を図っていたが、改正民法は「当事者が債権の譲渡を禁止し、又は制限する旨の意思表示（以下「譲渡制限の意思表示」という）をしたときであっても、債権の譲渡は、その効力を妨げられない」と定め、第三者の保護を強化した。この点に関する補足説明は以下のとおりである（補足説明236頁）。

> 　（中略）債権は自由に譲渡できるのが原則であるとしながら、譲渡禁止特約にこのような強い効力が認められたことについては、その立法時から批判があったところである。近時では、売掛債権を担保とする方法を始めとする債権譲渡による資金調達が、特に中小企業にとって重要となっており、これまでの不動産担保や保証による資金調達に代わり得るものとして積極的に活用しようとする動きがあるが、このような立場からは、譲渡禁止特約が債権譲渡による資金調達の支障となっているという問題が指摘されている。
> 　（中略）譲渡制限特約付債権の譲渡を有効とするのは、近時の判例（略）の下で、譲渡禁止特約に関する法律関係が不透明であるとの指摘があることを踏まえ、取引の安定性を高める観点から、譲渡禁止特約は債務者の利益を保護するためのものであるという考え方を貫徹して法律関係を整理することによって、ルールの明確化を図るとともに、譲渡制限特約付きの債権を譲り受けた悪意の譲受人が債権を確定的に取得するという結論を採ることによって譲渡禁止特約が債権譲渡による資金調達の支障となっている問題を解消しようとするもので

ある。

　もっとも、改正民法は、譲渡制限の意思表示があることを知り、又は重大な過失によってこれを知らなかった第三者に対しては、債務者は、その債務の履行を拒否でき、かつ、譲渡人に対する弁済その他の債務を消滅させる事由をもって対抗できると定める（民法466条2項）ほか、譲渡制限の意思表示された債権が譲渡されたときは、債務者は供託することができると定める（同法466条の2第1項）ことにより、債務者の保護を図っている。

（11）存続規定

　契約条項の中には、契約が終了しても効力を維持しなければならないものがある。そのために次のような条文を置くことになる。

> 　第○条、第○条、第○条・・・の規定の効力は、本契約の終了後も有効に存続する。

　たとえば、営業秘密を第三者に開示しないという条項がある場合、契約が終了したからといってそれを第三者に開示されては困るので、契約終了後も秘密保持義務が続くという趣旨でこのような条項を置く。ただし、技術上の秘密などは時間の経過とともに陳腐化することがあるので、たとえば「第○条の規定は、本契約終了後○年間有効に存続する」というように、存続期間を限定することもある。
　知的財産権の利用許諾契約において、第三者が自己の権利を主張し、利用者に対して差止請求や損害賠償請求をした場合、許諾者が責任をもってこれに対処するという趣旨の条項を置くことがあるが、これについても、契約終了後に第三者から損害賠償請求を受けることがあり得るので、存続規定によって保護する必要がある。
　裁判管轄や仲裁条項についても、契約終了後も有効とすることで、将来生じるおそれのある紛争に対処することができる。

(12) その他

これまで述べてきたもののほかにも、以下に述べるような条項が置かれることがある。いずれも詳細かつ緻密で名高い英文契約書ではよく見かけるものであるが、最近では日本企業同士の契約書でもこれに類する条項を見かけるようになった。

(A) 通知

当事者間で通知が必要な場合があるので、以下の文例のように、その宛先と方法を事前に合意しておくことがある。

> 本契約において相手方に対して行う通知は、以下の宛先に対する郵便、FAX、電子メールのいずれかによるものとする。それらの通知は、通知が発せられた時点で効力を発生するものとする。（各自の住所、FAX番号、メールアドレス）

本来通知は口頭でも有効ではあるが、証拠を残す趣旨で文例のように書面化を義務付けるものである。

民法97条1項は、意思表示は、その通知が相手方に到達した時からその効力を生じると定めている。これを「到達主義」といい、発信したときから効力を生ずる「発信主義」と対比されるが、民法97条1項は任意規定であるから、文例のように発信主義を取ることは可能である。したがって、たとえば、契約解除の通知が相手方に到達しなかったとしても、文例によれば解除は有効ということになる。

(B) 権利の放棄

以下の文例のように、当事者の行為が権利の放棄とみなされないという当然のことを念のために定めることがある。

> 当事者が本契約の特定の条項に基づく権利を放棄したとしても、将来にわたって当該権利を放棄したことにはならない。また、それによって他の条項に基づく権利を放棄したものとみなしてはならない。当事者が、本契約に基づく権利を行使しなかったとしても、それを権利の放棄とみなしてはならない。

たとえば、業務委託契約において、委託料を業務の進捗に応じて分割して支払う約束があったとした場合に、委託者がそのうちの1回の支払を待って欲しいと言ったのを受託者が了承したからといって、全部の支払を後払いにしたとか、次回の支払も猶予したことにはならないという趣旨である。この場合、受託者は、次の回の支払がないことを理由に契約を解除し、損害賠償請求ができることは当然である。

また、支払期日に支払がないのを黙って見過ごしたからといって、解除権や損害賠償請求権を放棄したことにはならないということである。

(C) 可分性

契約の一部が無効となっても他の部分まで無効になることはないという、これも当然のことを、以下の文例のように定めることがある。

> 本契約の一部が裁判所の確定判決によって無効と判断されたとしても、その余の部分の効力は妨げられない。

なぜこういう条文を置くかというと、相手方が罠を仕掛けるのを防止するためだと説明されている。つまり、わざと無効となるような条項を紛れ込ませておいて、紛争になったときにその条項があることを理由に契約全部が無効だと主張することを防止しようというのである。

(D) 独立当事者

当事者間に本件契約以外の契約関係（委任、組合、雇用等）が生じないことを、以下の文例のようにわざわざ確認することもある。

> 両当事者は、本契約締結に当たり、いずれも独立した当事者として行動しており、本契約によって、当事者間に委任関係、組合関係、雇用関係を生じさせるものではない。

委任関係があれば受任者には善良な管理者の注意義務が生じ、組合関係があれば出資した金銭は資産の範囲内で返還すれば足り、雇用関係があれば契約の解消（解雇）には正当事由が必要である。契約に定めがないにもかかわらずこのような主張をすることを許さないために、当然のことをわざわざ規定するのである。

(E) 見出し

以下の文例のように、見出しには法律的な意味がないことを確認することもある。

> 本契約中の見出しは便宜上挿入されたものに過ぎず、条文を制限し、解釈するために利用されてはならない。

これも当然といえば当然であるが、英文契約書ではよく見かける規定である。確かに、裁判で契約書の解釈が問題となったとき、見出しを援用して自己の主張を理由付けることはある。無用な争点を減らすためにも、それを事前に防止しようというのである。

3 秘密保持契約

不正競争防止法は、営業秘密を「秘密として管理されている生産方法、販売方法その他の事業活動に有用な技術上又は営業上の情報であって、公然と知られていないもの」と定義し（同法2条6項）、不正な手段で営業秘密を取得する行為や不正な手段で取得した営業秘密を使用・開示する行為、不正に取得されたことを知って営業秘密を取得し、又は使用・開示する行為などを、差止、損害賠償、刑事罰の対象としている（同法2条1項6号ないし9号、3条、4条、21条）。営業秘密（「企業秘密」という言い方の方が人口に膾炙しているが、個人事業における秘密ももちろん保護の対象であるから、広く「営業秘密」という）の重要性に鑑みて、その不正取得・不正使用を防止しようとするものである。

不正競争防止法が禁じるのは、営業秘密の不正な取得や使用などに限定される。しかしながら、不正な行為が関与せずとも、営業秘密の漏洩自体が企業にとって死活問題となるので、取引を行う際、営業秘密を取引先に開示する可能性がある場合には、秘密保持契約を締結して、取引先ないしその関係者から秘密が漏洩するのを防止することが望まれる。

第3章　契約書の文例

以下が秘密保持契約の典型的な文例である。

(1) 目的

契約書の冒頭に契約の目的を掲げることがある。目的条項自体は当事者間の権利義務を具体的に発生させるものではないが、これが契約の解釈の指針となる（Whereas Clauseと同様である）。

> 本契約は、甲乙間の別紙記載のM&A（以下「本プロジェクト」という）を遂行するにあたり、甲から乙に開示される秘密情報の取扱について定めることを目的とする。

文例では、M&Aのための秘密保持契約であることが謳われている。M&Aにおいて、買収会社が対象会社の財務、事業、法務等についての監査（これを「買収監査」または「デュー・ディリジェンス」という）を行うのに、対象会社からそれらに関連する資料の提供を受けなければならないが、それには対象会社の営業上の秘密が含まれるので、対象会社又はその株主は、それらが第三者に漏洩するのを防止するため、買収会社と秘密保持契約を締結する。文例はそのような事態を想定したものである。

秘密保持契約が締結されるのは何もM&Aに限ったことではない。製品の共同開発契約においては、当然生産方法等の技術上の秘密が相互に開示されるであろうから、秘密保持契約は必須である。ほかにも、販売店契約においても、供給者・販売店の販売方法等の営業秘密が相互に開示される場合には秘密保持契約が必要である。

これらの場合、秘密保持契約を別途締結するのではなく、それぞれの契約書の中に秘密保持に関する条項を含めるという方法がとられることもある。その意味で、秘密保持義務は、いかなる契約にも記載される一般条項となっている側面がある。

3 秘密保持契約

(2) 定義

秘密保持義務の対象となる秘密情報とはいかなるものかは、通常以下のような文例によって定められる。

> 1　秘密情報とは、本プロジェクトに関連する情報であって、本プロジェクトのために甲が秘密である旨を明示して乙に開示する一切の情報をいい、開示の方法は、書面、口頭、フロッピーディスク・CD-ROM 等の電磁的媒体等その態様を問わない。ただし、口頭で開示されたものについては、甲は乙に対し、開示後○日以内に秘密情報を記載した書面を交付するものとする。
> 2　本プロジェクトの存在及びその内容も本契約における秘密情報に含まれるものとする。これについては甲及び乙の双方が秘密保持義務を負う。
> 3　前項の定めにかかわらず、下記に該当する情報は、本契約における秘密情報には含まれない。
>   (1)　開示の時点で既に公知であった情報
>   (2)　開示の時点で乙が既に保持していた情報
>   (3)　開示後に乙の責によらずに公知となった情報
>   (4)　開示後に乙が第三者から守秘義務を負うことなく適法に取得した情報

(A) 秘密情報の定義

第1項が秘密情報の定義であるが、不正競争防止法が「事業活動に有用な」という限定を付しているのに対し、ここではそのような制限はなく、開示者が秘密だと指定しさえすれば守秘義務の対象となる。

守秘義務の対象となる「秘密」には、単に秘密として指定されたにすぎないもの（形式秘）と、秘密として保護に値するもの（実質秘）がある。第1項によれば、本プロジェクトに関連する情報であれば、本プロジェクトに有用であるかどうか、秘密として保護に値するかどうかにかかわらず、守秘義務の対象となる。つまり、形式秘が対象となっているのである。

なお、第1項では、口頭での開示があった場合は後日書面で提供することを定めている。口頭だけだと「言った、言わない」の争いになるので、書面を要求することで秘密保持義務の範囲を明確にするためである。なお、ここでは、秘密であることの指定自体は口頭でよいことになっているが、秘密指定を書面で行う（たとえば、文書やCD等に「秘密文書」のスタンプを押

す）こともある。

(B) 秘密情報の拡張

第2項は、本プロジェクトの存在及び内容それ自体も守秘義務の対象にするというものである。本プロジェクトの存在及び内容は第1項の秘密情報の定義には該当しないので、あえて対象として明示したものである。

(C) 除外規定

第3項は、開示者による秘密指定がある情報であっても、被開示者が秘密保持義務を負わないものを挙げている。(1)はそもそも秘密ではないし、(2)(3)(4)は、開示時点で秘密であったとしても、被開示者に守秘義務を負わせるのが適当でない情報である。ここでは秘密情報の内容を問わないので、実質秘であってもこれらの例外規定に該当すれば守秘義務を負わないが、実質秘でなくても例外規定に当たらなければ守秘義務を負うことになる。

(3) 管理責任者

秘密保持義務の履行方法として、情報管理責任者の指名とそのなすべき業務を定めることがある。

---

1 乙は、本契約締結後速やかに、本プロジェクトに関連して授受される秘密情報を取り扱う責任者（以下「情報管理責任者」という）を定め、書面により甲に通知する。情報管理責任者を変更する場合も同様とする。
2 情報管理責任者は、秘密情報リストの作成、維持及び返却を行う。

秘密情報が適切に管理されることは、被開示者にとっても望ましいことであるから、被開示者としては、開示者から言われるまでもなく、管理体制の整備を行うべきである。

(4) 守秘義務

以下の文例ように、秘密情報の保持義務という本契約の中核的義務を定めるとともに、それが免除される場合を定めるのが普通である。

3 秘密保持契約

> 1 乙は、秘密情報を秘密として保持し、第三者に漏洩しない。ただし、甲の事前の書面による承諾を受けた場合は、第三者に秘密情報を開示することができる。
> 2 乙は、本プロジェクトの遂行に必要な限度で、秘密情報を乙の役員、従業員、外部の顧問(弁護士、会計士、税理士等)に開示することができる。この場合、乙は、それらの被開示者に対し、本契約に定める守秘義務と同等の義務を負担させる。
> 3 乙は、裁判所その他の公的機関から秘密情報の開示を命じられた場合は、当該秘密情報を開示することができる。この場合、乙は、事前に甲と対応を協議する。

(A) 意義

第1項は守秘義務そのものを定めたものであるが、具体的に乙が何をすべきかは書いていない。この場合、乙が自己の責任をもって秘密情報の管理体制を構築する必要があり、秘密漏洩が発生した場合に、管理体制がどうなっていたかが検証されることになる。秘密情報の管理体制の構築が不十分であると、秘密漏洩について乙に責任があるとして、損害賠償を命じられることになる。

(B) 例外規定

第2項は、開示者の承諾なく秘密情報の開示ができる者を定めている。通常は文例程度の範囲で開示を認めているが、これ以外でも、契約時点で被開示者が特定されており、信頼がおけるというのであれば、契約書に個別の名前を掲げて事前承認が不要であることを明記してもよい。

第2項に定める以外の者については、第1項ただし書により事前の書面の承諾をうけて開示することになる。M&Aの場合、買収者がファンドであれば、出資者や融資者に対して秘密情報を開示したいとの要望があると思われるので、それは個別の承認で対応することになる。

(C) 開示命令への対応

第3項は、乙が裁判所から秘密情報の記載された文書の提出命令(民事訴訟法223条1項)を受けた場合などを念頭においている。なお、文書提出命令の対象は、文書だけでなく、図面、写真、録音テープ、ビデオテープその

他の情報を表すために作成された物件で文書でないものも含む(同法231条)。文書提出命令に違反すると過料の制裁を受ける(同法225条)ので、無視するわけにはいかない。

もっとも、技術又は職業の秘密に関する事項については文書提出義務を負わない(同法220条4号ハ、197条1項3号)ので、秘密保持契約における守秘義務の対象となる文書のなかには文書提出義務のないものがあると思われる。裁判所は、文書提出命令をするに当たって所持者を審尋する(同法223条2項)ので、これに対し、乙から当該文書が開示できないものであることを説明し、文書提出命令の発令をしないよう求めることができる。第3項で甲と乙が対応を協議するというのは、このような場合を想定したものである。乙が、甲と事前の協議をすることなく、本来文書提出義務を負わない文書を提出すれば契約違反となる。

このほか、公正取引委員会には、調査のための強制処分として物件の所持者に対して提出を命ずる権限があり、提出命令違反には罰則がある(独占禁止法47条1項3号、94条)ので、これも第3項の協議の対象となる。

もっとも、第3項は、公的機関からの開示命令を受けてからの対応義務を定めたものであるから、裁判所の捜索差押令状によって秘密情報を記載した文書を押収されたような場合には第3項は適用されない。この場合、事前に協議しなかったとしても、乙に契約違反はないことになる。

また、第3項は強制力のある文書提出命令を前提としているので、裁判所その他の公的機関から文書の提出を求められたとしても、それが強制力を伴う命令でない場合は適用されない。たとえば、文書提出命令以外で裁判所が文書の提出を求めるものに文書送付嘱託(民事訴訟法226条)あるいは調査嘱託(同法151条1項6号)という手続があるが、これらは強制力を有さず、文書の提出に応ずるかどうかは所持者の任意である。このように、文書の提出に応ずるか否かが当事者の任意である場合、乙としては、個別に甲の承諾を得てから開示すべきであり、でなければ、たとえ官公庁からの依頼に応じたとしても守秘義務違反は免れない。

(5) 目的外使用の禁止

秘密情報の非開示義務を課すだけでなく、その目的外使用も禁ずるのが普通である。

> 乙は、秘密情報を本プロジェクトのためにのみ使用する。ただし、甲の事前の書面による承諾がある場合はこの限りでない。

これは、秘密保持契約の本来の内容ではないが、秘密情報の重要性からすれば、目的外使用が禁止されるのは当然であろう。特に、共同開発契約を締結する場合において実務上問題になることが多く、共同で研究開発をするという目的に反しないように、厳密な管理体制を構築することが肝要である。

(6) 知的財産権

秘密情報に知的財産権が含まれる場合があるので、その場合の扱いを定めることがある。

> 1 乙は、秘密情報に関する権利が甲に帰属することを争わない。
> 2 甲の乙に対する秘密情報の開示は、甲の有する特許権、実用新案権、意匠権、商標権、著作権、ノウハウ、トレードシークレットその他の知的財産権につき、実施権その他の権利を乙に許諾するものではない。
> 3 甲は、秘密情報に関する権利が自己に帰属することを保証する。ただし、秘密情報の正確性は保証しない。

(A) 不争義務

第1項により、乙は開示された秘密情報が自己の所有物であると主張して守秘義務を免れることはできなくなる。ただし、開示の時点で乙が既に保持していた情報であれば、文例(2)の第3項(2)によって守秘義務の対象から除外される。

(B) 利用許諾

営業秘密（たとえばノウハウ）を開示したからといって、その使用は本プ

ロジェクトの目的（ここでは M&A を実行するか否かの判断材料にすること）に限られるのは、文例(5)の目的外使用の禁止条項から当然であり、それを使って製品を開発することなどは禁じられるのであって、そのためには別途ライセンス契約を締結する必要がある。第2項はこのことを確認するための規定である。

(C) 保証

乙に開示された秘密情報について、第三者が「それは自分の権利である」として、乙に対してその利用を差し止め、損害賠償を請求することがあり得る。そのような場合に甲に責任追及することができるようにするため、第3項のような定めを置く。

通常乙に開示された秘密が第三者に開示されることはないので、この条項が発動する場面は多くないと思われるが、文例(4)の第1項ただし書のように、甲の同意を得て第三者に開示されることもあるので、そのような場合に備えた規定といえよう。

甲が保証するのは秘密情報が自分の所有物であるという点のみであり、その正確性までは保証しないのが通常である。この場合、秘密情報が事実と異なっていることにより乙が損害を被っても、甲に賠償請求できないことになる。ただし、甲が事実と異なることを知り又は知り得たのに、それを告知しないで開示した場合、債務不履行又は不法行為が成立する可能性はある。

(7) 返還

秘密情報の利用目的が終了した後も、それを被開示者の手元に置いておくと、漏洩の危険があるので、返還ないし廃棄することを定める。

> 乙は、本契約終了時又は甲の指示があれば速やかに、甲から開示された秘密情報及び開示に当たって交付された一切の有体物を、甲に返還し、または、甲の立ち会いのもと乙の費用で廃棄する。

秘密情報自体は形のないものであるから、返還や廃棄は本来あり得ない（秘密情報を見た記憶を消すわけにはいかない）ので、それが化体した文書、

テープ、ディスク等の媒体を返還、廃棄することをもって「秘密情報を返還又は廃棄した」とみなすこととしている。

被開示者の頭に残った秘密情報そのものの漏洩を防止するには、秘密保持契約が終了しても守秘義務自体は存続することを定めることで対応する。存続期間は無期限とすることもあるが、数年程度にとどめるのがふつうである（技術情報等は容易に陳腐化する可能性があるからである）。

開示に当たって交付された有体物について、秘密情報が含まれているか否かを問わず返還又は廃棄の対象とするのは、返還又は廃棄義務の範囲に疑義が生ずることを避けるためである。

4 継続的売買契約

(1) 基本契約

一回限りの売買ではなく、継続的にある商品を売買する（これを「継続的売買契約」という）場合には、個々の発注による売買に共通する条件を定めた契約を締結することがある。この場合、個々の発注による売買によって成立する契約を個別契約といい、個別契約に共通の条件を定めるものを基本契約という。

以下の文例は、本契約が継続的売買契約の基本契約に当たることを明示したものである。

> 本契約は、甲が乙に別紙1記載の商品（以下「本件商品」という）を継続的に販売する際の取引条件を規定したものであって、甲乙間における本件商品の売買すべてに適用される。ただし、個別契約の内容と本契約の内容とが異なる場合、個別契約が本契約に優先する。

個別契約で基本契約と異なる定めをすることは自由であり、その場合は個別契約を優先させるというのが当事者の通常の意思に合致すると思われるが、

その点の疑義を防ぐため、文例では個別契約が優先することを明示している。

もちろん、個別契約より基本契約が優先することを定めても良い。当事者間の力関係に差があることにより、個別契約において一方が他方に過酷な条件を課すことを避けるため、そのような規定を設けることはあり得る。

売買契約の成立には、目的物が特定され、その売買代金（確定額でなくとも決定方法が定めてあれば足りる）が定まっていなければならない。基本契約の場合、売買の目的物の種類を定めるのみであるから、これによって売買契約が成立したことにはならず、個別契約の締結を待って売買契約が成立することになる。

(2) 売買条件

単価、支払方法、引渡場所等は個別契約で定めることもできるが、以下の文例のように基本契約の内容とすることもある。基本的な取引条件を基本契約に記載することは多いものと思われる。

1　本件商品の単価は別紙1記載のとおりとする。
2　甲は、毎月末日で締め、それまでに乙に引き渡した本件商品代金の請求書を翌月5日までに発行し、乙は、請求書発行月の末日限り、代金を別紙1記載の甲の銀行預金口座に振り込んで支払う。振込手数料は乙の負担とする。
3　本件商品の引渡場所は別紙1記載の乙の倉庫とする。

(A) 支払方法

銀行振込による支払の場合、振込手数料は弁済のための費用であるから、債務者である乙が負担するのが原則である（民法485条）が、実務上、手数料を控除して振り込む例もあるので、この点を明確にしている。もちろん、甲の負担と定めても構わない。

現金の代わりに手形を振り出すこともあるが、手形は代金債務の支払を担保するために振り出すものであって、手形を交付したからといって売買代金債権が消滅するものではない。この場合は次のような文例になる。

> 　甲は、毎月末日で締め、それまでに乙に引き渡した本件商品代金の請求書を翌月5日までに発行し、乙は、請求書発行月の末日を満期とする約束手形を請求書受領後直ちに甲に振り出す。この場合、当該手形は本件商品代金の担保のために振り出すものであり、満期に全額決済されない限り、本件商品代金は消滅しない。

(B) 引渡方法

引渡の方法には、現実の引渡のほか、占有改定（民法183条）、指図による占有移転（同法184条）という方法がある。

占有改定とは、売買契約で売主が買主のために引き続き目的物を占有することを合意すれば、現実に目的物の占有移転がなくとも引渡がなされたものとすることである。

指図による占有移転とは、売主が第三者（たとえば倉庫業者）に占有させている目的物を以後買主のために占有するよう当該第三者に命じ、それを買主が承諾することによって引渡があったとするものである。

第3項では、買主である乙の倉庫が引渡場所とされているので、これは現実の引渡ということになる。

(3) 個別契約の成立

個別契約の成立及び内容について、以下の文例のような定めをおくのが普通である。

> 1　個別契約は、甲乙間で別途定める事項を記載した注文書を乙が甲に交付し、これに対し甲が注文請書を発することにより成立する。
> 2　甲が、前項の注文書を受領後、3日以内に書面による拒否の通知を発しないときは、乙の申込を承諾したものとみなす。

個別契約は本来口頭でも成立するが、後で「言った」「言わない」という紛争になることを防ぐため、注文書と注文請書によることを定めている。もちろん、当事者で合意した事項が記載された書面であればよく、必ずしも表

題が「注文書」と「注文請書」でなくても構わない。

　商法509条は、商人が平常取引をする者からその営業の部類に属する契約の申込を受けたときは、遅滞なく契約の申込に対する諾否の通知を発しなければならず、それを怠ったときは承諾したものとみなす旨を定めている。商取引は迅速に決定されなければならないところ、商人は専門的知識を有しているので、このような諾否の通知義務を課しても不当ではないと考えられるからである。

　第2項は同条の趣旨に沿ったものであるが、商法が単に「遅滞なく諾否の通知を発しないとき」としているのに対し、第2項では、承諾が擬制される条件を「3日以内に書面による拒否の通知を発しないとき」とした点に意味がある。

　旧民法527条1項は承諾の意思表示を発した時に契約が成立すると定めていた（これを「発信主義」という）が、改正民法はこれを削除した。そのため、意思表示はその通知が相手方に到達した時からその効力を生ずること（これを「到達主義」という）を定めた民法97条1項が承諾の意思表示にも適用され、契約の成立時期についても到達主義がとられることとなった。この点に関する補足説明は以下のとおりである（補足説明355頁）。

> 　民法第526条第1項によって到達主義の原則に対する例外が定められた趣旨は、契約の成立を欲する取引当事者間においては承諾の発信があればその到達を待たないで直ちに契約を成立するものとすることが取引の円滑と迅速に資するためであると説明される。しかし、通信手段が高度に発達した現代においては、承諾通知が延着したり、不到達になる現実的な可能性は低く、また、発信から到達までの時間も、当事者が短縮を望めば様々な手段が提供されており、上記のような理由で、到達主義の原則に対する例外を設ける必要性が乏しいと指摘されている。現に、契約に関する国際的なルールなどにおいても、契約の成立について到達主義をとる例が多い。

　もちろん、民法522条1項は任意規定であるから、これと反する合意をすることは構わない。この観点から、文例は承諾の発信主義によっている。

(4) 担保責任

　売買契約において、引き渡された目的物が種類、品質又は数量に関して契約の内容に適合しないものであるときは、買主は、売主に対し、目的物の修補、代替物の引渡し又は不足分の引渡しによる履行の追完を請求することができる（民法562条）。これを「売主の担保責任」という。ただし、商人間の売買においては、買主による売主の担保責任の追及に一定の制限が加えられている（商法526条）。商取引の迅速主義に基づく規律である。

　旧民法570条は、売買の目的物に隠れた瑕疵があったときは、買主は契約の解除と損害賠償請求をすることができると定めており、これについては、債務不履行責任とは別の法的責任であり、買主には完全履行請求権はないとする見解が有力であった。しかし、改正民法は、売主の担保責任を債務不履行責任と構成し、完全履行請求権を認めるとともに、解除と損害賠償は債務不履行の一般的効果によるものとした。それとともに、担保責任の要件を「契約の内容に適合しないこと」と定義して「瑕疵」という用語を使わないこととしたうえで、「隠れた」という要件も削除した。この点に関する補足説明は以下のとおりである（補足説明400頁、404頁、407頁）。

> 　（中略）民法第570条は、目的物に瑕疵があった場合に、買主がその修補や代替物の引渡しといった履行の追完の請求をすることができるか否かについて言及していない。そして、同条の法的性質の理解がこの点の帰結の相違に結びつくと考えられてきた。しかし、売買の目的物における工業製品等の占める割合が大きくなっている現代においては、種類物売買の重要性が高まるとともに、例えば中古車売買のように特定物か種類物かの区別によって取扱いを異にする合理性が乏しいと考えられる場面が増えており、このため、目的物が種類物か特定物かを問わず、修補又は代替物の引渡しといった追完による対応が合理的と認められる場面は広く存在するようになっている。
> 　（中略）「隠れた」という要件は、従来は、専ら特定物売買を念頭に契約締結時の善意・無過失を意味すると解されてきた。しかし、前記のように、目的物が契約の趣旨に適合しない場合の売主の責任につき特定物か種類物かの区別を排するにもかかわらず、種類物売買について「隠れた」という要件を適用すると、引渡し（受領）時点での買主の善意・無過失を問う要件であるとの理解に

> 至り得る。しかし、これは非商人を含めた買主一般に受領時点での検査義務を課してその懈怠に失権効を規定するのに等しいものとなる可能性があり、著しく買主に酷であるように思われる。
> 　（中略）「瑕疵」という言葉は、法律専門家でない者にとってなじみの薄い言葉である上、裁判実務においては、物理的な欠陥のみならず、いわゆる環境的・心理的瑕疵も「瑕疵」に含める解釈がされるなど、現行の実務における「瑕疵」の用語法は、国民一般から見て分かりにくいことは否定し難い。そうすると、法律用語としては定着していると言われる「瑕疵」という用語を条文上維持するか否かにかかわらず、これまでの「瑕疵」についての解釈の蓄積等を踏まえ、その意味内容を可能な限り条文上明らかにする方途を講じることが望ましいと考えられる。

　改正民法が「瑕疵」概念を放棄したことから、商法524条2項は「前項に規定する場合において、買主は、同項の規定による検査により売買の目的物が的物が種類、品質又は数量に関して契約の内容に適合しないことを発見したときは、直ちに売主に対してその旨の通知を発しなければ、その不適合を理由とする履行の追完の請求、代金の減額の請求、損害賠償の請求及び契約の解除をすることができない。売買の目的物が種類又は品質に関して契約の内容に適合しないことにつき売主が直ちに発見することができない場合において、買主が6箇月以内にその不適合を発見したときも同様とする」と、同条3項は「前項の規定は、売買の目的物が種類、品質又は数量に関して契約の内容に適合しないことにつき売主が悪意であった場合には、適用しない」と改正された（整備法3条）。

　以下の文例は、売主の担保責任とその制限について、民法及び商法の条文を補充するための条項を定めたものである。

> 1　乙は本件商品の引渡しを受けた時点で直ちに検査する。その結果、引き渡された本件商品に注文書、仕様書その他の本件商品の内容、品質、数量等に関する定めに反するもの（以下「契約不適合」という）を発見した場合には、引渡後3日以内に書面をもって甲に通知を発しなければならない。
> 2　前項の通知を受けた場合、甲は本件商品を調査し、乙の通知どおりに契約不適合が存在することが確認できた場合、甲はそのような不適合のない商品に無償で交換するか、代金を減額する。

3 第1項所定の期間内に甲が乙よりなんらの通知も受領しない場合、乙は本件商品について契約不適合を主張することができない。ただし、当該不適合が直ちに発見できないものである場合はこの限りでない。
4 前項ただし書の場合、乙が本件商品の引渡を受けてから6か月以内に限り、第1項及び第2項を適用する。この場合、第1項の「引渡後3日以内」は「発見後3日以内」と読み替えるものとする。

(A) 検査義務

　商法526条は、商人間の売買において、①買主は売買の目的物を受領したときは遅滞なく検査しなければならない（同条1項）、②検査により売買の目的物に種類、品質又は数量に関して契約の内容に適合しないことを発見したときは、直ちに売主に対してその旨の通知を発しなければ、その不適合を理由とする履行の追完の請求、代金の減額の請求、損害賠償の請求及び契約の解除をすることができない（同条2項前段）、と定めている。

　買主にこのような検査通知義務を課すのは、解除するかどうかを相場の動向を見て決める時間を買主に与えるのは不当であるということと、商人として専門知識のある買主は、契約不適合を容易に発見できると考えられることからである（江頭憲治郎『商取引法［第5版］』27頁）。

　文例の第1項から第3項は、上記のような商法526条の定めと同趣旨である。商法が「受領後遅滞なく検査し、契約不適合を発見後直ちに通知を発する」としているのに対し、文例では、担保責任を主張できる条件を「引渡後3日内に通知を発する」と明示していること、また、契約不適合があった場合に売主の対処すべき方法を具体的に定めていることに意味がある。

(B) 直ちに発見することができない契約不適合

　商法526条2項後段は、売買の目的物に直ちに発見することのできない契約不適合がある場合において、買主が6か月以内にその不適合を発見したときも同条2項前段と同様とすると定めている。したがって、直ちに発見することのできない契約不適合を6か月以内に発見した場合は担保責任の主張が可能であるが、その場合でも、遅滞なく検査し、直ちに通知しなければ権利行使はできない。

　商法526条2項後段の条文からは必ずしも明確ではないが、最高裁（最判

昭和47・1・25判時662号85頁）は、6か月よりも後に瑕疵が発見された場合、たとえそれが直ちに発見することができない契約不適合であっても権利主張はできないとしている。同項は、商取引の迅速主義の要請に基づき、担保責任を主張できる期間に制限を設けたものと解されているのである。

文例の第3項ただし書と第4項は、上記のような商法526条2項後段と同趣旨を定めたものである。ここでは、発見後3日以内に通知すべきことになると解されるが、疑義を避けるため、それを明示している。

(C) 契約不適合の概念

旧民法において、売買の目的物の「瑕疵」については、①その種類のものとして通常有すべき品質・性能を欠くことであるとする客観的瑕疵概念説と、②売買契約において予定されている品質・性能を欠くことであるとする主観的瑕疵概念説があった。後者が通説であり、判例も同旨である。

最高裁（最判平成22・6・1民集64巻4号953頁）は、売買の対象土地にフッ素が含まれていたところ、売買当時には法令の規制対象ではなかったが、その後に定められた法令の基準値を超過していることが判明したという事案において、以下のとおり判示して、売主の瑕疵担保責任を否定した。

> そうすると、本件売買契約締結当時の取引観念上、それが土壌に含まれることに起因して人の健康に係る被害を生ずるおそれがあるとは認識されていなかったふっ素について、本件売買契約の当事者間において、それが人の健康を損なう限度を超えて本件土地の土壌に含まれていないことが予定されていたものとみることはできず、本件土地の土壌に溶出量基準値及び含有量基準値のいずれをも超えるふっ素が含まれていたとしても、そのことは、民法570条にいう瑕疵には当たらないというべきである。

改正民法も、上記判例通説に従い、契約不適合を売主の担保責任の発生原因としたものである。

なお、上記文例は、契約不適合の内容を具体化し「注文書、仕様書その他の本件商品の内容、品質、数量等に関する定めに反するもの」とした。これも、契約書による民法の条文の補充である。

(5) 所有権の移転

民法176条は、物権の設定又は移転は、当事者の意思表示のみによって、その効力を生ずると定めている。したがって、売買契約が締結されれば、引渡や代金の支払がなくとも目的物の所有権は売主から買主に移転するのが原則であるが、これは任意規定であるから、当事者間の合意によって所有権移転時期を遅らせることができる。

もともと、引渡もなく代金の支払もないうちから所有権が移転するというのは取引の常識に反しているので、以下の文例のように、引渡と代金支払が完了した時点をもって所有権の移転時期と定めるのがふつうである。

> 本件商品の所有権は、本件商品が引き渡され、かつ、代金が支払われた時をもって甲から乙に移転する。

(A) 目的物の確定

文例が前提とする売買契約のように売買の目的物が種類のみで指定されている場合(これを「不特定物売買」という)、目的物が確定しない限り所有権は移転しない。たとえば「りんご100個」の売買であれば、売主は同じ種類のりんごのうちから任意に100個を選択して引き渡せば足りるので、売買契約が成立しただけでは、買主は、売主の所有する個々のりんごについて所有権を主張することはできない。

この場合、目的物が確定するとは、①売主が物の給付に必要な行為を完了し、または、②買主の同意を得てその給付すべき物を指定したとき、をいう(民法401条2項)。前記の例で言えば、甲がりんご100個を梱包して乙に発送し、または、乙が特定のりんご箱を目的物とすることに同意すれば、目的物は確定したことになる。文例の場合、引渡によって所有権が移転することにしているので、その時点で目的物が確定していることは明らかである。

(B) 所有権留保

代金の支払が完了するまで所有権が移転せずに売主に留保されるという条項があれば、目的物の所有権が代金債務の担保になるという機能を有するこ

とになり、特に代金を分割で支払う場合に意味がある。

　この場合、買主が代金の支払を怠ったときは、売主は所有権を主張して目的物の返還を請求することができることとなる（買主に対しては売買契約を解除して目的物の返還を求めることができるが、転売先や差押債権者のような第三者に対しては、所有権に基づく請求しかできないので、この合意が意味を持つ）。

　もっとも、代金完済前であっても、所有権が留保されていることについて善意無過失の第三者に売却された場合は、即時取得によって当該第三者が所有権を取得する（同法192条）ので、売主は取り戻すことができなくなる。

(6) 危険負担

　売買契約により売主（甲）は目的物の引渡債務を負い、買主（乙）は売買代金の支払債務を負う。このように、当事者が相手方に対して相互に債務を負うことになる契約を双務契約という。双務契約における危険負担の問題については、既に述べた（第1章10(2)）。

　この場合、以下の文例のように、危険の移転時期が引渡時であることを明示するのがふつうである。

> 　本件商品の滅失、損傷その他のすべての危険は、引渡をもって甲から乙に移転する。

　旧民法534条は、不特定物の売買については、確定後に目的物が滅失して引渡債務が履行不能となった場合、債権者（買主）が危険を負担すると定めていた。つまり、買主は引渡を受ける前に滅失した目的物の売買代金を支払わなければならないというのである。これは、売買契約のみで所有権が移転するという民法の原則（民法176条）と対応しており、目的物の所有権を取得したのだから、たとえそれが滅失しても代金を支払うのは当然という考え方である。

　しかし、引渡を受けておらず、自らの管理できない物についてその滅失の責任を取らされることになるのは不当であるとして、引渡までは危険は買主

に移転しないことを合意するのが一般的である。文例においても、このような一般的な例に従い、引渡前は甲が危険を負担し、引渡後は乙が危険を負担することを定めている。つまり、引渡前の履行不能の場合、甲は代金の支払を受けることができない（債務者主義）が、引渡後の履行不能であれば、甲は代金の支払を受けることができる（債権者主義）ということである。

改正民法は、売買契約における危険負担について、上記のような実務にならい、引渡をもって危険が移転するとの定めを置く（民法567条）とともに、旧民法534条を削除した。このことは既に述べた（第1章10（2）（C）（a））。

(7) 製造物責任

製造物の欠陥によって他人の生命、身体又は財産を侵害したときは、製造業者等は損害賠償義務を負う（製造物責任法3条）。しかし、製造物責任については、製造者から商品を仕入れて販売する業者が一義的に消費者からのクレームを受ける立場にある。

そこで、製造者と販売業者との間の継続的売買契約において、以下の文例のような対処方法を定めるのがふつうである。

> 1　本件商品について人の生命、身体、財産に対し損害を発生させ、または発生させるおそれのある欠陥が存在することが判明した場合、本契約の当事者は相手方に対し直ちに書面をもって通知する。この場合、甲はなんらの責任を負うことなく、本契約または個別契約の全部または一部を解除し、あるいは本件商品の引渡しを中止することができる。
> 2　本件商品の欠陥に起因して第三者との間で紛争が生じたときは、甲は、自らの負担と責任においてこれを処理解決するものとする。
> 3　乙が前項の対処を行ったときは、その処理解決に要した費用（弁護士費用、損害賠償費用その他の実費を含む）は、甲の負担とする。ただし、乙が第三者に対して賠償その他の金銭支払いをする場合、事前に甲に通知し、甲と協議しなければならない。

(A) 損害の発生・拡大の防止

製造業者が売主である場合、製造物の欠陥が発見されたときには、それ以

降の販売を差し止めることにより、損害の発生又はその拡大を防止する必要があるので、第1項のような定めを置くのである。

　(B) 対処義務

　継続的売買契約を締結する買主は、目的物を消費者等に販売するために仕入れる業者であることが多いと思われる。この場合、製造物の欠陥によって生命、身体又は財産に対する損害を受けた者と契約関係に立つのは買主であり、被害者から直接クレームなり損害賠償請求を受けることが多いのは買主であろう。しかし、買主は製造物に関する知識がないので、そのような紛争について的確に対処することができない。そこで、第2項のように売主に対処義務を負わせることが必要になってくるのである。

　(C) 補償義務・協議義務

　それでも、買主が被害者から直接訴訟提起や調停の申立をされ、対応を余儀なくされる場合もあり、その場合に、弁護士費用等の支出をし、裁判所に損害賠償を命じられ、あるいは示談金・和解金等を支払うことで紛争解決をすることもあり得る。これらも、製造物の欠陥と因果関係のある損害であるから、買主は売主に求償することができる。第3項はそのことを確認するための規定であるが、弁護士費用については、相当因果関係のある損害といえるかどうか必ずしも明らかでないので、疑義を避けるためにあえて規定している。

　もっとも、売主の立場からすると、被害者の主張する欠陥と損害（その間の因果関係）が根拠のないものであるにもかかわらず、買主が安易に賠償金等を支払い、売主に求償することがあっては困る。そこで、第3項のただし書のような定めを置くのである。売主としては、本来なら「甲の事前の承諾のあった場合に限る」としたいところであろうが、文例では「協議」にとどめている。この場合、協議が調わなければ、乙は自分の判断で賠償金等を支払い、甲に求償する訴訟を提起するほかないことになる。

(8) 保証

　売買の目的物が第三者の特許権を侵害している場合、買主がそれを販売し、

あるいは販売のために店頭に陳列することは特許権の侵害になる（特許法2条3項、68条）。この場合、買主は、特許権者から販売の差止、在庫品の廃棄、損害賠償等を請求されることになる（同法100条、民法709条）。その他の知的財産権（商標権、意匠権、不正競争防止法上の権利、著作権等）を侵害した場合、他人の名誉・信用等を毀損した場合も同様のことが起こり得る。

そこで、このような場合に対処するため、以下の文例のような規定を設けておくのである。

> 1　甲は、本件商品が第三者の知的財産権その他の権利を侵害しないことを保証する。
> 2　本件商品が自己の知的財産権その他の権利を侵害するとして第三者から差止、損害賠償その他の権利主張がなされた場合、甲は自らの負担と責任においてこれを処理解決するものとする。
> 3　乙が前項の対処を行ったときは、その処理解決に要した費用（弁護士費用、損害賠償費用その他の実費を含む）は、甲の負担とする。ただし、乙が第三者に対して賠償その他の金銭支払いをする場合、事前に甲に通知し、甲と協議しなければならない。

買主は売主に対し、文例のように、売買の目的物にそのような権利侵害のないこと、仮にあった場合は売主が責任をもって対処すべきことを求めることになる。製造物責任の場合と同じことである。

文例では、買主が対処を余儀なくされた場合の求償や、その条件としての売主との協議についても製造物責任の場合と同様の定めになっている。

5　販売店（代理店）契約

販売店契約とは、メーカー等の商品供給者から継続的に商品を仕入れて消費者に販売するための契約である。これには、①供給者が知的財産権を有する商品を販売する場合、②供給者の持つブランドイメージを利用して販売す

る場合、③供給者が有する全国的な販売チェーンに加盟する場合、④外国の供給者が、我が国の企業を販売店に指定する場合、などがある。外国の供給者の場合、販売店の指定により、市場に参入するコストや参入に伴うリスクの軽減を図ることができ、また、販売店となる事業者の組織的販売活動が期待されるところから、外国事業者が国内市場に参入するために販売店契約が活用されることが多い。

販売店契約も継続的売買契約のひとつであり、基本契約と個別契約、所有権移転、危険負担、製造物責任など、継続的売買契約で説明したことがそのまま当てはまる。そこで、ここでは販売店契約に独自の条項について述べる。

なお、販売店契約では、独占的販売権の付与と引き換えに販売店の活動にいくつかの制約が課されるので、それが独占禁止法の定める不公正な取引方法に該当するのではないかという点がしばしば問題となる。そこで、販売店契約書の作成に当たっては、公正取引委員会事務局が発表した「流通・取引慣行に関する独占禁止法上の指針」[28]（これを「流通・取引ガイドライン」という）を参考にすることが必要である。

(1) 独占的販売権の付与

まず、以下の文例のように、販売代理店が有する販売権の内容を定める。独占・非独占の区別、販売地域が重要である。

1　甲は乙に対し、別紙記載の製品（以下「本製品」という）の独占的販売権を付与する。
2　乙は、別紙記載の地域（以下「本地域」という）において本製品を販売し、本地域外において積極的に本製品を販売しない。
3　甲は本地域において本製品を自ら販売しない。ただし、甲が直接第三者から本製品の注文を受けた場合はこの限りでない。

28　http://www.jftc.go.jp/dk/guideline/unyoukijun/ryutsutorihiki.html

(A) 独占的販売権

第1項は、販売店である乙が独占的な販売権を取得する旨の条項である。これによって、甲は乙以外の第三者に本製品の販売を許諾することはできないことになる。これを、乙は「独占的販売権」を付与されたといい、乙は「独占的販売店」と呼ばれる。これに対し、第三者にも販売権を与えることができる場合は「非独占的販売権」「非独占的販売店」といわれる。

(B) 販売地域

乙を独占的販売店とする場合、第2項のように、販売地域に限定を加えるのが普通である。この場合、甲は、本地域以外には乙とは違う販売店を置くことになる。これにより、甲は、自社製品の販売店同士が同一地域内で競争し、廉売することなどによるブランドイメージの劣化を避けるとともに、商品の効率的な販売拠点の構築や、アフターサービス体制を確保することができる。

ところで、流通・取引ガイドラインは、販売店の地域制限を、①一定の地域を主たる責任地域として定め、当該地域内において積極的な販売活動を行うことを義務付けるもの（責任地域制）、②店舗等の販売拠点の設置場所を一定地域内に限定し、販売拠点の設置場所を指定すること（販売拠点制）、③一定の地域を割り当て、地域外での販売を制限すること（厳格な地域制限）、④一定の地域を割り当て、地域外の顧客からの求めに応じた販売を制限すること（地域外顧客への販売制限）、の四つに分類したうえ、責任地域制及び販売拠点制は違法でないが、厳格な地域制限及び地域外顧客への販売制限は違法（拘束的取引）となる場合があるとしている。

もっとも、厳格な地域制限及び地域外顧客への販売規制が違法となるのは、市場における有力な供給者が流通業者に対してこれらの規制を行い、これによって当該商品の価格が維持されるおそれがある場合であるとされている。ここで、市場における有力な供給者と認められるかどうかについては、当該市場におけるシェアが10％以上又はその順位が上位3位以内であることが一応の目安となる。市場における有力な供給者の行為に限定するのは、通常の商品であれば、同一商品の販売店同士が競争せずとも、別の商品を扱う販売店が競争に参入して価格は引き下げられる可能性があるが、市場における

有力な供給者の商品であれば、そのような価格競争が起こらない可能性があるからである。

　第2項は、上記のガイドラインに配慮し、厳格な地域制限・地域外顧客への販売制限はとらず、地域外への積極的な販売を禁止するにとどめている。ただし、「積極的な」というのは抽象的な概念であり、後日揉めることがあるかも知れないので、それを避けるには、たとえば「年間〇〇個まで販売できる」とか、「地域外の顧客から注文を受けた場合は販売できる」などのように、具体的な定めを置くことが考えられる。

　（C）供給者自身の販売

　独占的販売店と指定されれば、第三者が地域内で競合することはないが、供給者自身が同一地域内で販売することができるかどうかはそれだけでは明確でない。そこで、第3項はこの点を明示し、原則として甲の独自販売権を否定し、第三者からの注文を受けた場合に限って販売できる旨を定めている。

（2）当事者の関係

　販売店は供給者から商品を購入して消費者に転売するものであって、供給者の代理人ではない。そのことを明示するために以下のような文例を置くことがある。

> 甲と乙は売主と買主の関係であり、乙は甲の代理人でないものとする。

　そもそも、代理人であるかどうかは、契約の中身で決まるのであって、契約書の表題が「代理店契約」とされ、販売店の名称が「〇〇代理店」とされていても、あくまで販売店契約であり、単純な売主と買主の関係にすぎない。文例はそのことを確認するためのものである。

　ただし、販売店に「代理店」の名称を付与している場合、それが授権表示となって表見代理が成立する可能性がある（民法109条）。

(3) 競争品の取扱制限

以下の文例のように、独占的販売権を与える代わりに、供給者の商品と競合する商品の販売を禁止する旨の条文を置くことがある。

> 乙は、本地域内において本製品と競合する製品の販売を行わない。ただし、本契約締結時点において既に取り扱っている製品はこの限りでない。

流通・取引ガイドラインは、市場における有力な供給者が競争品の取扱いを制限し、これによって新規参入者や既存の競争者にとって代替的な流通経路を容易に確保することができなくなるおそれがある場合には、違法（排他条件付取引又は拘束条件付取引）となるが、既に取り扱っている競争品の取扱いを制限するものでない場合は、原則として独占禁止法上問題とはならないとしている。

文例はこのガイドラインに沿ったものである。

(4) 最低購入義務

独占的販売権を付与する条件として、以下の文例のように、販売店に最低購入義務を課すのが普通である。

> 1　乙は、本製品を1か月に○○個以上購入する。
> 2　本製品の代金が甲に支払われたことをもって前項における購入があったものとする。
> 3　乙が第1項に定める最低購入義務を履行できなかった場合、甲は1か月の期間を定めた書面による催告を行い、当該期間内に義務が履行されない限り、甲は本契約を解除することができる。

独占的販売権を付与する以上、他に商品を販売する者はいないので、独占的販売店にはその商品の販売に注力してもらわなければ困る。そこで、文例にあるように、最低購入量を定め、販売店にその購入義務を課すこととするのである。第2項と第3項は、最低購入義務の実効的な履行を担保するため

のものである。

　なお、債務不履行による解除については、一般条項で「相当な期間を定めた催告」を要件にしているところであり、通常、相当な期間とは「1週間から10日程度」と考えられるが、ここではその期間を「1か月」とし、乙に一定の配慮をした規定になっている。

　流通・取引ガイドラインも、供給者が、商品の独占的販売権を付与する見返りとして、販売店に対し、①契約対象商品の最低購入数量若しくは金額又は最低販売数量若しくは金額を設定し、または、②契約対象商品を販売するため最善の努力をする義務を課しても、これらは原則として独占禁止法上問題とはならないとしている。

(5) 商標

　販売店契約の意義は、供給者のブランド力を使った販売にあるので、商品に供給者の有する商標を使用できなければ意味がない。そこで、以下の文例のように商標の取扱いについて定めを置く。

1　乙は、本地域内において、本製品の販売、販売促進および広告に関してのみ、別紙記載の商標（以下「本件商標」という）を無償で使用することができる。
2　乙は、本件商標が甲のものであることを争わず、本件商標と同一又は類似の標章、記号等をいかなる商品、役務についても登録しない。
3　乙は、本件商標を本契約の目的のためにのみ使用し、本件商標の全部または一部を改変し、もしくは本件商標の信用を損なうような方法で使用しない。
4　乙は、本製品およびその包装に付された本件商標を削除、隠蔽しない。
5　本契約が終了した場合、乙は直ちに本件商標の使用を中止する。乙の設備において本件商標が付されたものがある場合は乙の費用でこれを撤去し、本製品のカタログその他の本件商標が付されたものについては、甲の指示に従い甲に返還するか、甲の立ち会いのもと乙の費用で廃棄する。
6　乙は、本件商標が第三者に侵害され、または侵害されるおそれがある場合は直ちに甲に通知する。この場合、甲は速やかに当該侵害の排除又は予防に必要な措置をとる。

第1項では販売店の使用権のみを設定しているが、商標権者が自社ブランド商品であることを明示するため、販売店に商標の使用を義務付けることもある。

また、商標使用料を取らないことにしているが、それは、商標使用料に相当する分が商品代金に含まれているからである。商標権者が商標の使用を許諾し、商標使用者が商標を付した商品を製造・販売する場合であればともかく、本件では商標権者は同時に供給者であるから、別途商標使用料を徴収する必要はない。

第2項ないし第6項は、商標権の使用許諾に伴って通常合意される事項であり、商標使用許諾契約だけでなく、ライセンス契約一般に通用する考え方である。ライセンス契約については後述する（後記7）。

(6) 販売店の活動

独占的販売権の代償として、以下の文例のように、販売店の販売促進活動に関する定めを置くのが普通である。

> 1　乙は、本地域内において、本製品の販売のため最大限の努力をする。
> 2　甲は、本製品の販売促進のために必要なカタログ、パンフレット等を無償で乙に提供する。
> 3　前項以外の本製品の広告宣伝に要する費用は乙が負担する。乙は、甲の事前の書面による承諾のない限り、自らカタログ、パンフレット、広告等を作成し、その他テレビ、ラジオ等の媒体を使って広告宣伝活動を行わない。
> 4　乙は本製品再販後の保守、修繕サービスを提供する。この場合、甲は乙に対し、当該サービスの提供に必要な情報を与え、その他必要な協力をする。

第1項のように、販売店に最大限の販売努力義務を課すことは、流通・取引ガイドラインによっても不公正な取引方法に当たらないとされている。もっとも、「最大限の努力」なるものはいかにも抽象的であるから、裁判において義務の不履行を認めさせるのは難しい。そこで、供給者としては、具体的義務（年間○○万円以上の広告宣伝費を支出しなければならない等）を定めておきたいところであろう。

第3項のように乙の広告宣伝活動について事前に甲の承諾を必要とするのは、ブランドイメージを維持したいという供給者の意向を尊重するためである。もっとも、甲が不当に承諾を延引し、または拒否することによって乙の販売活動に支障が生じては困るので、文例第3項の後に次のような文言を追加することも考えられる。譲渡禁止の承諾の場合（前記1（10）（A））と同じである。

> この場合、甲は不当に承諾を拒んではならず、また、乙が承諾を求めてから〇日以内に確答しない場合、甲は承諾したものとみなされる。

販売促進やアフターサービスには、製品に関する知識を有する供給者の協力が不可欠であるから、第2項と第4項でその趣旨を定めている。

(7) 報告

販売店の報告義務についての定めも置かれる。以下の文例のように、多様な事項について報告しなければならないとするのが普通である。

> 1　乙は、四半期ごとに、次の情報についての報告書を甲に提出する。
>   ①　本地域内における本製品の市場状況
>   ②　本製品の在庫、販売数及び次期の販売予測
>   ③　期間中の販売活動及び次期に予定されている販売活動
>   ④　本製品に関するクレーム、瑕疵の有無とその内容
>   ⑤　その他本製品に関する重要事項
> 2　乙は、半期ごとに事業計画書を作成して甲に提出する。
> 3　甲は、本条の報告書及び事業計画書の正確性、実施状況等を確認するため、乙に対し、適宜報告を求め、かつ必要な書類の提出を求めることができる。

供給者が販売店の活動を監視するための規定である。供給者にとって一方的に有利にできているが、販売店としても、独占的販売権を取得できるメリットの方が大きければ、この程度のことは受忍するであろう。

(8) 契約終了時の取扱い

　契約が終了することで販売店は販売権を失うので、それに伴う処理について定めを置く必要がある。在庫処理が問題となるので、以下の文例のような定めを置くことがある。

> 1　理由のいかんを問わず、本契約が理由終了した以後、乙は甲の販売店とみなされる一切の行為を行わない。
> 2　前項の場合、乙の債務不履行により本契約が解除されたのでない限り、乙は、契約終了時から○か月間に限り、本製品の在庫を販売することができる。ただし、甲が乙に販売したものと同額で買い戻す旨を通知した場合、乙はそれに応ずる。

　契約が終了した場合、乙が販売店として活動してはならないことは当然であるが、せっかくの在庫を廃棄するのはもったいないので、一定の期間に限って販売すること（これを「セル・オフ」という）を認めている。ただし、乙の債務不履行によって解除された場合は、ペナルティとしてセル・オフを禁じている。

　第2項で、甲に卸売価格での買戻し権を認めているが、これは、セル・オフによる廉売（ブランドのイメージダウンになる）を防止するためである。

6　製作物供給契約

　製作物供給契約というのは、ある物の製作を依頼され、それを完成させてから引き渡すという内容の契約であり、たとえば、工場に備え付ける工作機械を製作してこれを引き渡す契約などがこれに当たる。製作物供給契約の目的物はもっぱら動産である。建物（不動産）を作って引き渡すのは建築請負契約といい、製作物供給契約とはいわない。

第3章 契約書の文例

(1) 契約の性質

まず、以下の文例のように、契約の内容を明示する。これによって契約の性質も明らかになる。

> 1　甲は乙に対し、別紙記載の機械(以下「本件機械」という)を製作して引き渡す。
> 2　本件機械は別紙記載の乙の工場(以下「本件工場」という)に設置して使用するものであり、その仕様は甲乙別途協議のうえ定める。

(A) 請負と売買の区別

製作物供給契約の内容は通常文例のように定められるが、その法的性質が請負なのか売買なのかについては議論がある。

請負とは、当事者の一方がある仕事を完成することを約し、相手方がその仕事の結果に対して報酬を支払うことを約する契約であり(民法632条)、売買とは、当事者の一方が財産権を相手方に移転することを約し、相手方がこれに対してその代金を支払うことを約する契約である(同法555条)。

クリーニングのように、もっぱら仕事に対して報酬を支払うのが請負であり、自社の在庫商品の売却のように、もっぱら物の所有権の移転に対して代金を支払うのが売買であることは問題ない。製作物供給契約の場合、目的物を製作するという部分に着目すれば請負のように見えるが、目的物の所有権が移転するという部分に着目すれば売買のようでもある。

契約書を作るのだから、売買でも請負でもどちらでも構わないではないかと思われるかも知れないが、必ずしもそうではない。契約書に定めのない事項については民法の条文が適用になるが、契約が売買か請負かで民法の条文が異なることがある(たとえば、請負であれば、注文者は目的物の完成前であればいつでも損害を賠償して契約を解除することができる(同法641条)が、売買にはそのような条文はない)ので、契約の法的性質がどちらであるかを決定することに意味がないわけではない(もちろん、当事者間の合意によって、これと異なる定めをして構わない)。

請負と売買の区別については、仕事の目的物が代替性のある物であれば売

買であり、代替性のない物であれば請負だとする見解が有力である（我妻榮『債権各論中巻二（民法講義 V₃）』606 頁）。代替性のある物であれば、自ら製作せずとも他から調達して供給すればよく、契約の目的はあくまで所有権の移転なのだから売買であり、代替性のない物であれば、他から調達不可能であり、自ら製作することが契約の目的となるので請負だというのである。

　文例の場合、契約の目的物を、種類のみで定めるのではなく、特定の使用目的、設置場所、仕様を前提としたものとなっている。いわば、注文者の要望に合わせてオーダーメイドしたものであるから、これは代替性のない物の製作物供給契約であり、その法的性格は請負と解すべきであろう。

(B) 請負と雇用の区別

　請負と同じく、他人の役務を利用する契約に雇用がある。雇用とは、当事者の一方が他方に対して労働に従事することを約し、相手方がこれに対してその報酬を与えることを約する契約である（民法 623 条）。雇用の場合、労働者は使用者の指揮命令によって労働に従事するので、独立して仕事に従事する請負人とは異なる。そのため、労働者には労働者保護を目的とする労働基準法が適用され、使用者は労働基準法の定める賃金、労働時間、休日等の規律を遵守しなければならない。

　労働基準法の適用を避けるため、雇用であるにもかかわらず、契約書に請負と書くことがあるかも知れない。しかし、契約の法的性質が何であるかは、契約書の表題ではなく、契約内容に基づいて判断されるものであり、請負契約と書いてあっても、その他の条項を総合すると労働者が使用者の指揮命令を受けて仕事をするものであることが認められれば、それは雇用と判断される。また、たとえ契約内容は請負であっても、実態において使用者の指揮命令がなされておれば、労働基準法上の労働者と認定される場合もある。

(2) 引渡と所有権移転

　請負といっても、製作物供給契約の場合、単なる仕事の実行だけでなく目的物の引渡と所有権の移転が問題となる。そこで、以下の文例のように、その時期を明らかにする。

> 1　甲は、本件機械を平成○○年○○月○○日までに、本件工場にて乙に引き渡す。
> 2　前項の引渡時において、甲は、乙の立会の下で本件機械の設置及び試運転を行わなければならない。
> 3　前項の設置及び試運転が終了した時点で本件機械の所有権は乙に移転する。

　目的物が工作機械であることから、工場への備え付けと稼働確認が必要であり、単なる占有の移転では足りないので、文例にように、設置と試運転も製作者の義務としている。
　所有権の移転時期は当事者の合意によってその時期を任意に設定することができることは、継続的売買契約について説明したとおりである。

(3) 危険負担

　目的物の引渡と報酬が対価関係にあるので、ここでも危険負担が問題となる。以下の文例はそれに対する対処を定めたものである。

> 1　本件機械が甲の責めに帰することができない事由により全部滅失又は毀損した場合、甲は本件機械の引渡義務を免れるが、乙は甲の出来高に応じた報酬を支払わなければならない。
> 2　前項の場合においても、再度本件機械の製作が可能な場合は、甲は本件機械を完成させて乙に引き渡さなければならない。この場合に生じる増加費用は乙が半額を負担し、納期については甲乙別途協議の上定める。

(A) 債務者主義と出来高補償

　危険負担については、請負契約においては債務者主義が適用される（民法536条）。したがって、請負人の責めに帰することができない事由によって仕事の完成が不可能になった場合、請負人は報酬請求権を失うことになる。しかし、民法536条は任意規定なので、第1項では、完成義務の履行不能の場合でも出来高に応じた報酬請求権を認めることにしている。請負契約における報酬は、仕事に対するものであるから、履行不能前になされた仕事を評

価するという趣旨である。

　もっとも、請負は仕事の完成を目的とする契約であるから、目的物が滅失又は毀損したとしても、再度製作が可能であれば、仕事の完成義務は履行不能ではない。たとえば、機械を完成して引き渡す前に倉庫が延焼して機械が滅失した場合でも、工場設備が稼働できれば、再度機械を製作することは可能であり、工場自体も延焼して製作手段を失って初めて履行不能となる（他に製造委託すればよいではないかともいえそうだが、社会通念上は履行不能と解してよい）。しかし、再度の製作費用を請負人に全額負担させるのは酷であるから、第2項は注文者との折半を定めている。

　文例は、履行不能の場合でも請負人が出来高報酬を得られるという点、再製作費用の半分を注文者に負担してもらえる点で、請負人に有利にできている。この点については、以下の文例のように、注文者に有利な規定とすることもできる。

> 1　本件機械が甲の責めに帰することのできない事由により全部滅失又は毀損した場合、甲は本件機械の引渡義務を免れ、乙は報酬支払義務を免れる。
> 2　前項の場合においても、再度本件機械の製作が可能な場合は、甲は本件機械を完成させて乙に引き渡さなければならない。この場合に生じる増加費用の負担及び納期については、甲乙別途協議の上定める。

　上記文例のいずれを採用するかは、当事者の交渉力の問題であるが、この点について合意ができなければ、民法の定めに従うことになる。この場合、仕事の完成が不可能であれば、請負人は報酬請求ができず、仕事の完成が可能なときは、請負人の費用負担で再度製作することになる。ただし、その場合でも、注文者に信義則上の協力義務を認め、増額費用の分担を命ずることができるという考え方もある（内田貴『民法Ⅱ［第3版］債権各論』28頁）。

(B) 改正民法

　改正民法634条は「①注文者の責めに帰することができない事由によって仕事を完成することができなくなったとき、②仕事の完成前に請負が解除されたとき、以上の場合において、請負人が既にした仕事の結果のうち可分な部分の給付によって注文者が利益を受けるときは、その部分を仕事の完成と

みなす。この場合において、請負人は、注文者が受ける利益の限度において、報酬を請求することができる」と定めている。この点の補足説明は以下のとおりである（補足説明473頁）。

> 請負契約は完成した仕事に対して報酬が支払われる契約であるため、請負人が報酬を請求するには仕事を完成させることが必要であり、途中まで仕事をしたとしても、完成させることができなかった場合には報酬を請求することができないのが原則である。しかし、仕事の進捗状況や、仕事が完成しなかった原因への注文者の関与の程度によっては、請負人が全く報酬を請求することができないのは不合理であると考えられる場合がある。そこで、本文は、請負契約において請負人が仕事を完成させることができなくなった場合に、それでも報酬を請求することができるための要件及び効果を定めようとするものである。

上記文例のうち前者は、出来高のうち可分な部分の給付によって注文者が利益を受けるときであるかどうかを問わず請負人に報酬請求権を認めている点で、改正民法よりも請負人に有利となっている。逆に、後者の文例は注文者に有利となっている。

(4) 検収

製作物供給契約の場合、完成した製作物を注文者に引き渡せばそれで終わりかというとそうではない。目的物に契約不適合がないかどうか確認するため、以下の文例のように、注文者の検査を受けて合格しなければならないと定める例が多い。これを「検収」という。

> 1　乙は、本件設備の引渡しを受けた時点で直ちに検査し、引渡後○日以内に検査を完了して甲に合否を通知する。
> 2　前項の検査に不合格となった場合、甲は速やかに本件機械を調査し、乙の通知どおりに本件設備に契約の内容に適合しない部分が存在することが確認できた場合、甲は、乙の選択にしたがい、本件機械を補修するか、代金を減額しなければならない。

(A) 契約不適合

仕事の目的物が契約内容に適合しない場合、注文者は請負人に対し、履行の追完（目的物の修補、代替物の引渡し）を請求できるほか、追完のない場合には代金の減額を請求できる（民法562条、563条、559条）。文例はこの趣旨に沿ったものである。

旧民法は「瑕疵」という用語を使用していたが、改正民法はそれを「仕事の目的物が契約で定めた品質を有していないこと」に置き換えた。たとえば、工作機械については、仕様書に「1時間に○個以上生産可能」などと記載されているのにそれを満たさないことがこれに当たる。

なお、旧民法634条は、請負人の担保責任を定めていたが、改正民法はそれを削除し、売買における売主の担保責任の準用（民法559条）によるものとした。

(B) 契約不適合と未完成の区別

仕事の目的物の契約不適合と仕事の未完成は異なる概念である。仕事が未完成であれば、報酬請求権は発生しない。これに対し、仕事は完成したが契約不適合があるという場合は、請負人の報酬請求権と注文者の瑕疵修補請求権及び代金減額請求権がともに発生する。

この点については、仕事が予定した工程を終了しなかった場合が「未完成」で、一応工程は終了したもののそれが不完全であった場合が「契約不適合」であり、目的物の引渡は仕事の完成を推認できる有力な間接事実であるとされている（後藤勇『請負契約に関する実務上の諸問題』17頁）。

注文者が目的物の契約不適合を理由に不合格を通知した場合において、それが根拠のないものと請負人が考えたらどうか。この場合でも、完成によって報酬請求権は既に発生しており、検収は単に契約不適合があるかどうかを確認する行為にすぎないので、請負人は注文者に対し、報酬を請求すればよく、検収を請求したうえでないと報酬請求ができないのではない。請負人が注文者に対し、報酬請求訴訟を提起したのに対し、注文者は検収のないことを主張して、報酬の支払を拒否することはできないし、請負人が注文者に対して「検収せよ」という訴訟を提起しても、訴えの利益を欠くことになる。

(C) 検収の意義

もっとも、検収に一定の法的効果が生ずる場合がある。注文者と請負人との間に商社が関与する場合がそれである。この場合、注文者が検収する（注文者が検査に合格したことを通知するという意味である）ことを条件に、一社又は数社の商社が契約当事者となり、最終的に、請負人→商社A→商社B→注文者という流れ（これを「商流」という）に沿って目的物が引き渡されたことになる。

商社は、請負人の代わりに営業を行って注文者を見つけ、履行段階になって契約当事者となる（これを「商流に入る」という）ことにより、請負人から手数料（これを「口銭」という）を受け取るのである。実質は手数料を取得したにすぎないのに、契約に定める報酬額全部を売上に計上できる点がメリットだとされている（売上を計上するために、口銭すらなくて商流に入る場合もある）[29]。この場合、商社Aと商社Bは、上流に対して報酬支払義務を負うだけで、下流に対して担保責任を負うことはない旨の特約ないし取引慣行がある場合は少なくない（江頭・前掲書2頁）。

商社が自らの信用で報酬請求権を事実上担保する機能があるので、請負人にとっては口銭を払ってでも商社を関与させる意味がある。また、注文者にとっては、請負人と合意した報酬額に変わりはないので、商社を関与させても特に問題はない。

商流が形成される場合、請負人が商社Aに報酬請求権を取得するには、注文者が検収したことが条件となる。したがって、商社Aは、請負人から報酬請求を受けた場合、注文者の検収がないことを主張して報酬の支払を拒否することができるのである。このような場合、請負人は、注文者に対して検収を求める裁判を起こさざるを得ないことになる。

---

[29] 会計上これを売上と認識できるかどうかは会計基準の問題であり、それが否定されれば、手数料のみが売上となる。会計基準はそのように見直される見込みである。
（https://www.nta.go.jp/publication/pamph/hojin/kaisei_gaiyo2018/02.htm）

(5) 報酬

民法 633 条は、報酬は仕事の目的物の引渡と同時に支払わなければならないと定めているが、これは任意規定なので、以下の文例のように前払いを定めてもよい。

> 報酬額は金〇〇〇〇円とし、乙は甲に対し、以下のとおり分割して支払う。
> 　契約締結時　　　　　　　　金〇〇〇円
> 　平成〇〇年〇〇月〇〇日　　金〇〇〇円
> 　検査合格時　　　　　　　　金〇〇〇円

最終の支払時期は、民法の定める引渡時ではなく、検査合格時（検収時）としている。

請負人は、材料や人員を自ら手配して仕事をするので、資金に余裕のない会社が請負人である場合、仕事量が多く報酬が高額になるときは、前もって支払を受けなければ仕事ができないこともあり得る。文例はそのような請負人の立場に配慮したものである。

(6) 下請

請負の場合、請負人が、注文者から請け負った仕事を第三者にさらに請け負わせることが多い。以下の文例はそのような場合の処理を定めたものである。

> 甲は、本件機械の製作業務を第三者に委託することができない。ただし、乙の事前の書面による承諾がある場合はこの限りでない。

(A) 下請の意義

雇用の場合、労働者は、使用者の承諾のない限り、自己に代わって第三者を労働に従事させることはできない（民法625条2項）。しかし、請負の場合に、請負人が第三者に仕事を請け負わせること（これを「下請」という）を禁ずる規定はない。仕事の内容が重要であり、請負人の個性は重要ではな

いと考えられているからである。しかし、文例のように、当事者の合意によって下請を制限することはもちろん可能である。

下請がなされた場合、下請負人は元請負人の履行補助者になるので、下請負人の故意過失によって注文者に損害を与えた場合、元請負人は注文者に対して損害を賠償する義務を負うことになる。

下請がなされても、注文者と元請負人との法律関係は何ら変更を受けることがないし、注文者と下請負人との間には何ら法律関係は生じない。注文者が下請負人に担保責任を追及することはできず、下請負人が注文者に対して直接報酬請求をすることもできないということである。

(B) 入金リンク

元請負人と下請負人との間で「元請負人が請負代金の支払を受けた後に下請負人に支払う」という約束（これを「入金リンク」という）がなされることがあり、その効力が争われた判例がある。

原審が、入金リンクとは、元請負人が請負代金の支払を受けることを停止条件として下請負人に支払う旨を定めたものと解するのが相当であるとしたのに対し、最高裁（最判平成 22・10・14 集民 235 号 21 頁）は、次のとおり判示して、入金リンクは停止条件ではないとした。

> (中略) 一般に、下請負人が、自らは現実に仕事を完成させ、引渡しを完了したにもかかわらず、自らに対する注文者である請負人が注文者から請負代金の支払を受けられない場合には、自らも請負代金の支払が受けられないなどという合意をすることは、通常は想定し難いものというほかはない。(中略) 上告人と被上告人とが、本件請負契約の締結に際して、本件入金リンク条項のある注文書と請書とを取り交わし、被上告人が本件機器の製造等に係る請負代金の支払を受けた後に上告人に対して本件代金を支払う旨を合意したとしても、有償双務契約である本件請負契約の性質に即して、当事者の意思を合理的に解釈すれば、本件代金の支払につき、被上告人が上記支払を受けることを停止条件とする旨を定めたものとはいえず、本件請負契約においては、被上告人が上記請負代金の支払を受けたときは、その時点で本件代金の支払期限が到来すること、また、被上告人が上記支払を受ける見込みがなくなったときは、その時点で本件代金の支払期限が到来することが合意されたものと解するのが相当である。

これは、一般に「条件と期限」と呼ばれる問題である。ある法律行為が将来の事実にかかっている場合において、その事実が発生するかどうかが不確実なものを条件といい、発生することが確実であるがいつ発生するか不明な場合を不確定期限という。前者であれば、将来の事実が発生しない限り法律行為は効力を発生しないが、後者であれば、事実が発生するか又は発生しないことが確定すれば、期限が到来して法律行為の効力が発生する。最高裁は、入金リンクは条件ではなく期限だとしたのである。

7　ライセンス契約

　特許権者は、業として特許発明の実施をする権利を専有する（特許法68条）。この場合、実施とは、物の生産、使用、譲渡等（譲渡及び貸渡）、輸出若しくは輸入又は譲渡等の申出（譲渡等のための展示を含む）をする行為をいう（同法2条3項）。そこで、特許発明を使って物を製造販売するためには、特許権者からそのような実施権の許諾を受けなければならない。そのための契約をライセンス契約という。実際には、特許発明だけでなくノウハウを使わなければ製品の製造ができないことが多いので、あわせてノウハウの実施許諾も受けることになる。この場合、それらの許諾を与える者（文例の「甲」）をライセンサーといい、許諾を受ける者（文例の「乙」）をライセンシーという。

(1) 定義

　当事者間で特別の意味を付与される用語が契約書で繰り返し使用される場合、最初に使う場所で「(以下「○○○」という)」というかっこ書をすることがあるが、最初に一条を設けてそのような用語をまとめて定義しておくこともある。ライセンス契約に限ったことではないが、これは、用語の説明が

長くなるので、別途定義規定を置いた方が読みやすいという配慮からである。

> 本契約において、以下の用語は以下の意味を有するものとする。
> 1　本件製品
> 　　別紙記載のものをいう。
> 2　本件特許権
> 　　甲の有する特許（特許第○○号）及び特許出願（平成○年○○号）をいう。
> 3　本件ノウハウ
> 　　本件製品の製造に必要なすべての情報であって、本契約締結時点で甲が保有しているものをいう。
> 4　純売上
> 　　本件製品の販売額から、梱包費、運送費、保険料および消費税を控除したものをいう。

　実施権の対象となる特許権は登録番号及び出願番号で特定するが、ノウハウについては具体的に特定することが難しいので、文例のような抽象的な定めにするほかない。
　実務的には、特許発明とノウハウの内容を記載した書類が甲から乙に提供されるものと思われるが、以下の文例のように、それを契約書に規定することもある。文例では包括的な記載にとどまっているが、別表を付けるなどして、提供すべき書類を詳細に定めてももちろん構わない。

> 甲は乙に対し、本契約締結後速やかに、以下の書類を提供する。
> 1　本件特許権にかかる特許公報及び出願書類の写し。
> 2　図面、仕様書、製造マニュアルその他本件製品の製造に必要な情報が記載された書類。

　以下の文例のように、技術指導について定めを置く場合もある。文例では技術指導の詳細は別途協議して定めることにしているが、もちろん、契約書に技術指導の詳細を書いても構わない。

> 乙が求める場合、甲は乙に対し、本件製品の製造に必要な技術指導を行う。技術指導の場所、指導者の数、費用負担その他の詳細については、甲乙別途協

議のうえ定める。

(2) 独占的ライセンス

まず、実施権の許諾(ライセンス)の中身を定める。以下の文例では、日本国内における独占的実施権の許諾を定めている。

1　甲は乙に対し、日本国内において本件製品を製造販売するために、本件特許権と本件ノウハウを実施する権利(以下「本件実施権」という)を独占的に許諾する。
2　乙は、本件実施権を第三者に対して再許諾することができない。
3　甲は、日本国内において本件製品と同一又は類似の製品を製造販売するために、乙以外の第三者に本件実施権を許諾してはならない。
4　甲は、日本国内において本件製品と同一又は類似の製品を製造販売するために、自ら本件特許権及び本件ノウハウを実施してはならない。

(A) 特許の実施権

特許法は、特許発明を実施する権利として、専用実施権と通常実施権という二つの権利について定めている。

専用実施権とは、設定行為の定めた範囲内で特許発明の実施権を専有する権利である(特許法77条2項)。専用実施権者が実施権を専有するので、特許権者も専用実施権者が実施する範囲内では特許発明の実施ができなくなる(同法68条ただし書)し、特許権者が第三者に重ねて実施権を許諾することも当然できない。このように強い効力を有するものであるから、専用実施権は、登録しなければ効力がない(同法98条1項2号)。

通常実施権とは、特許発明を実施する権利である(同法78条2項)が、実施権を専有するものではないから、特許権者は自ら特許発明を実施することができるし、第三者に重複して実施権を許諾することもできる。そのような弱い効力を有するにすぎないので、通常実施権は、登録しなくても効力がある。

通常実施権の場合でも、当事者の合意により、特許権者が第三者に実施権

の許諾をしないこと、特許権者が自ら実施しないことを約束することは何ら差し支えない。文例にある実施権の独占的許諾は、通常実施権について、第三者への許諾の禁止（第3項）と特許権者自身による実施の禁止（第4項）という特約を付したものである。

(B) 再許諾と製造委託

通常実施権の場合、第三者に対して実施権の再許諾ができないのは当然であるが、疑義を避けるため、第2項でその点を明確にしている。

再許諾と似て非なるものに製造委託がある。再許諾は、第三者に実施権を許諾して、第三者が特許発明の実施（製造販売）を行うものあるが、製造委託は、あくまで実施権者が特許発明の実施を行い、その一部である製造を第三者に委託するという形態である。再許諾が禁止されたからといって、製造委託が禁止されることはない。しかし、ライセンサーが、特許製品の品質を維持するために製造委託を禁止したいと考えることもあり、ライセンシーは製造委託ができない旨の定めが置かれることもある。

(3) ロイヤルティ

(A) 権利金（イニシャル・ロイヤルティ）とランニング・ロイヤルティ

以下の文例がライセンスに対する対価（これを「ロイヤルティ」という）の支払についての条項である。権利金とランニング・ロイヤルティについて定めている。

1　乙は甲に対し、本件実施権取得の対価として、金〇〇円を本契約締結の日から〇日以内に甲が指定する銀行口座に振り込む方法で支払う。
2　乙は甲に対し、本件特許権と本件ノウハウの実施料として、前項の支払とは別に、本契約の有効期間中に販売された本件製品の純売上の〇％に相当する金額を支払う。乙は、前項の支払をもって実施料に充当することはできない。
3　乙は、毎月末日締めで当月に発生した実施料額を計算し、翌月〇日までに甲に対して書面で報告するとともに、第1項所定の銀行口座に振り込む方法で支払う。
4　本契約に基づき乙から甲に支払われた対価は、いかなる事由による場合で

も返還されないものとする。

　第1項では、ライセンスを取得すること自体の対価を支払うことにしている。いわゆる「権利金」「契約金」といわれるものである。実質的には実施料の前払ということになる。ここでは、特許・ノウハウの価値が高く、権利金を支払ってもライセンスが欲しいという場面が想定されている。

　第2項が「ランニング・ロイヤルティ」である。権利を実施した数量に応じて支払うものである。文例では「純売上の○％」という形で定められているが、文例(1)（定義）において、純売上は「本件製品の販売額から梱包費、運送費、保険料および消費税を控除したもの」とされている。純売上の意味を定めた法律や慣習はないので、実施料の額をめぐって争いが生じることを避けるため、契約で明確に定義している。

　ここでは販売数量に応じて実施料を支払うことになっているが、製造数量を基準にして実施料を定める場合もある。後者の場合、製造者は在庫品について、製造費用だけでなく実施料相当額も負担することになる。

　第3項では、毎月の販売数量を報告してそれに相当する実施料を毎月支払うという方法が定められている。この場合、報告書の記載事項を詳細に定め、それに証拠書類を添付することが求められるときもある。

　第4項は権利金と実施料の不返還を定めている。ライセンス契約にはよく見受けられる条項である。しかしながら、たとえば、甲が契約で定める情報開示や技術指導を怠ったため、乙が本件製品の製造を開始できない場合、乙は甲の債務不履行を理由に本契約を解除し、権利金の返還請求ができるとするのが相当と思われる。

　この場合、以下の文例のような条項を置くことが考えられる。

> 4　本契約に基づき乙から甲に支払われた対価は、いかなる事由による場合も返還されないものとする。ただし、本件製品の製造開始前に乙によって本契約が解除された場合、甲は乙に対し、第1項の金員を返還しなければならない。

(B) ミニマム・ロイヤルティ

ランニング・ロイヤルティの場合、ライセンシーが権利を実施しなければロイヤルティは発生しないことになる一方で、独占的ライセンスの場合、他のライセンシーからロイヤルティを取得することができない。そこで、ライセンシーに一定額のロイヤルティの支払を保証させることがある。これを「最低保証料」あるいは「ミニマム・ロイヤルティ」と呼ぶ。

この場合、以下のような文例が考えられる。

3　乙は、毎月末日締めで当月に発生した実施料額を計算し、翌○日までに甲に対して書面で報告するとともに、第1項所定の銀行口座に振り込む方法で支払う。
4　実施料の最低保証を月額金○○円（以下「最低保証料」という）とする。前項に基づき計算された金額が最低保証料に足りない場合、乙は甲に対し、報告にかかる金額に代えて最低保証料を支払う。ただし、最初の支払時期と最後の支払時期の最低保証料は日割りで計算される。

(C) 前払金

ところで、上記文例では、実施料に充当しない「権利金」を支払うことにしているが、これを実施料に充当可能な「前払金」とすることもある。この場合、前払金がミニマム・ロイヤルティを兼ねることが多い。

以下の文例はその趣旨を明示したものである。

1　乙は甲に対し、本契約に基づく実施料の前払金として、金○○円を本契約締結の日から○日以内に甲が指定する銀行口座に振り込む方法で支払う。本条による前払金は実施料の最低保証であり、本契約終了時に第2項の充当後の残高があっても、乙に返還されないものとする。
2　乙は甲に対し、本件特許権と本件ノウハウの実施料として、本件製品の純売上の○％に相当する金額を支払う。乙は、前項の前払金を実施料に充当することができる。
3　乙は、毎月末日締めで当月に発生した実施料額を計算し、翌月○日までに甲に対して書面で報告する。
4　第2項の実施料が第1項の前払金に達した後は、乙は、前項の報告とともに、その金額を甲が指定する銀行口座に振り込む方法で支払う。
5　本契約に基づき乙から甲に支払われた対価は、いかなる事由による場合で

| も返還されないものとする。

　第1項は、前払金がミニマム・ロイヤルティを兼ねていることを明示したものである。この場合、毎月発生する実施料に前払金を充当するので、月ごとの支払は不要となり、実施料の報告のみとなるが、第2項と第3項はその趣旨を明示したものである。この場合、報告を毎月ではなく四半期ごとにする例もある。

　第4項では、実施料を前払金に充当した結果、それが前払金に達した場合、原則に戻って月ごとの報告と支払に戻ることにしている。もっとも、この場合に前払金の追加支払を定めることもある。

　実施料を前払金の充当方式にして、実施料の報告も四半期でよいとすれば、ライセンサーとライセンシーの双方にとって事務負担が軽減されるというメリットがある。

　(D) 不返還特約

　第5項のように、既払いの使用料を返還しないという特約がある場合、たとえライセンサーの債務不履行によってライセンス契約が解除されたとしても、ライセンシーはライセンサーに対して既払いの使用料の返還を求めることはできない。

　それを損害賠償として請求したとしても、それが実質的に既払いの使用料の返還を請求するのと同じであれば、やはりこの条項により妨げられることになるであろう。

(4) 帳簿保存義務・検査受忍義務

　ライセンサーとしては、ライセンシーが報告する実施料額が正しいのかどうか確認する必要があるので、ライセンシーに帳簿の作成と保存を義務付け、場合によっては検査できるようにしたいところである。

　以下の文例は、そのようなライセンサーの要望に配慮した規定である。

| 1　乙は、本件製品の製造販売に関する帳簿を作成し、本契約の有効期間中お

よび終了後5年間、関係書類とともに乙の本店に保管する。
2　甲は、甲の従業員又は甲が指定する公認会計士に前項の帳簿および関係書類を検査させることができる。ただし、甲は2日以上前に乙に通知しなければならず、検査は乙の営業時間内に限るものとする。
3　前項の検査により、本件製品の製造販売数量につき、乙から甲に報告された数量が実際の数量よりも少なかったことが発見された場合、乙は甲に対し、その差額に相当する実施料及び調査に要した費用を支払う。

　第2項は調査によってライセンシーの事業に影響が出ないように配慮したものである。事前に予告させるのは、別に証拠を隠滅するためではなく、対象となる資料を整理して準備し、検査を迅速に終わらせるためであり、ライセンサーのためにもなる。営業時間内に行わせるのは、ライセンシーの従業員に時間外労働や休日出勤を強いること（それによって割増賃金を発生させること）を避けるためである。
　第3項は、報告数量が過少であった場合にライセンシーに差額の支払と検査費用を負担させることで、ライセンシーによる報告の適正性を担保するためのものである。
　検査の結果報告数量が過大だった場合でも、文例(3)の第5項が定めるように、支払い済みの実施料はいかなる事由による場合でも返還されないことになっているので、過大に支払われた実施料が返還されることはない。

(5) ライセンサーの保証

　特許権は登録されても後日無効とされることはあり得るが、その場合は特許発明を独占的に実施するメリットがなくなる。また、特許権の実施が第三者の特許権等の権利を侵害したとして、製造販売が差し止められる可能性もあり、そのような場合、ライセンシーとしては、それによって生じた損害をライセンサーに賠償させたいと考える。
　以下の文例は、そのようなライセンシーの立場に配慮した規定である。

1　甲は、本件特許につき無効事由が存在しないこと、本件特許の実施が第三

者の権利により制限されないことを保証する。
2　本件特許につき、第三者が権利を主張した場合、甲は自らの費用と責任において当該紛争を解決し、乙に何らの負担をかけない。
3　甲が本条に反したことにより乙に損害（弁護士費用を含む）が発生した場合、甲はそれを補償しなければならない。ただし、乙が第三者に対して賠償金、解決金、示談金その他名目の如何を問わず金銭を支払う場合、事前に甲と協議しなければならない。

　ライセンシーが第三者から製造販売の差止を求められた場合、ライセンシーにはライセンサーの有する特許権に関する知識がないので、そのような請求に対して有効に対処することができない。そこで、第2項のようにライセンサーに対処義務を負わせることが必要になってくる。たとえば、ライセンシーが第三者から製造販売の差止等を求める訴訟を提起された場合、ライセンサーは当該訴訟に参加（民事訴訟法42条、47条）して、ライセンシーのために当該第三者の請求に理由がないことを主張することになるであろうが、それだけでなく、ライセンシーが委任する弁護士の報酬等の費用も、この条項によりライセンサーが負担することになる。
　第3項のただし書は、後でライセンサーに求償すればよいからといって、ライセンシーが第三者の不当な請求に安易に応じてしまわないようにするための規定である。
　以上のことは、継続的売買に関する製造物責任の文例（前記4（7））と同趣旨である。

(6) 第三者による権利侵害

(A) 対処義務
　ライセンシーが債権的な権利である通常実施権の設定を受けただけの場合、第三者が特許権を侵害していても、それを自力で排除することができないので、ライセンサーに排除させる必要がある。
　以下の文例は、そのような事態を想定したものである。

第3章　契約書の文例

> 1　乙は、本件特許が第三者により侵害され、または侵害されるおそれのある事実を発見したときは、速やかにその旨を甲に報告し、かつ、その入手した証拠資料を甲に提供する。
> 2　前項の場合、甲は、当該侵害を排除し、または予防するために適切な措置をとるものとし、乙はこれに協力する。

　ライセンサーの排除措置としては、侵害行為の差止と侵害行為によって製造された物品の廃棄等を求める訴訟を提起することが考えられるが、文例では「適切な措置」とだけ規定し、訴訟提起を義務付けてはいない。この場合、ライセンサーの判断で、費用と時間がかかる裁判手続を避け、裁判外の交渉や調停等で紛争を解決することも認められる。
　(B)　侵害者との和解
　ところで、ライセンサーが特許権の侵害だと考えたとしても、それが必ず裁判所で認められるとは限らない。その場合、ライセンサーが敗訴する可能性があれば、和解することにより、侵害者にライセンスを与え、ロイヤルティを取得する方が有利である（紛争の早期解決という趣旨で和解をすることも合理的な判断である）。ただし、第三者へのライセンスは、ライセンシーに対する独占的許諾に反するので、ライセンシーの同意を得ずにそのような和解をすれば、後で債務不履行責任を追及される。
　他方、ライセンシーとしても、ライセンサーが裁判で敗訴して侵害者が自由に同種製品を製造販売できるとすれば、競争上不利になるので、訴訟の見通しによっては、ライセンサーによる和解に同意すると思われる。この場合、侵害者に対する許諾条件がライセンシーに対する許諾条件よりも有利であれば、ライセンシーの競争上の不利は完全には回復できないので、ライセンシーとしては、契約条件を和解で取り決めた条件と同一のレベルまで引き下げるよう要求することになるであろう。
　以下の文例のように、それをあらかじめ合意しておくことは可能である。

> 3　前項の場合において、甲が侵害者に対して本件実施権を許諾し、当該許諾条件が本契約に基づく条件よりも有利であるときは、甲は本契約の条件をそ

> れと同程度に改訂しなければならない。

(7) 原料調達先の指定

　ライセンサーとしては、特許発明を使って製造される製品の品質を保持し、かつ、秘密漏洩を防止するため、ライセンシーによる原料の購入先を限定したいと考える。そのため、以下のような文例を定めることがある。

> 乙は、甲の指定する者から本件製品の原料を購入しなければならない。

　ただし、このような合意は、ライセンシーの営業の自由を制限するものであり、独占禁止法の禁止する不公正な取引方法に該当するおそれがある。この点については、公正取引委員会が平成19年9月28日付で発表した「知的財産の利用に関する独占禁止法上の指針」(以下「指針」という)が次のような考え方を示している。[30]

> 　ライセンサーがライセンシーに対し、原材料・部品その他ライセンス技術を用いて製品を供給する際に必要なもの(役務や他の技術を含む。以下「原材料・部品」という)の品質又は購入先を制限する行為は、当該技術の機能・効用の保証、安全性の確保、秘密漏洩の防止の観点から必要であるなど一定の合理性が認められる場合がある。
> 　しかし、ライセンス技術を用いた製品の供給は、ライセンシー自身の事業活動であるので、原材料・部品に係る制限はライセンシーの競争手段(原材料・部品の品質・購入先の選択の自由)を制約し、また、代替的な原材料・部品を供給する事業者の取引の機会を排除する効果を持つ。したがって、上記の観点から必要な限度を超えてこのような制限を課す行為は、公正競争阻害性を有する場合には、不公正な取引方法に該当する(一般指定第10項、第11項、第12項)。

30　http://www.jftc.go.jp/dk/guideline/unyoukijun/chitekizaisan.html

(8) 禁止行為

ライセンサーは、ライセンシーに独占的許諾をする以上、許諾地域においては自己又は第三者による特許発明の実施ができないので、ライセンシーに許諾地域における許諾製品の製造販売に専念させたいと考え、以下の文例のような禁止行為を定めることがある。

1　乙は本件製品を日本国外に輸出してはならない。
2　乙は、日本国内において、本件製品と同一又は類似の製品を製造販売してはならない。
3　乙は本件特許の有効性を争わない。乙が本件特許の有効性を争った場合、甲は直ちに本契約を解除することができる。

(A) 輸出禁止

特許製品の輸出禁止については、指針によっても原則として不公正な取引方法に該当しないとされている。しかし、輸出先にライセンサーが特許を保有しない場合、輸出先にライセンサーが販売をしていない場合、輸出先に独占的許諾を受けた者がいない場合、以上のような場合には、例外的に不公正な取引方法に該当することもあり得るであろう。

(B) 競争品の製造販売の禁止

第2項のようなライセンシーによる競争品の製造販売の禁止について、指針は、以下のような考え方を示している。

ライセンサーがライセンシーに対し、ライセンサーの競争品を製造・販売すること又はライセンサーの競争者から競争技術のライセンスを受けることを制限する行為は、ライセンシーによる技術の効率的な利用や円滑な技術取引を妨げ、競争者の取引の機会を排除する効果を持つので、これらの行為は、公正競争阻害性を有する場合には、不公正な取引方法に該当する（一般指定第2項、第11項、第12項）。

なお、当該技術がノウハウに係るものであるため、当該制限以外に当該技術の漏洩又は流用を防止するための手段がない場合には、秘密性を保持するために必要な範囲でこのような制限を課すことは公正競争阻害性を有さないと認められることが多いと考えられる。このことは、契約終了後の制限であっても短

期間であれば同様である。

(C) 不争義務

第3項は、ライセンシーの不争義務といわれるものである。ライセンサーとしては、ライセンシーから特許権の無効を主張されるおそれがあるのでは、安心してライセンス契約を締結できないし、ライセンシーも自ら実施許諾を受けておきながら、その無効を主張するのは信義則に反するといえる。そこで、ライセンシーの不争義務を定め、それに反した場合にライセンサーに契約解除権を与えるのである。

しかしながら、本来なら無効であるはずの特許が、ライセンシーが争わないために有効として通用し、第三者による利用が制限されることは、市場における競争を減殺させる効果を持つ。そこで、公正取引委員会は、場合によっては不争義務が不公正な取引方法（拘束条件付取引）に該当する可能性があることを否定していない。

第3項のようなライセンシーの不争義務について、指針は、以下のような考え方を示している。

> ライセンサーがライセンシーに対して、ライセンス技術に係る権利の有効性について争わない義務を課す行為は、円滑な技術取引を通じ競争の促進に資する面が認められ、かつ、直接的には競争を減殺するおそれは小さい。
> しかしながら、無効にされるべき権利が存続し、当該権利に係る技術の利用が制限されることから、公正競争阻害性を有するものとして不公正な取引方法に該当する場合もある（一般指定第12項）。
> なお、ライセンシーが権利の有効性を争った場合に当該権利の対象となっている技術についてライセンス契約を解除する旨を定めることは、原則として不公正な取引方法に該当しない。

どのような事情があれば不争義務が不公正な取引方法に該当するかは明示されていないが、指針は、競争減殺効果の分析方法として以下のような考慮要素を示していることが参考になる。

> 技術の利用に係る制限行為が競争者間で行われる場合には、非競争者間で行

われる場合と比べて、これら当事者の間における競争の回避や競争者の排除につながりやすいため、競争への影響が相対的に大きいと考えられる。

　有力と認められる技術は、それ以外の技術に比べて、技術の利用に係る制限行為が競争に及ぼす影響は相対的に大きい。一般に、ある技術が有力な技術かどうかは技術の優劣ではなく、製品市場における当該技術の利用状況、迂回技術の開発又は代替技術への切替えの困難さ、当該技術に権利を有する者が技術市場又は製品市場において占める地位等を、総合的に勘案して判断される。例えば、技術市場又は製品市場で事実上の標準としての地位を有するに至った技術については、有力な技術と認められる場合が多い。

(9) 改良技術

(A) 改良技術の取扱

　ライセンシーが、ライセンスを受けた特許・ノウハウをもとにそれを改良した技術を開発した場合、その権利がどうなるかが問題となる。

　この点については、以下のような文例が考えられる。

1　乙が、本契約の有効期間中に、本件特許の改良技術を開発したときは、直ちにその内容を甲に通知する。ただし、乙の営業秘密にかかるものについてはこの限りでない。

2　乙は、前項により通知した改良技術について甲から実施許諾の要求があったときは、無償で非独占的な実施許諾に応ずる。

　ライセンサーとしては、改良技術が自己の特許技術から派生したものであるから、それを自由に使って構わないはずだと考える一方で、ライセンシーとしては、あくまで自分が開発したものであるから、改良技術を自己の財産としてライセンサーから何らの掣肘を受けることなく自由に行使したいと考える。これが改良技術の問題点であるが、この点に関する指針の考え方は以下のとおりである。

　ライセンサーがライセンシーに対し、ライセンシーが開発した改良技術につ

いて、ライセンサー又はライセンサーの指定する事業者にその権利を帰属させる義務、又はライセンサーに独占的ライセンスをする義務を課す行為は、技術市場又は製品市場におけるライセンサーの地位を強化し、また、ライセンシーに改良技術を利用させないことによりライセンシーの研究開発意欲を損なうものであり、また、通常、このような制限を課す合理的理由があるとは認められないので、原則として不公正な取引方法に該当する（一般指定第12項）。

ライセンサーがライセンシーに対し、ライセンシーによる改良技術をライセンサーに非独占的にライセンスをする義務を課す行為は、ライセンシーが自ら開発した改良技術を自由に利用できる場合は、ライセンシーの事業活動を拘束する程度は小さく、ライセンシーの研究開発意欲を損なうおそれがあるとは認められないので、原則として不公正な取引方法に該当しない。

しかしながら、これに伴い、当該改良技術のライセンス先を制限する場合（例えば、ライセンサーの競争者や他のライセンシーにはライセンスをしない義務を課すなど）は、ライセンシーの研究開発意欲を損なうことにつながり、また、技術市場又は製品市場におけるライセンサーの地位を強化するものとなり得るので、公正競争阻害性を有する場合には、不公正な取引方法に該当する（一般指定第12項）。

ライセンサーがライセンシーに対し、ライセンス技術についてライセンシーが利用する過程で取得した知識又は経験をライセンサーに報告する義務を課す行為は、ライセンサーがライセンスをする意欲を高めることになる一方、ライセンシーの研究開発意欲を損なうものではないので、原則として不公正な取引方法に該当しない。ただし、ライセンシーが有する知識又は経験をライセンサーに報告することを義務付けることが、実質的には、ライセンシーが取得したノウハウをライセンサーにライセンスをすることを義務付けるものと認められる場合は、（中略）公正競争阻害性を有するときには、不公正な取引方法に該当する（一般指定第12項）。

文例は、以上のような指針の考え方に基づき、第1項で改良技術の報告義務（営業秘密を除く）を定め、第2項で改良技術をライセンサーに非独占的にライセンスする義務があることを定める一方で、独占禁止法違反の疑いが濃厚な改良技術に基づく特許・ノウハウの譲渡義務やライセンスの禁止等は定めていない。

(B) 公正競争阻害性

独占禁止法が不公正な取引方法を禁止するのは、それが市場における公正

競争を阻害するからであり、不公正な取引方法として挙げられた行為類型に外形的に合致するとしても、それが公正競争阻害性を有しない場合は、独占禁止法上問題となることはない。

指針は、特許技術の利用の制限が公正競争阻害性を有しないとされる場合として、以下のような考え方を示している。

> 　技術の利用に係る制限行為については、その内容が当該技術を用いた製品の販売価格、販売数量、販売シェア、販売地域若しくは販売先に係る制限、研究開発活動の制限又は改良技術の譲渡義務・独占的ライセンス義務を課す場合を除き、制限行為の対象となる技術を用いて事業活動を行っている事業者の製品市場におけるシェア（以下、本項において「製品シェア」という）の合計が20％以下である場合には、原則として競争減殺効果は軽微であると考えられる。
> 　ただし、一定の制限が技術市場における競争に及ぼす影響を検討する場合は、原則として、製品シェアの合計が20％以下であれば競争減殺効果は軽微であると考えられるが、製品シェアが算出できないとき又は製品シェアに基づいて技術市場への影響を判断することが適当と認められないときには、当該技術以外に、事業活動に著しい支障を生ずることなく利用可能な代替技術に権利を有する者が4以上存在すれば競争減殺効果は軽微であると考えられる。

8　マーチャンダイジング（商品化）契約

　漫画やアニメ、映画やドラマの登場人物（キャラクター）を用いた商品（玩具、文具、菓子、衣料品など）が販売され、商品の広告宣伝にもキャラクターは利用されている。これは、キャラクターの持つ顧客吸引力を利用して商品の売上を向上させるためのものであり、このように、キャラクターを商品や広告宣伝に使用することを「商品化」又は「マーチャンダイジング」と呼ぶ。

　このような顧客吸引力のあるキャラクターを第三者が勝手に使用することができれば、創作者が自らキャラクターの顧客吸引力を有効に利用できず、

キャラクターを創作するために投入された労力・資金が無駄になるので、創作意欲が減退し、ひいては文化の発展を阻害する。しかも、キャラクター商品の出所が不明となり、市場が混乱することになる。

そこで、第三者がキャラクターを利用する場合は、権利者の許諾（これを「権利処理」ということがある）が必要であり、第三者が無断でキャラクターを使用すれば、それを阻止し、権利者に生じた損害を回復させるための法的枠組みが必要になってくる。そのようなキャラクター保護のための主たるツールが著作権と商標権である。

著作権は、許諾を得ない著作物の複製、翻案、上演、公衆送信、譲渡等を禁止することができる権利である。商標権は、同一商標または類似商標を、許諾を得ないで指定商品または類似商品に使用することを禁止できる権利である。前者はキャラクターの肖像を保護するものであり、後者は主としてキャラクターの名称を保護するものである。

そのほか、意匠権、不正競争防止法もキャラクター保護のツールとして利用されることがあり、さらに、実在の有名人をキャラクターとして商品化する場合は、氏名権や肖像権（これらを「パブリシティの権利」という）が法的保護の対象となる。

そのようなキャラクター保護のための権利を保有する者が第三者にキャラクターの使用を許諾し、第三者がキャラクター商品を制作し、広告宣伝するための契約が、商品化（マーチャンダイジング）契約と呼ばれるものである。

商品化契約の基本的な事項については、同じく知的財産権の利用契約である特許・ノウハウのライセンス契約（前記7）で述べたことが当てはまるので、ここでは商品化契約に特有な事項について述べる。なお、ライセンス契約の場合と同様に、キャラクターの使用許諾を与える者（文例の「甲」）をライセンサーといい、許諾を受けてキャラクターを商品化する者（文例の「乙」）をライセンシーという。

(1) 権利の保証

特許権、意匠権、商標権などと異なり、著作権は、登録等の手続を踏むこ

となく著作者による著作物の創作によって直ちに成立する。これを無方式主義といい、これに対して、著作権の成立に登録を要する法制を方式主義という。我が国やヨーロッパ諸国では無方式主義が、米国では方式主義がとられている。

我が国においては、ライセンシーは、ライセンサーが著作権者であるかどうかを登録原簿によって確認することができないので、以下の文例のように、ライセンサーに権利の保証をさせることが必要になってくるのである。

> 甲は、乙に対し、甲が別紙記載のキャラクター（以下「本件キャラクター」という）に関する著作権、商標権その他本件キャラクターを使用し得る一切の権利を有することを保証する。

商標権は登録しなければ効力がないので、登録原簿を見ることでライセンサーが権利者であることを確認することはできる。しかし、登録が無効とされ、あるいは取り消されることもあり得るので、その場合にライセンシーが契約違反を主張できるよう、商標権についても権利の保証をさせることがある。この点は特許・ノウハウのライセンス契約と同じである。

上記の文例は、甲が自ら権利を保有する場合のものであるが、甲が権利者ではなく、権利者から使用許諾を受けた者である場合は、以下のような文例になる。

> 甲は、乙に対し、甲が別紙記載のキャラクター（以下「本件キャラクター」という）の使用許諾をなし得る適法な権限を有していることを保証する。

個人としての著作者は、通常創作活動を行うのみで、自らライセンスを行うことはなく、著作者が自ら会社を設立してライセンスを行わせ、あるいは、ライセンス業を行う第三者（ブローカー）に著作物のライセンスを委ねることが多い。また、日本の大手メーカーが外国のキャラクターを商品化する場合、外国の権利者と直接契約するのではなく、日本のライセンス業者を介在させることを望む場合がある。

これらの場合、本来の権利者からライセンス業者に対するキャラクターの利用許諾と、ライセンス業者からライセンシーに対する利用許諾という二つ

の契約がなされることになる。後者を再許諾（サブ・ライセンス）という。再許諾の場合、ライセンサーは自らキャラクターに対する権利を保有していないので、ライセンシーに対して保証すべきは、文例のように、権利者から利用許諾に関する適法な権限を与えられているという趣旨のものになる。

再許諾の場合、ライセンサーは権利者との契約とライセンシーとの契約の対応関係に配慮しなければならない。権利者に対して一定の義務を負う場合、それと同じ義務をライセンシーに負担させなければ、権利者との関係で契約違反を犯すおそれがあるからである。

(2) 商品化の独占的許諾

キャラクターの権利について独占的な利用を認めるのは、特許・ノウハウのライセンス契約の場合と同様である。以下の文例は独占的利用権を定めたものである。

1　甲は、乙に対し、日本国内において、本件キャラクターを別紙記載の商品（以下「本件商品」という）に使用する権利を独占的に許諾する。
2　甲は、日本国内において、自ら又は第三者をして、本件商品と同一又は類似の商品に本件キャラクターを使用しない。
3　乙は、本件キャラクターを本件商品に使用するに当たり、立体化その他の必要な変形を加えることができる。
4　甲は、乙に対し、本件商品の広告宣伝のために本件キャラクターを使用することを許諾する。

著作者には著作物の同一性を保持する権利あり（著作権法20条）、これを著作者人格権という。著作者には自己の著作物に対する思い入れがあり、たとえ複製は許諾しても勝手に改変されることは望まない。このような著作者の著作物に対する思い入れは、著作者の人格と深く関連しているので、法はそれを人格権として保護しているのである。

キャラクターの商品化に際し、平面的に描かれたキャラクターの原画を立体的な商品（人形、ぬいぐるみ等）に改変することがある。この場合、著作者人格権があるため、著作物（原画）の利用許諾を受けただけでは、立体化

して利用することはできない。そこで、第3項で変形についても別途許諾を与える旨を明示している。

(3) 原画等の貸与

キャラクターの商品化を行うに当たっては、キャラクターのイメージ、設定、性格等の詳細を把握しなければならない。そのため、以下の文例のように参考資料を求めることになる。

> 甲は、本契約締結後速やかに、本件キャラクターの原画、原稿その他参考資料を乙に無償で貸与する。乙は使用後遅滞なく甲に返却する。

これは、特許ノウハウのライセンス契約の場合に、ライセンサーがライセンシーに対して特許とノウハウの詳細を開示するのと同じである。

(4) ライセンシーの遵守事項

著作権の場合、著作者人格権という特殊な要素があるので、それに対する配慮が必要になってくる。変形の許諾を別途受けることもそうであるが、以下の文例のように、イメージの保護も重要である。

> 乙は、本件キャラクターの知名度、イメージを阻害しないため、次のことを遵守しなければならない。
> (1) 本件商品の安全性を確保すること
> (2) 社会的、教育的に悪影響を及ぼすおそれのある方法で本件キャラクターを使用しないこと
> (3) 本件キャラクターのイメージを毀損するような改変を行わないこと

著作者の名誉又は声望を害する方法によりその著作物を利用する行為は、著作者人格権の侵害とみなされている（著作権法113条6項）。キャラクターの創作者がキャラクターのイメージダウンになるようなことは避けたいと考えるのは当然であり、それも著作者人格権を構成するものとして保護され

ているのである。
　文例はそのような著作者人格権を保護するための規定である。

(5) ライセンサーによる品質管理

　ライセンサーは、キャラクター商品が契約に基づく利用範囲を逸脱していないかどうか、キャラクターのイメージダウンにつながるものでないかどうかを確認する必要がある。そこで、以下の文例のように、製造前段階でデザイン画等をチェックし、完成品についてもそれが事前に提示されたものと同じであることを確認する規定が設けられることになる。

> 1　乙は、本件商品のデザイン画、写真その他の本件キャラクターの使用状況を知ることのできる資料を事前に甲に提出し、その承認を得なければならない。
> 2　乙は、本件商品の頒布に先立って、見本〇個を甲に提出し、その承認を得なければならない。
> 3　乙が本件商品の広告宣伝（販売促進資料の作成を含む）を行うときは、事前に広告原稿、企画書、デザイン画その他の広告宣伝方法を知ることのできる資料を甲に提出し、その承認を得なければならない。

　広告宣伝にキャラクターを使うことも利用許諾の範囲内であるが、それについても、当然にライセンサーの審査を受けることになる。
　文例では、特にライセンサーが承認するための条件が定められていないが、ライセンシーとしては、承認を不当に引き延ばされ、合理的な理由もなく不承認とされることは避けたいと考える。そこで、以下のような文例を入れるよう求めることになるであろう。

> 1　甲は、乙から本条に基づく承認を求められた場合、〇日以内に諾否の回答をする。当該期間内に確答のない場合、甲による承認がなされたものとみなす。
> 2　甲は、乙の承認申請を不当に拒否してはならない。

　逆に、ライセンサーとしては、自身の裁量によって承認の有無を決定した

いと考えるであろう。そこで、ことさら以下のような文例によってそれを確認する場合がある。有名キャラクターの場合、特に外国のキャラクターのライセンス契約では、このようなライセンサーによる裁量権が規定されることが多い。

> 本条の定める甲の承認は、甲の完全な裁量によって与えられるものであり、乙はそれに対して一切の異議を述べない。

(6) 権利表示

キャラクター商品に©で始まる表示を付け、著作権者が誰であるかを示すことがあり、これを著作権表示という（米国ではそのような著作権表示がないと著作権としての保護の対象とはならない）。以下の文例はその点に関する定めである。

> 乙は、本件商品及び本件商品の販売促進資料に対し、別紙記載の著作権表示及び出所表示を、甲が別途指定する方法で付する。

我が国では、著作権として保護されるために特に著作権表示をする必要はないが、商品が著作権によって保護されていること（それを無断で複製すれば著作権侵害になること）を一般に周知させるためにそのような記号を付ける。著作権は登録がなくても有効なので、商品に著作権表示をすることには意味がある。なお、これは、著作者人格権のひとつである氏名表示権（著作権法19条）の保護という機能を果たすものでもある。

これに対し、商標権は、登録されなければ発生しないので、登録原簿を確認すればよいのであるが、商品購入者が常に商標権の登録原簿を調査することは期待できないので、商品に商標権者が誰であるかを表示する（これを「出所表示」という）ことにより、当該商標の無断使用が権利侵害となる旨の警告を行うのである。商標の表示には®が使われることが多い。

文例では表示の方法（表示の場所、大きさ、字体等）は甲が別途指定することにしているが、これは、契約締結時点ではまだ商品の具体的な形状等が

8 マーチャンダイジング（商品化）契約

決まっていないので、この段階で表示方法を詳細に定めることが適当でないことに配慮したものである。もちろん「表示方法は甲乙別途協議して定める」でもよい。

(7) ロイヤルティ

　マーチャンダイジング契約におけるロイヤルティも、特許ノウハウのライセンス契約と同様である。以下のような文例が考えられる。

> 1　乙は、甲に対し、本件キャラクターの使用料として、本件商品の小売価格の○％に当たる金額を支払う。
> 2　乙は、甲に対し、最低保証数量として本件商品○○個の製造販売を行うものとし、本契約締結後○週間以内に、最低保証数量に当たる使用料金○○円を支払う。
> 3　乙が最低保証数量を超えて使用しようとする場合、あらかじめ追加使用計画書を甲に提出しその承認を受けると同時に、追加使用数量に応じた使用料を甲に支払う。追加使用料は小売価格の○％とし、乙は甲の承認を受けたときから3か月以内に甲に支払う。
> 4　本条に定める使用料はいかなる理由があっても返還されない。

　文例では、ランニング・ロイヤルティではなく、ミニマム・ロイヤルティを定めている。
　それとともに、ロイヤルティの計算をするための報告書の提出義務、帳簿の保存と監査を受ける義務などが定められる。これも特許・ノウハウのライセンス契約と同じである。

(8) 証紙の貼付

　上記文例（7）では、最初に製造数量を決定し、それに相当するロイヤルティの前払いをすることになっている。このような場合、以下の文例のように、当該数量に見合う分の証紙（シール）をライセンシーに交付し、それを商品に貼付させることがある。

191

> 1 甲は、乙に対し、第○条で定める最低保証数量に相当する証紙を交付する。証紙の作成費用は乙の負担とする。
> 2 乙は前項の証紙を本件商品に貼付する。貼付の場所と方法は、甲が別途指定する。
> 3 乙は善良な管理者の注意をもって当該証紙を保管しなければならず、また、第三者に譲渡又は貸与してはならない。

　ライセンシーが証紙の貼付義務を負うことにより、ライセンサーにとっては、許諾数量を超える製品の販売を封ずる効果があり、消費者にとっては、権利処理の完了した商品かどうかを識別することができるので、商品の信頼性を担保する機能を有することになる。

(9) 在庫処分等

　本件商品化契約では、最低保証数量に相当するロイヤルティは支払済みなので、契約期間満了時に在庫として残っている場合、以下の文例のように、一定の期間を定めてセル・オフをする機会をライセンシーに与えるのが適当である。

> 乙は、本契約期間満了の場合、満了日から起算して○○日内に限り、未販売商品を販売することができる。

　文例のように、セル・オフは契約期間満了の場合に限定し、債務不履行解除によって契約が終了した場合は認めないとするのが通常である。
　文例とは異なり、契約終了時にセル・オフを認めず、ライセンサーが在庫商品を買い取るか、あるいは廃棄させる場合がある。セル・オフが終わってもなお在庫が残っている場合も同じである。もちろん、不正商品が市場に出回ることを防止するためであり、この場合、次のような文例が考えられる。

> 乙は、理由のいかんを問わず、本契約が終了した場合、本製品の製造販売を中止しなければならない。この場合、乙は、甲の選択に従い、在庫商品を製造

原価で甲に売り渡すか、または、甲の立会いの下で廃棄する。

(10) 商標・意匠登録

商品化契約の後に、キャラクターの名称が商標登録され、キャラクター商品の形状について意匠登録がなされる場合がある。その処理を定めたのが以下の文例である。

> 1 乙は、甲の書面による同意を得ないで、本件キャラクターもしくは本契約に基づいて製造する指定商品について商標もしくは意匠登録の出願をし、または、本件キャラクターを商標、サービス・マークもしくはその他の標識もしくは表示として使用してはならない。
> 2 甲は、自己の名において、かつ、乙の費用負担によって、商標または意匠登録の出願をし、この契約の存続期間中、乙に、無償でその商標または意匠の使用を許諾することができる。
> 3 第1項に基づき乙が商標もしくは意匠の登録をした場合、本契約終了時に、乙から甲に対し、当該商標権及び意匠権を無償で譲渡し、その旨の移転登録をする。

商品化によってキャラクターの名称や形状が周知となれば、著作権のみの保護では足りない場合が出てくると思われる（キャラクターの名称は著作物ではない）からである。また、著作権の場合、侵害排除のためには、①被侵害物件の著作物性、②侵害者の著作物への依拠性、という二点を権利者が立証しなければならないという問題があるが、商標や意匠の登録をすることにより、これらの立証が不要となり、権利侵害の排除が容易になる。

この場合、第2項のように、本来の権利者であるライセンサーが登録し、ライセンシーに対して利用権（商標の場合は「使用権」といい、意匠の場合は「実施権」という）を設定することもあれば、第1項のように、ライセンシーがライセンサーの同意を得て登録することもある。

ライセンサーが本来自己の権利であるものをライセンシーに登録させるのは、登録・維持に要する費用負担と第三者による権利侵害の予防・排除をラ

イセンシーに引き受けさせることができるからである。

　商標・意匠がライセンシー名義で登録されていても、本来はライセンサーの権利であるから、契約終了時にはライセンサーに返還しなければならない（大阪高判昭和60・12・20無体裁集17巻3号614頁）。ただし、疑義を避けるため、第3項のように、契約終了時には無償でライセンサーに移転登録する旨を定めておくことが望ましい。

(11) テレビ番組のキャラクター

　テレビ番組のキャラクターの商品化については、テレビ番組であることの特殊性がある。以下の文例はそれを踏まえたものである。

1　本件キャラクターが含まれているテレビ番組の提供スポンサーが本件商品と競合する商品の製造および販売を開始するときは、甲および乙は、この契約の取扱いについて協議をしなければならない。
2　本件キャラクターが含まれているテレビ番組の放送が中止され、またはその内容が変更されたとき、乙は、甲、放送事業者、広告代理店、番組製作者その他の関係者に対して苦情を申し立ててはならない。

　第1項は、テレビ番組のキャラクターを商品化した場合において、テレビ番組のスポンサーの取り扱う商品とキャラクター商品が競合するような場合を想定している。番組のスポンサーとしては、自社の費用で競合商品を間接的に広告宣伝しているのと同じであるから、現行の商品化契約の終了を求めたいところである。そこで、スポンサーの意向を呈してテレビ局や番組製作者は、ライセンサーに対し、ライセンシーとの商品化契約の解除を求めるものと思われる。そのような場合に双方に協議を義務付けるための規定である。協議するというだけのことであるから、ライセンシーに契約解除の申し入れを受諾する義務はない。

　商品化されたキャラクターを登場させるテレビ番組は、ライセンシーにとって事実上の宣伝広告となるので、ライセンシーにとっては、テレビ番組がそのまま継続することに重大な関心がある。しかし、ライセンシーが関係者

（番組製作者、テレビ局、スポンサー、広告代理店等）を契約で拘束できない限り、番組の終了や内容の改変にクレームをつけられないのは当然のことであり、第2項はそれを確認するためのものである。

(12) その他

　以上のほかにも、①第三者による権利侵害の場合の処理、②第三者の権利を侵害した場合の処理、③製造物責任の取り扱い、④ライセンシーの禁止行為（独占禁止法の問題）、等が定められることがあるが、基本的には特許・ノウハウのライセンス契約と同じである。

9　M&A契約

　M&A（Merger and Acquisition）とは、現金又は株式を対価に他の会社の株式又は事業を取得することである。M&Aのメリットは、既存の会社・事業を取得することにより、時間をかけずに比較的少ない投資で事業の拡大を果たすことができるという点にある。現在では多くの企業がM&Aによる成長戦略を計画している。

　M&Aは、対価と取得対象とで以下のように分類することができる。このうち、合併、株式交換・株式移転、会社分割は組織再編と呼ばれる。

第3章　契約書の文例

		対象	
		事業	株式
対価	現金	事業譲渡	株式譲渡 合併・会社分割[31] 株式交換[32]
	株式	合併・会社分割	株式交換・株式移転

ここでは事業譲渡契約を念頭において文例を考えてみたい。

(1) 前文

以下の文例のように、前文として、契約締結に至る経緯及び契約締結の目的を書く場合がある。

> ○○株式会社（以下「甲」という）と○○株式会社（以下「乙」という）は、以下に述べる事業譲渡契約を○年○月○日に締結した。
> 　甲は、○○事業を含む複数の事業を行っており、事業の集中と再編のために事業の一部を乙に譲渡することを希望している。
> 　乙は、事業拡大のために甲より事業の一部を譲り受けることを希望している。
> 　よって、甲と乙は、以下の内容からなる事業譲渡契約（以下「本契約」という）を締結する。

前文については、法的拘束力はないが、契約を解釈する際の指針になると考えられている（一般条項の冒頭で説明したとおりである）。

31　会社法は、現金を対価とする合併・会社分割を認めた（吸収合併につき749条1項2号、751条1項2号、新設合併につき753条1項6号・8号、吸収分割につき758条4号、760条5号、新設分割につき763条1項6号・8号）。これを「対価の柔軟化」という。

32　株式交換についても対価の柔軟化が認められている（会社法768条1項2号、770条1項3号）。

(2) 定義

ここでも、以下の文例のように、契約書で繰り返し使用される重要な用語を冒頭で定義している。特に、M&A契約の場合、当該契約に特有な用語があるので、その意味を明らかにしている。

> 本契約においては、以下の用語は次の意味を有するものとする。
> ① 本件事業：○○により○○を製造する事業及びこれに付随する事業であって別紙○に定めるものをいう。
> ② 本件資産：本件事業に関連する資産であって別紙○に定めるものをいう。
> ③ 買収監査：本件事業及び本件資産に関連する甲の帳簿その他の資料について乙が調査を行うことをいう。
> ④ クロージング：本契約に基づく事業及び資産の譲渡の実行をいう。
> ⑤ クロージング日：クロージングの実施予定日（平成○年○月○日）をいう。

事業譲渡とは、一定の事業目的のために組織化され、有機的一体として機能する財産（得意先関係等の経済的価値のある事実関係を含む）の全部又は重要な一部を譲渡し、これによって譲渡会社がその譲渡の限度に応じて法律上当然に競業避止義務を負う（会社法21条）こととなるものをいうとされている（最判昭和40・9・22民集19巻6号1600頁）。したがって、単なる事業用財産又は権利義務の集合を譲渡するものではなく、製造販売のノウハウや、取引先の移転なども含まれる。そのように重要な行為であるからこそ、会社法は、譲渡会社の株主総会における特別決議（会社法467条、309条2項11号）、反対株主の株式買取請求権（同法469条）等の厳重な手続を定めている。

事業譲渡がそのような包括的なものであることからすると、契約書に譲渡対象を全て網羅することは困難であるが、特定可能なものは、文例①②のように、別紙を利用するなどして定めておくのが後日の紛争を避けるために適当であろう。

文例③の「買収監査」は、事業譲渡に限らず、M&Aでは普通に行われる手続であり、デュー・ディリジェンスとも呼ばれる。買収を実行するかどう

第3章　契約書の文例

かの最終決断をするために、対象会社の事業採算性や法的問題点等について調査するものである。デュー・ディリジェンスは、契約成立前、レター・オブ・インテントが作成された後に行われるのが普通であるが、契約成立後にも追加的になされることがある。デュー・ディリジェンスについては後述する（第5章5（3）（E））。

　文例④⑤の「クロージング」とは聞きなれない用語であるが、M＆Aが現実に実行され、契約が目的を達成して終了することである。事業譲渡の場合、譲渡資産等が買手に移転し、対価の支払がなされれば、クロージングが完了したことになる。後述のとおり、クロージング日までに両当事者で行うべきことが定められており、それが履行されない限り、クロージングとはならず、契約は終了しないこととなる。

(3) 譲渡条件

　まず、以下の文例のように、事業譲渡の実行とそれに対する対価の額を定める。これが事業譲渡契約の中心的な部分を占める。合併・会社分割・株式交換については、契約書の必要的記載事項が会社法に詳細に規定されており、それらの記載の全部又は一部を欠く契約は無効となるが、事業譲渡の場合、以下の文例のように、譲渡対象物と譲渡対価が特定されておれば有効である。

> 1　甲は乙に対し、クロージング日において、本契約に定める条件に従い、本件事業及び本件資産を譲渡する。
> 2　乙は甲に対し、クロージング日において、金○○円を支払う。

　本件事業及び本件資産を譲渡するとは、相手方がそれらを現に使用できるような状態にすること、つまり、譲渡資産について登記・登録を行うこと、譲渡資産を引き渡すこと、知的財産・ノウハウに関する資料を交付すること、取引先に事業譲渡があった旨を通知すること等を意味する。

　文例では、クロージング時において対価の全額を支払うことを前提としているが、とりあえず一定額を支払い、その後の収益状況に応じて支払額を調整する旨の条項（価格調整条項）を置くこともある。たとえば、クロージン

グ後一定期間、売主から承継した事業による売上げに対する一定割合を追加的に支払うという合意がなされることが考えられる。

しかしながら、買主がリストラの観点から当該事業を一方的に縮小ないし廃止した場合、追加支払の減額ないし終了となるので、当該事業の採算性を疑わない売主との間で紛争になることは避けられない。

(4) 表明保証

これがM&A契約のもっとも特徴的な条文である。表明保証とは、事業譲渡によって承継される目的物に関連する事項につき、一定の事実が現に存在することを表明し、将来においても存在することを保証することである。買主の表明保証もあるが、重要性は低く、売主の表明保証が重要である。

売買契約の売主には担保責任があり、目的物に契約不適合がある場合、買主は修補等の追完請求、代金減額請求ができる（民法562条、563条）。しかし、事業譲渡契約における目的物たる事業の契約不適合とは必ずしも明確ではない。しかも、対象事業の価値が買主の意図したものでなかったこと自体は、必ずしも目的物の契約不適合を意味しない。そこで、売主に一定の事項について表明保証を行わせることにより、担保責任の対象を明確にすることができるのである。

以下のような文例が考えられる（これよりもさらに詳細な事項について表明保証が定められるのが普通である）。

> 1　甲は乙に対し、以下の事実を表明し保証する。ただし、このうち本件事業の遂行にとって重要な事実に限る。
> 　(1)　甲が日本法によって適法に設立され、本件事業を適法に遂行する権利能力を有していること。
> 　(2)　甲が本契約を適法に締結する権利能力を有しており、かつ、本契約を締結するに必要な取締役会の授権を得ていること。
> 　(3)　甲が本件資産に対する適法な権限を有していること。甲の知る限り、本件資産は良好に維持されていること。
> 　(4)　甲の知る限り、本件事業の遂行によって第三者の権利を侵害していないこと。

(5) 甲の財務諸表は公正な会計原則に従って作成されており、本件事業の資産・負債及び損益を正確に表示するものであること。
2 乙は甲に対し、以下の事実を表明し保証する。
(1) 乙が日本法によって適法に設立され、本件事業を適法に遂行する権利能力を有していること。
(2) 乙が本契約を適法に締結する権利能力を有しており、かつ、本契約を締結するに必要な取締役会の授権を得ていること。

(A) 目的

買主は、契約前にデュー・ディリジェンスを行って対象事業の調査をするが、それでも判明しない事項は当然あるので、問題点（契約不適合）が後になって発見された場合に売主の責任を追及するために表明保証条項を置くのである。この場合、後記の文例（7）ないし（9）のような各項を定めることにより、表明保証違反は、クロージングの発生を妨げる事由となるほか、契約の解除や損害賠償請求を生じさせる原因となる。

(B) 買主が悪意又は重過失の場合

旧民法は、売主の瑕疵担保責任は、買主が悪意の場合は適用されないと定めていた（旧民法570条、566条）。改正民法はそのような規定を持たないが、買主が知っている事情は契約内容を確定する資料となるので、表明保証違反の事実があることを買主が知っておれば、それが契約内容となっていると解すべきであり、契約不適合は存在しないことになる。この意味で買主の悪意は担保責任を発生させない理由になり得るというべきである。重大な過失がある場合もこれと同旨できるであろう。

株式譲渡契約において、対象会社の財務諸表の正確性について表明保証違反があるとして、買主が売主に対して損害賠償を請求した事案について、東京地裁は、以下のとおり判示している（東京地判平成18・1・17判時1920号136頁）。

（中略）原告が、本件株式譲渡契約締結時において、わずかの注意を払いさえすれば、本件和解債権処理を発見し、被告らが本件表明保証を行った事項に関して違反していることを知り得たにもかかわらず、漫然これに気付かないまま

> に本件株式譲渡契約を締結した場合、すなわち、原告が被告らが本件表明保証を行った事項に関して違反していることについて善意であることが原告の重大な過失に基づくと認められる場合には、公平の見地に照らし、悪意の場合と同視し、被告らは本件表明保証責任を免れると解する余地があるというべきである。

　もっとも、表明保証責任はデュー・ディリジェンスを補完するためのものであること、そもそも、デュー・ディリジェンスは買主の権利であって義務ではないことからすれば、デュー・ディリジェンスが不十分であることを理由に売主を免責し、または過失相殺をすることが適当でない場合もある。

　デュー・ディリジェンスの結果、売主の資産のうち一部の債権の回収可能性に問題があることが判明したにもかかわらず、当該債権については貸借対照表記載のとおりの評価をして契約を締結しつつ、売主が当該債権の回収可能性を表明保証したという事案について、買主が売主に対して表明保証違反を理由に損害賠償を請求したのに対し、売主が過失相殺を主張したところ、東京高裁は、以下のとおり判示して当該過失相殺の主張を排斥した（東京高判平成8・12・18金法1511号61頁）。

> （中略）むしろ、本件保証条項は、大同酸素が右債権等の回収に問題があることを認識していたからこそ、タスコ・ジャパンの株式の売主である一審被告にその保証を求めて規定されたものである。したがって、大同酸素が日本エレメカに対する債権等の回収可能性について問題があることを認識しつつ本件保証条項を含む本件売買契約を締結したことをもって過失とし、本件保証条項に基づき一審被告が填補すべき損害額の判断に当たり、これを斟酌することはできない。

（C）表明保証責任の限定

　文例で「重要な事項に限る」とか「甲の知る限り」という限定を置いているのは、売主の責任が重くなりすぎるのを防ぐためである。

　表明保証の対象に「重要な事実」という限定を付するのは、些細な表明保証違反がクロージングの拒否事由となったり、解除・損害賠償の対象となることを避けたいという売主の立場に配慮したものである。対象案件から手を

引きたいと考えている買主に対し、クロージングを拒否する口実を与えないようにするためである。

　売主の表明保証を限定するためによく付される条件に「売主の知る限り」というものがある。例えば、売主が「売主は全ての租税債務を支払ずみである」という表明保証をした場合、仮に、売主が税理士等と相談して適正に申告納付したにもかかわらず、後日、税務署との見解の相違により修正申告や更正がなされたときは、表明保証違反となってしまう。そのような事態を避けるために、上記のような限定を付すのである。

　これに反し、売主が対象事業の価値について何らの表明保証をしない場合もあり、これを「現状有姿（AS IS）」による譲渡ということがある。売買契約において担保責任を免除する特約は当然有効であり、表明保証を免除する合意も有効であることは明らかである。しかし、担保責任を負わない特約も、売主が知りながら告げなかった事実については責任を免れない（民法572条）。同様の、売主が知っていて告げなかった事実については、仮に表明保証がない場合でも、売主の責任が認められる可能性がある。

(5) 誓約条項

　誓約（Covenant）条項とは、売主がクロージングまでに履行すべき義務を規定するものである。表明保証と同様に、誓約条項に違反すればクロージングが発生せず、または、契約の解除あるいは損害賠償請求ということにもなり得るものである。通常、以下のような文例となる。

> 　甲は乙に対し、クロージング日までの間、以下の事項を遵守することを誓約する。
> ①　本件事業に重大な変更を加えないこと。また、本件事業の遂行に当たり常務以外の取引をしないこと。
> ②　株主総会の承認を得ること。
> ③　乙がする買収監査に協力すること。
> ④　第三者と本件事業の譲渡について交渉しないこと。

　買主は、デュー・ディリジェンスによって対象事業を調査し、現在価値と

将来の採算性を評価して対価を決定しており、売主が勝手に対象事業を変更するなどして、事業の現在価値を減少させ、将来の事業採算性を下げられては困る。文例の①はそのような行為を防止するための規定である。

事業譲渡には株主総会の特別決議が必要であり、それがなければ譲渡契約は無効なので、文例の②は当然のことであるが、念のために規定している。

デュー・ディリジェンスは契約前に実行済みであるが、契約締結後も契約条項の遵守がきちんとなされているかどうかを調査確認する場合があり得るので、文例の③のように売主の協力義務を定めている。

売主が買主よりもさらに良い条件を提示する第三者に譲渡しては困るので、買主としては文例の④のような条項を入れたいと考える。もちろん、いったん譲渡契約をした以上、同一の事業を二重に譲渡すれば、売主は債務不履行となって買主に損害賠償義務を負うけれども、損害賠償額の算定が難しいうえ、損害賠償だけでは填補されない不利益（交渉相手に逃げられたのは何か問題があったのではという風評等）を防止する必要もあるので、二重売買を未然に防ぐためにこのような条項を規定するのである。

文例の④のような条項があるにもかかわらず、売主が第三者と交渉した場合、買主はそれを差し止めることができるかという問題がある。この点は後述する（第5章5（3）（D））。

(6) クロージング条件

以下の文例にあるとおり、表明保証に反していないこと、誓約条項の履行がなされていることをクロージングの条件とするのが普通である。

> クロージング日における甲と乙の義務は、クロージング日において以下の条件が満たされたことを条件として発生するものとする。
> ① 第○条の表明保証が真実であること。
> ② 第○条の誓約が履行されていること。

クロージング条件に反している場合、買主はこれらが満たされるまで譲渡対価の支払を拒むことができ、売主は譲渡資産の引渡等を拒むことができる

ことになる。表明保証は契約日のみならずクロージング日においても真実でなければならないので、その趣旨を明示している。

(7) 解除

表明保証違反がある場合、または、誓約が履行されなかった場合、クロージングを拒否できるだけでなく、それが重大であり契約の目的が達成できない場合は、さらに進んで契約の解除ができるとするのが普通である。

> 甲及び乙は、クロージング日において、相手方に以下の事由があり、本契約の目的を達成できないと認められる場合、相手方に対して何ら通知催告を要することなく、本契約を解除することができる。ただし、クロージングの効力発生前に限るものとする。
> ① 第○条の表明保証が真実でなかった場合。
> ② 第○条の誓約を履行しなかった場合。

もっとも、最終的にクロージング条件が満たされればそれでよいし、クロージングが完了すれば原状回復が困難となるので、クロージング後は解除できないこととしている。その代わり、クロージング後は損害賠償によって解決することになる。

契約の締結からクロージングまでの間に売主の財務状況が悪化した場合、買主が譲渡資産に関する表明保証違反を理由に、クロージングを拒否し、契約の解除を主張する可能性がある。しかし、この場合でも、短期的な収益の悪化では不十分であり、長期的な観点から見て売主にクロージングを義務付けるのが不相当と認められる場合でなければならないと考えられている(IBP, INC v. Tyson Foods, Inc., In re, 789 A.2d 14 (Del. Ch. 2001))。

(8) 損害賠償

以下の文例は、表明保証違反がある場合または誓約が履行されなかった場合、それによって損害を受けた当事者は相手方にその賠償を求めることがで

きることを定めたものである。

> 1　甲及び乙は、相手方に以下に定める事由がある場合、クロージングの前後を問わず、相手方に対し、自己が被ったあらゆる損害（弁護士費用を含む）の賠償を請求することができる。
> ①　第○条の表明保証が真実でなかった場合。
> ②　第○条の誓約を履行しなかった場合。
> 2　第三者から損害賠償その他の請求を受け、賠償金、解決金その他名目のいかんを問わず金銭を支払った場合、事前に相手方に通知して協議したものでなければ前項の請求をすることはできない。

(A) 無過失責任

文例のような事項に帰責事由があれば、民法上当然に債務不履行責任が発生するが[33]、文例のような定めを特に設けることにより、帰責事由の有無を問わず責任が発生することを定めたものである。

(B) 損害賠償の予定

損害額の算定が困難であることを考慮し、損害賠償額の予定をすることもある。もっとも、賠償額は無制限に設定できるものではなく、契約の趣旨目的に反し、相手方の意思決定を過度に制約するような過酷な賠償額の予定は無効とされている（最判平成19・4・3民集61巻3号967頁）。

旧民法420条1項後段は、損害賠償額の予定をすれば、裁判所はその額を増減することはできないと定めていたが、改正民法はそれを削除した。旧民法420条1項後段の文言にもかかわらず、上記判例にもあるとおり、民法90条によって無効とされる場合のあることは異論なく承認されていることを踏まえたものである。

(C) 第三者からの請求

第2項で、第三者に対して損害賠償を支払った場合に相手方に求償するときの通知・協議義務を定めるのは、売主に補償義務があるからといって、買主が不当な請求に安易に応ずることを防止するためである。この点は既に述

---

[33] 表明保証違反が直ちに民法上の債務不履行に当たるものではないという考え方もあり、この場合は第1項のような条項を定めることが不可欠となる。

べた（前記4（7）（C））。

10　合弁契約

　合弁契約とは、複数の当事者が、共同事業を行うための団体（共同事業体）を形成するための契約である。形成される共同事業体には、組合のように法人格を持たないものと、会社のように法人格を有するものがある。また、構成員が出資額を超えて共同事業体の債務を負担するもの（これを「無限責任」という）と、構成員の責任が出資額に限定されるもの（これを「有限責任」という）とがある。

　法人格がない場合、共同事業による財産は各構成員の共有であり、債務も各構成員が負担する。また、共同事業の収益に対する税金は、共同事業体に対してではなく、各構成員に対して課税される（これを「パススルー課税」といい、二重課税[34]を回避する点で、共同事業体に法人格を持たせないことのメリットのひとつとされている）。

　民法上の組合は、法人格を有せず、かつ、構成員は無限責任を負うものであるが、共同事業体に法人格がないにもかかわらず、構成員の有限責任が認められる組織として、有限責任事業組合契約に関する法律（平成17年法律第40号）に基づく有限責任事業組合がある。

　共同事業体が法人格を有することの意味は、共同事業体が構成員とは独立して権利義務の主体となるということである。会社は全て法人である（会社法3条）が、構成員の責任という観点からは、構成員の全てが有限責任である株式会社及び合同会社、構成員の全てが無限責任である合名会社、構成員に有限責任と無限責任が混在する合資会社の三つに分けることができる。このうち、株式会社については、会社の機関と計算に関して他の会社よりも厳しい法的規制がかけられている。

34　法人の所得に課税されるとともに構成員に対する配当に課税されること。

		構成員の責任	
		無限責任	有限責任
法人格	法人格なし	民法上の組合	有限責任事業組合
	法人格あり	合名会社	株式会社、合同会社
		合資会社	

　共同事業体の法形式をどうするかについては、法人格を持たせるのがよいか、構成員の責任を限定すべきか、機関と計算に設計の自由度を与えるべきか等の検討が必要である。また、上場を目指すのであれば、株式会社にしなければならない。

　合弁は、複数の会社が法人格を残したまま別の企業体を構成することであり、複数の会社がひとつになり、当事者の一部又は全部の法人格が消滅する合併とは異なる。日本の会社と外国の会社が合併することはできない（会社法2条1号・2号、748条）が、合弁契約を締結することはできる。

　以下、二つの株式会社（甲と乙）が共同して株式会社である合弁会社を設立することを前提とした合弁契約の文例について述べる。

(1) 設立

　合弁会社（株式会社）は、合弁契約の当事者（発起人）が、定款を作成し、株式を発行して引受・払込をし、登記することによって成立する。これを株式会社の設立といい、会社法25条以下にその手続が定められている。通常は発起人が全部の株式を引き受ける（これを「発起設立」という）が、発起人が一部の株式のみを引き受け、その余の株式については引受人を募集するやり方（これを「募集設立」という）もある。

　以下の文例に挙げられているのは、会社法27条が定款の必要的記載事項（これらの記載を欠く定款は無効になるという意味である）として定めている事項である。これにより、合弁会社の概略を明らかにしている。

第3章　契約書の文例

> 　甲と乙とは、本契約成立後○日以内に、日本法に基づき、以下の内容の株式会社（以下「合弁会社」という）を設立する。
> 1　目的　○○○○
> 2　商号　○○○○
> 3　本店所在地　○○○○
> 4　設立に際して出資される財産の価額　金○○○○円

(A) 目的

　定款に記載すべき目的は、営利事業でなければならず、かつ、事業内容が何であるか確定できる程度に明確・具体的でなければならない。ただし、複数の事業目的を記載したうえで「その他これに附帯する事業」と付加することは許される。

　法人は定款で定められた目的の範囲内において権利義務を有する（民法34条）ので、目的外の行為は無効である。しかし、それを余りに厳しく判断すると、取引の安全を害するので、判例は、定款所定の目的を柔軟に解釈し、会社の目的達成に必要な行為も含まれるとしている（最判昭和45・6・24民集24巻6号625頁）。

(B) 商号

　商号には「株式会社」の文字を含むことを要し、かつ、他の種類の会社（合名会社、合資会社、合同会社）であると誤認されるおそれのある文字を用いてはならない（会社法6条2項・3項）。

　現行会社法制定前は、同一営業のために他人が登記した商号は、同一市町村内では登記できないとされており、これを「商号専用権」と呼んでいたが、会社法は、会社の迅速な設立を優先し、商号専用権を廃止した。もっとも、同一商号で本店の所在場所（番地）が同一という登記はできない（商業登記法27条）。

(C) 本店所在地

　本店所在地とは独立の最小行政区画（市町村及び東京23区）をいい、番地まで記載する必要はない。本店所在地を外国に置くことはできない。

(D) 出資額

会社法は最低資本金（従前は 1000 万円であった）の定めを廃止したので、設立時の出資額は何円と定めても構わない。ただし、純資産額が 300 万円以上とならない限り、配当をすることはできない（会社法 458 条）。

(2) 定款

定款とは、会社の基本的な事項を定めたものであり、会社の設立に当たって必ず作成し、公証人の認証を受けなければならない（会社法 30 条）。公証人の認証を必要とする最初の定款を「原始定款」というが、原始定款を変更するに当たって公証人の認証は不要である。

合弁契約書において定款の全文を定めておくのがふつうである。

> 合弁会社の定款は、別紙 A と同一のものとする。

(A) 定款の記載事項

前記 (1)(A) ないし (D) は定款の必要的記載事項であり、これが記載されておれば定款は有効であるが、定款には必要的記載事項以外の事項も記載されるのが普通である。それには相対的記載事項と任意的記載事項とがある。

(a) 相対的記載事項

相対的記載事項は、定款に記載しなければ効力を生じない事項をいう。会社法は定款に定めのない限り効力を生じない事項を多岐にわたって定めている（たとえば、株主総会の定足数を排除すること［会社法 309 条 1 項］）。総会の議決権行使の代理人資格を株主に限る旨の定めを定款に記載することは、会社法には定めがないが、判例上、定款の相対的記載事項として認められている（最判昭和 43・11・1 民集 22 巻 12 号 2402 頁）。

会社の設立に当たり、金銭以外の出資を行うこと（現物出資）、会社の成立後に財産を譲り受ける旨の約束をすること（財産引受）、発起人の報酬を定めること、設立費用を会社に負担させること、以上の事項（これらを「変態設立事項」という）を行うには、定款に定めを置かなければならない（会

社法28条)。このように、変態設立事項は定款の相対的記載事項であるが、さらに、発起人の権限濫用を防止するため、裁判所の選任する検査役の調査を受ける必要がある（同法33条)。

(b) 任意的記載事項

定款には、必要的記載事項と相対的記載事項以外でも、会社法に違反しないものを記載することができる（会社法29条)。これを任意的記載事項という。定款に記載せずとも行うことのできる事項をあえて定款に記載すれば、当該事項の廃止又は変更に法の定める厳格な手続（同法466条、309条2項11号）を必要とすることとなるので、廃止又は変更がしにくくなる。

(c) 無益的記載事項

会社法に違反する事項を定款に記載しても無効であり（会社法29条)、これを無益的記載事項という。

(B) 合弁契約の効力

合弁契約は、当事者間で合弁会社の内容を定めるものであるから、合弁契約の内容と実際に作成される定款とは同一でなければ意味がない。文例はその趣旨を明確にしたものであり、これにより、合弁契約の当事者は、合弁契約で合意された定款案と同一の定款を作成する義務を負うことになる。

しかしながら、合弁契約の定めは当事者間の合意であっても、定款そのものではないから、合弁契約で合意された定款案と実際に作成された定款が異なった場合、定款自体は有効であり、合弁契約違反のゆえに定款に基づく行為が違法となることはない。したがって、定款に反していない限り、合弁契約違反の役員の行為を差し止めること（会社法360条）はできないし、合弁契約違反の株主総会決議を取り消すこと（同法831条）もできない。

もっとも、この場合、合弁契約違反（債務不履行）による解除や損害賠償の問題は生じる。

(3) 株式・資本金

株式とは、株式会社の出資者である株主の地位を細分化して割合的地位の形にしたものである。

資本金は、会社の財産を確保するための基準となる金額である。株式の発行価額（株主の出資額）の全額を資本金とするのが原則である（会社法445条1項）が、株主総会の決議で資本金の額は変更することができる（同法447条、450条）ので、出資額と資本金の額が一致しない場合がある。

以下の文例は、合弁会社の発行可能株式総数、設立に際して発行する株式数と発行価額、資本金の額を定め、当事者間の出資比率も定めている。

> 1 合弁会社の発行可能株式総数は○○株とし、設立に際して○○株を発行する。
> 2 設立時発行株式のうち、甲は○○株を、乙は○○株を取得する。
> 3 発行価額は1株○○円とし、甲と乙は全額を現金で払い込むものとする。
> 4 発行価額の全額を資本金とする。

(A) 発行可能株式総数

発行可能株式総数は、原始定款で定める必要はないが、会社の成立までには発起人全員の同意により定款に定めなければならない（会社法37条1項）。

公開会社（株式の全部又は一部に譲渡制限を設けていない株式会社）の場合、発行可能株式総数は設立時発行株式の総数の4倍を超えてはならない（同法2条5号、37条3項）。公開会社の場合、株主総会の決議がなくとも、取締役会の決議で株式を発行できる（同法201条1項、これを「授権資本制度」という）ので、取締役会の権限濫用を防止するために、株式の発行権限に数的制限を設けたのである。

これに対し、非公開会社（株式の全部に譲渡制限を設けている会社）の場合、株式発行には株主総会の特別決議が必要であり（同法2条5号、199条2項、309条2項5号）、取締役会の権限濫用の虞がないので、このような制限はない。

(B) 出資比率

出資比率をどうするかは合弁契約の当事者にとって大きな問題である。なぜなら、過半数を取得できれば、会社経営の主導権を握ることができるからである。もっとも、合弁契約はビジネスパートナーとしての当事者間の信頼関係が前提であるから、株主総会で賛否が別れるような事態は想定できない

（そうなれば合弁の解消をせざるを得ないであろう）。

　上場会社の場合、出資比率が20%を超えると、関連会社として合弁会社の損益が出資比率に応じて自社の決算に合算されることになる（これを「連結決算」という）。出資比率が50%を超えると、子会社として（少数株主損益を除き）全額合算される。これらの点も出資比率を決定する要因として重要なものである。

　(C) 資本金の額

　資本金の額は、純資産額が資本金の額を超えない限り配当できない（会社法461条1項）こと、資本金の額を減少させるには厳重な手続が必要である（同法447条1項、309条2項9号）こと、以上の二点において、会社財産の維持に寄与するための数値である。このような規制は、会社の債権者保護のために設けられたものであり、これを「資本維持の原則」と呼ぶ。資本金の額は、定款の必要的記載事項ではないが、登記しなければ善意の第三者に対抗できない（同法908条1項、911条3項5号）。

　資本金の額は、株式の実際の払込額の全額が原則であるが、払込額の2分の1まで（これを「払込剰余金」という）は、資本金とせず、資本準備金とすることができる（同法445条）。第4項では全額を資本金とすることが合意されている。

(4) 株式の譲渡制限

　株式は自由に譲渡できるのが原則である（会社法127条）が、定款によって、株式の譲渡に会社の承認を要することを定めることができる（同法107条1項1号、108条1項4号）。会社にとって好ましくない株主が経営に参画することを防止するためである。

　合弁事業は、当事者間の信頼関係のうえに成り立つものであるから、合弁契約の当事者以外の者が合弁会社の株主になることは想定されていない。したがって、株式を自由に譲渡することを認めるわけにはいかないので、以下の文例のように、譲渡制限を定めるのである。

> 1 いずれの当事者も、他の当事者の事前の書面による承諾及び合弁会社の取締役会の決議による承認のない限り、合弁会社の株式の全部又は一部を、第三者に対し、譲渡、貸与、担保提供その他の方法で処分してはならない。この場合、株式を第三者に譲渡しようとする当事者は、まず他の当事者に対して譲渡の申出をしなければならない。
> 2 いずれの当事者も、前項に基づき第三者に合弁会社の株式の全部又は一部を譲渡する場合、譲受人に本契約上の地位を承継させなければならない。この場合、他方当事者は、当該地位の承継に同意するものとする。

(A) 譲渡の承認

株式の譲渡を会社が承認するには、取締役会設置会社なら取締役会の決議、取締会役非設置会社なら株主総会の決議が必要である（会社法139条1項）。

第1項では、合弁会社の株式の譲渡には、取締役会の決議を要するほか、他の当事者の承認が必要であるとしている。それだけ厳重に譲渡制限をかけているのであるが、他の当事者の承認が株式譲渡に必要というのは会社法に反しており、定款に記載しても無効というほかない。したがって、取締役会の承認決議があれば、他の当事者の承認がなくとも、株式の譲渡は有効ということになる。もちろん、合弁契約違反であり、ここでも解除や損害賠償の問題は生じる。

(B) 買取請求権

株式の譲渡を認めない代わりに、譲渡を希望する当事者から他の当事者が買い取るという方法がある。第1項後段は、この観点から、他の当事者に優先的に合弁会社の株式を買い取る権利を認めるものである。

会社法は、譲渡制限株式について、①株主又は株式譲受人が会社に承認の可否を決定するよう請求することができる、②会社は株主総会又は取締役会の決議で承認の可否を決定しなければならない、③承認しない場合、会社又は会社が指定する者が当該株式を買い取らなければならない、④買取価格は当事者の協議によるが、協議が調わないときは裁判所に価格決定の申立ができる、以上のような手続を定めている（会社法136条以下）。

他方当事者が優先的に買い取る権利があるというのは、会社法の定める指定買取人をあらかじめ合意したものと解される。しかし、指定買取人は株主

総会又は取締役会で定めるものであるから、合弁契約どおりになるとは限らない。ただし、合弁契約に反する指定買取人が決定された場合、会社法上は有効であるが、合弁契約上の債務不履行になることは免れず、解除・損害賠償の問題が生じる。

(C) 合弁契約の地位の承継

合弁会社の株式の譲渡が認められても、株式譲受人は合弁会社の株主となるだけで、自動的に合弁契約の当事者になるわけではない。しかし、合弁会社の株主には当然合弁契約の遵守が求められるので、株式譲渡が認められるのであれば、合弁契約上の当事者の地位も承継するのが適当である。そこで、第2項はそのことを定めている。

ただし、承継するかどうかは株式譲受人の判断にかかっており、譲受人が合弁契約の承継を拒否すれば、それを強制する手段はない。

もちろん、この場合でも、合弁契約の当事者間においては、合弁契約違反（債務不履行）の問題が生じる。

(5) 株主総会

株主総会に関する事項については、会社法に定めがある（295条から325条）が、定款に定めることによって会社法とは異なる取扱ができる場合がある（そのような定款規定を「相対的記載事項」と呼ぶことは既に述べたとおりである）。

以下の文例は、合弁会社における決議方法を会社法と異なるものとするための定めである。

1　株主総会の決議は、両当事者が出席し、その議決権の3分の2以上の賛成をもって決定される。
2　両当事者は、本契約の定めを履行することができるように、その議決権を行使しなければならない。

(A) 定足数と決議要件

第1項は、株主総会の定足数と決議要件について会社法と異なる定めを置

くための条項である。合弁契約に添付された定款案にはそのように記載するはずであるが、契約条項としてもあらためて規定している。

会社法上、株主総会の決議は、定款に別段の定めのない限り、議決権を行使できる株主の議決権の過半数を有する株主が出席し、出席した当該株主の議決権の過半数をもって行うとされている（会社法309条1項）。第1項は、定款による別段の定めとして、定足数を株主全員の出席とし、決議要件を3分の2以上の賛成とするための条項である。

本件における合弁会社のように、株主が甲と乙の二名である場合、当事者の持株比率が3分の1に満たないということは通常ないから、株主総会の決議要件を3分の2とするということは、各当事者に拒否権を認めているのと同じである。合弁会社は当事者間の信頼関係が基礎となっており、全員一致が原則であるから、拒否権は当然認められてしかるべきであろう。

もちろん、株主総会で議案が否決されるような状況になれば、合弁事業自体が遂行不可能であり、合弁の解消（合弁会社の解散）ということにならざるを得ないと思われる。これを「デッドロック」というが、この点については後述する（後記(6)(C)）。

(B) 議決権行使の拘束

第2項は、株主総会の決議を合弁契約に沿って行使することを約束する条項である。当然のことではあるが、念のために規定している。

もちろん、株主総会における議決権行使は、株主総会で実際に投票する者（代表取締役又は議決権行使の委任を受けた代理人）であるから、その者が合弁契約に反して議決権を行使することを差し止めることはできないし、そのような議決権行使が無効というわけでもない。

ただし、ここでも、そのような議決権行使は合弁契約違反になり、解除・損害賠償の問題を発生させる。

(6) 取締役及び取締役会

取締役及び取締役会についても会社法に規定があるが、以下の文例のように、合弁会社に特有な運営方法を定めるのが普通である。

> 1 合弁会社には○名の取締役をおき、甲は○名の取締役を、乙は○名の取締役を、それぞれ指名することができる。
> 2 取締役会の決議は、取締役○名以上が出席し、出席取締役の全員一致によって決定される。
> 3 代表取締役は甲が指名する。
> 4 両当事者は、本契約の定めを履行することができるように、指名した取締役にその議決権を行使させなければならない。

(A) 取締役

 合弁契約であるから、当然、各当事者が合弁会社の取締役を派遣して経営に当たらせることになる。いずれの当事者が多くの取締役を出すかは、当事者間の交渉（力関係）によることになる。代表取締役をどちらが指名するかも同じあり、持株比率についても同じことがいえる。

 定款には取締役の員数のみを定めるのが普通なので、それをどちらが何人指名するかは、文例のように合弁契約書に定めることになる。もちろん、実際に取締役を選任するのは株主総会であり、この契約があればそれで十分というわけにはゆかないので、株主総会での取締役選任議案をこの契約に沿って作成し、それに賛成することを互いに約束し合う（それに反する決議がなされれば債務不履行になる）ということに意味がある。

(B) 取締役会

 取締役会の決議は、取締役の過半数が出席し、その過半数をもって行う（会社法369条1項）。定款でそれと異なる定めを設けることはできるが、定足数・決議要件を強化することはできても、緩和することはできない（同項かっこ書）。

 第2項では、決議要件を全員一致に強化している。これも信頼関係を基礎とする合弁会社に特有のものであり、ここでも株主総会と同様に、各当事者に拒否権が与えられている。

(C) デッドロック

 株主総会や取締役会で決議が成立しない場合、合弁会社における重要な業務を遂行することができない（本件合弁契約では、当事者の一方が反対すれば決議が成立しないようにできている）。これは、当事者間に合弁会社の経

営について意見の対立があることから生じる状況であり、これが「デッドロック」といわれる状態である。

　合弁契約にデッドロックを解決する方法（まず協議を行い、それが不調となった場合は株式を買い取るか合弁会社を解散する等）を定める場合もある。本件合弁契約では、後で説明するように、デッドロックになった場合、協議しても解決できなければ、合弁契約を解除できるものとしているが、その前提条件として、協議のやり方について以下のような条項を置くことも考えられる。

> 　いずれの当事者も、合弁会社の経営につき、両当事者間に意見の対立がある場合、以下のような手続により、円満に解決するよう努めなければならない。
> 1　両当事者の代表取締役同士で協議すること
> 2　前項の協議が不調となった場合は〇〇〇〇に斡旋を依頼すること

(7) 監査役

　監査役についても、文例 (6) と同趣旨の条項を置く。

> 　合弁会社には1名の監査役をおき、甲がこれを指名することができる。

　取締役会設置会社については、監査役の設置が義務付けられる（会社法327条2項）が、公開会社でない場合、会計参与を置くことで監査役に代えることができる（同項ただし書）。

(8) 重要事項に関する事前の合意

　合弁会社は、当事者間の信頼関係が基盤にあるので、重要事項については、当事者の合意を得たうえで行うことが適当である。以下の文例はそのための規定である。

> 　合弁会社に関する以下の事項については、両当事者の事前の書面による合意

がなければ行うことができない。
　① 定款変更
　② 資本金の減少
　③ 合併、会社分割、株式移転・株式交換、事業の全部又は重要な一部の譲渡
　④ 募集株式の発行、社債の発行
　⑤ ○○円を超える金銭の借入又は第三者の債務の保証若しくは担保の提供
　⑥ ○○円を超える金銭の貸付
　⑦ 株式の引受
　⑧ その他合弁会社の経営に重大な影響を与える事項

　文例の①から④は、本来取締役会及び株主総会の決議で行わなければならない事項であるが、それらの決議に加えて株主間の合意が必要だと定めている（事前の合意に基づいて議決権を行使しなければならないという趣旨で、これを「議決権拘束契約」ということがある）。

　既に述べたとおり、このような定めをおいたとしても、書面による合意がないのに一方当事者が株主総会等の多数決で押し切ってこれらの事項を行った場合、他方当事者は、合弁契約違反を理由に損害賠償・解除を主張することはできても、そのような行為を差し止めることはできない。また、単に合弁契約に反するだけの株主総会決議が取消の対象になることはない（会社法831条1項）。

　もっとも、合弁会社の決議を制限する当事者間の合意は、それに反することが単に合弁契約の債務不履行となるに留まらず、株主総会決議の取消原因になるとする考え方もある。この点について、江頭憲治郎東京大学名誉教授は、以下のように述べている（江頭憲治郎『株式会社法（第6版）』336頁）ので、参考までに紹介する。

　「議決権拘束契約の効力は当事者間の債権的なものにとどまり、対会社関係では効力を主張できないとの主張は、契約外の株主がいる場合には妥当しよう。しかし、株主全員が契約当事者である場合には、その論理を形式的にあてはめる必要はない（中略）。また、損害賠償請求は契約中に賠償額の予定（中略）の定めがない限り実効性が乏しく、とりわけ定款上の処理が難しい事項については、議決権拘束契約の効力を強く認める必要性が高い」

文例の⑤から⑧の事項は、会社法上は直ちに株主総会の決議事項になるものではないが、これを定款によって株主総会の決議事項とすること、さらに、文例（5）のように少数株主に拒否権を与えることにより、重要事項を一方当事者が勝手に進めることができなくなるという効果がある。

(9) 資金調達

以下の文例は、合弁会社が資金を必要とする場合、各当事者に出資比率に応じた資金提供（保証）義務を課すための規定である。合弁会社に対する発言権と経済的負担を比例させるものであり、合理的なものといえるであろう。

> 合弁会社が追加資金を必要とする場合、両当事者は、各自の出資比率に応じて、合弁会社に対し、金銭の貸付、募集株式の引受、第三者からの借入の保証を行う。ただし、事前の書面による合意に基づかなければならない。

募集株式の発行は株主総会又は取締役会の決議事項であるが、資金の借入については、必ずしもそれらの決議を経る必要はなく、代表取締役の一存でできる場合がある。そのような場合でも、反対当事者が貸付や保証を強制されることのないよう、書面による合意という制限を設けている。

金銭の貸付を業として行う場合は登録が必要である（貸金業法3条）。しかし、合弁事業において共同出資者から合弁会社に対して行われる貸付のニーズが高く、これを貸金業法の規制から外すことについて産業界からの要望が強かった。これを受け、平成26年3月24日に貸金業法施行令及び同法施行規則が改正され、共同出資者から合弁会社への貸付については、一定の範囲で貸金業法の適用除外とされることとなった。以下のとおりである。

貸金業法施行令1条の2第6号のロ及びそれを受けた同法施行規則1条5項によれば、①共同出資者が合弁会社の経営を共同で支配していること、②合弁会社の20％以上の議決権を保有する共同出資者から合弁会社への貸付であること、③貸付が全ての株主の同意に基づくものであること、以上の要件があれば、貸金業の登録をすることなく貸付が可能である。

同時に、グループ会社間での貸付についても、一定の要件の下で貸金業法

の適用除外が認められた（貸金業法施行令1条の2第6号イ[36]）。これにより、企業グループ内の各会社の資金管理を一元化するシステム（CMS：Cash Management System）の導入がしやすくなる。

(10) 合弁会社との契約

合弁会社と当事者との間で契約を締結することがある。たとえば、製造業者と販売業者が合弁会社を設立したうえで、合弁会社が製造業者から特許とノウハウの実施許諾を受けて製造し、販売業者に製造した商品の販売を委託する場合などが考えられる。合弁会社を設立するのは、出資者である各当事者の事業の拡大が目的であるから、当事者の事業と関係のある会社とするのが普通である。

以下の文例はそのような場合を想定している。

> 1　合弁会社は、甲との間で別紙Bと同一の契約を締結し、乙との間で別紙Cと同一の契約を締結する。
> 2　両当事者は、前項の契約が適法有効に締結されるために必要な一切の行為をなすものとする。

第1項は、各当事者と合弁会社との間で締結されるべき契約内容についても具体的に定めることとしている。合弁会社を設立してから契約内容を詰めていたのでは、事業開始が遅れるうえ、契約交渉が頓挫すると、合弁会社を設立した意味がなくなるからである。

なお、合弁契約の時点ではまだ合弁会社は成立しておらず、合弁会社は契約当事者でないので、このように定めても、合弁会社にそのような契約を締結する義務を負わせることはできない。この場合、厳密に言えば、合弁会社が契約を締結するという表現は適当ではなく、正しくは「甲と乙とは、合弁会社との間で別紙のとおりの契約が成立するよう取りはからう」とすべきで

35　合弁契約にその旨の条項があれば足りる。
36　子会社への貸付、40％以上の株式を保有する会社であって取締役の過半数を派遣している会社への貸付等が適用除外とされている。

あろうが、文例のような表現をするのが普通である。

　第2項でいう「前項の契約が適法有効に締結されるために必要な一切の行為」とは、それらの契約を締結するのに必要な取締役会決議や株主総会決議を得るために、自社の派遣した取締役あるいは株主総会に出席する代理人に対し、当該契約の承認決議に賛成するよう指示することをいう。合弁会社と契約を締結したとしても、定款で必要とされる機関決定を得ていない場合、契約は無効とされる可能性があるからである。

(11)　解除

　合弁契約も契約である以上、当事者の債務不履行等によって解除されることは他の契約と異なるところはない。しかし、合弁契約は会社設立を伴うので、その点で特有の解除事由があり、また、解除後の処理に特殊性がある。以下の文例でもその点に配慮した定めを置いている。

1　いずれの当事者も、他の当事者に以下の事由が発生した場合、何ら催告を要することなく、本契約を解除することができる。
　① 　本契約の条項に違反し、相手方から相当な期間を定めた是正の催告を受けたにもかかわらず、当該期間内に是正されなかった場合。
　② 　破産、特別清算、民事再生、会社更生の申立があった場合。
　③ 　解散した場合。
　④ 　合併、事業の全部又は重要な一部の譲渡、株主構成の大幅な変更その他の会社支配の変更があった場合。
2　いずれの当事者も、合弁会社の経営につき、両当事者間に意見の対立があり、協議によって解決することが不可能となった場合にも、本契約を解除することができる。
3　前二項によって本契約が解除された場合、解除した当事者は、相手方が保有する合弁会社の株式を買い取ることができ、当該当事者から買取請求があったときは、相手方はそれに応じるものとする。この場合の一株当たりの買取価格は、合弁会社の直近の貸借対照表の純資産額を発行済み株式数で除した額とする。
4　前項による買取請求がない場合、両当事者は合弁会社を解散する。

第1項は、いかなる契約においても見られる解除事由である。

第2項は、合弁契約に特有な解除事由といえる。合弁契約は当事者が協力して共同事業を遂行しようというものであり、当事者間の信頼関係が基礎にあるから、それがなくなれば解除して合弁事業を解消するのが適当という考え方である。デッドロックがこれに当たる。

合弁契約の場合、合弁会社が設立されているので、合弁契約を解除しただけでは共同事業が終了したことにならない。合弁契約を解除したのに、両方の当事者が引き続き合弁会社の株主で有り続けるということは考えられないので、文例にあるとおり、解除した当事者が他方当事者の株式を買い取る（第3項）か、それができなければ合弁会社を解散する（第4項）ことを定めるのである。

第 4 章

契約をめぐる紛争の解決手段

第4章 契約をめぐる紛争の解決手段

1 はじめに

　ここでは、契約をめぐる紛争の解決手段について述べる。まず、合意による解決手段として、示談、調停、仲裁、即決和解について説明し、次に、合意によらない民事訴訟による解決（保全処分と強制執行も含む）について説明する。さらに、国際取引紛争の特殊性についても触れている。

　紛争の原因は契約に限られない（不法行為による損害賠償等も紛争の多くを占めている）ので、紛争解決手段を契約との関係で説明する必然性はないのであるが、もと裁判官である筆者にとって馴染みのある部分であることから、紙幅を割いている。

　訴訟については、あまり知られていないことが多いように思われるので、読者の興味を惹くことができればと考えている。

2 紛争の不可避性

　契約書を作成することの目的のひとつに当事者間の紛争の予防があることは既に述べたとおりである（第2章2（2）（B））。しかし、想定される問題点と解決方法の全てを契約書に網羅することは不可能であるうえ、たとえ契約書に定めがあったとしても、当事者間に解釈の相違があることや、契約書以外の事情（第三者から取引相手を切り替えるよう求められる、当事者間に感情的なもつれが生じる、資金繰りが付かずに履行できない等）によって、契約の履行がされない場合があり、当事者間に紛争が生じることは避けられない。契約書を作成したからといって、紛争がなくなるということはないのである。

　そもそも、当事者間に紛争がない場合には、極端なことを言えば、契約書がなくても何の問題もないのであって、契約書は、当事者間に紛争が生じた

場合のためにあるといって差し支えない。

3 紛争解決手段

　紛争を解決する手段としては、当事者の合意によるものと、裁判（民事訴訟）によるものとがある。もちろん、当事者間における紛争解決交渉が不調となれば、裁判に移行する場合もあるし、裁判になっても、裁判所の和解勧告により当事者間で合意による解決が図られる場合もある。

(1) 合意による解決

　(A) 示談
　　(a) 示談契約
　示談は、裁判所等の公的機関の助力を得ることなく、当事者同士の協議で紛争を解決するものである。紛争解決の条件について協議が調えば、示談契約（法的性質は民法659条の定める和解契約である）を締結することになる。
　特許権に基づく差止及び損害賠償請求事件に関する特許権者と侵害者との間の示談契約を例にとれば、以下のような文例が考えられる。

1　乙は、甲に対し、乙が製造する別紙物件目録記載の機械（以下「本件物件」という）が、甲の有する特許第○○号の特許権を侵害していることを認める。
2　乙は、今後、本件物件の製造・販売をしない。また、乙は、現在自己の所有する本件物件及びその半製品を甲の立会の下で廃棄する。
3　乙は甲に対し、損害賠償として金○○○○円の支払義務があることを認め、これを平成○○年○○月○○日限り、甲の指定する口座に振り込む方法で支払う。振込手数料は乙の負担とする。
4　甲は乙に対し、その余の請求を放棄する。
5　甲と乙は、甲乙間において、本示談書に定めるほか何らの債権債務のないことを相互に確認する。

第4章　契約をめぐる紛争の解決手段

第5項は示談契約に特有の条項であり、これによって将来無用な紛争が蒸し返されることを防止するのである。これを「清算条項」という。

(b) 示談契約の履行強制

示談契約は判決ではないので、これを守らない相手方に対して示談契約の内容を強制的に履行させるには、裁判に訴えるほかない。

もっとも、示談契約書の内容を執行証書（公証人が作成した公正証書で、債務者が直ちに強制執行に服する旨の陳述が記載されているもの）にすれば、それによって強制執行を行うことができる（民事執行法22条5号）。ただし、金銭の一定の額の支払又はその他の代替物若しくは有価証券の一定の数量の給付を目的とする請求に限られる（同号）。

(c) 錯誤との関係

示談によって、相手方が争いの目的となっている権利を有していることを確認したのに、後になってその権利を有していなかったことが分かった場合、逆に、示談によって相手方が当該権利を有しないことを確認したのに、後になって相手方が権利を有していることが分かった場合、錯誤（民法95条）により示談契約は無効となりそうであるが、それでは、当該権利をめぐる争いを止めるという示談の趣旨に反する。そこで、そのような場合、当該権利は示談によって移転し又は消滅したものとみなすことにしている（同法696条）。

ただし、示談の目的にならない事項についての錯誤は示談契約の無効原因となり得るのであって、たとえば、仮差押の目的たるジャムが粗悪品であるのに、高級品と誤信してした和解契約は無効である（最判昭和33・6・14民集12巻9号192頁）。この場合、争いの目的は、仮差押することによって保全される債権（被保全債権）の存否であり、仮差押の目的となったジャムではないからである。

このほか、交通事故による全損害を正確に把握し難い状況の下において、早急に、少額の賠償金をもつて示談がされた場合において、右示談によって被害者が放棄した損害賠償請求は、示談当時予想していた損害についてのみと解すべきであって、その当時予想できなかつた後遺症等については、被害者は、後日その損害の賠償を請求することができるとした判例（最判昭和

43・3・15民集22巻3号587頁）がある。

(B) 調停

調停は、裁判所が当事者間の紛争解決に援助・協力を与えるための制度であり、調停委員会が当事者間における紛争解決のための協議を斡旋するものである。調停が成立すれば、調停調書に確定判決と同一の効力が発生する（民事調停法16条）ので、調停で定めた条項を守らない相手方に対しては、裁判を経ることなく、直ちに強制執行ができる。同じく当事者の合意によるものであるとしても、これが示談とは大きく異なるところであり、裁判所が関与することの意義はそこにある。

民事調停は、当事者の一方が申立をすることにより手続が開始する（同法2条）が、相手方は調停に出頭する義務がないうえ、仲裁とは異なり、調停委員会が出す調停案は当事者を拘束しない。当事者に合意が成立しない以上、紛争解決にはならないというのが調停の難点であり、当事者間で合意が可能と思われる状況でなければ、調停を申し立てるメリットはあまりない。

(C) 仲裁

仲裁は、当事者の合意により、紛争解決を第三者である仲裁人に委ねるものである（仲裁法2条1項）。仲裁人の判断に当事者が拘束されるという意味では裁判と類似しているが、仲裁判断に委ねるために当事者の合意が必要であるという点で、合意による解決という範疇に入ると考えられている。

仲裁に関する合意については既に述べた（第3章2(8)）。

(D) 即決和解

既に述べたとおり、示談が成立して示談契約書を作成しても、調停調書や仲裁判断のように確定判決と同一の効力はない。そこで、当事者間の合意に判決と同一の効力を持たせるための制度が即決和解である。制度としては、当事者の一方的な申立で手続が開始し、相手方が不出頭の場合は通常の訴訟手続に移行することになっている（民事訴訟法275条）が、実際には既に合意された事項を裁判所の和解調書にするための手続として利用されている。

両当事者が簡易裁判所に任意に出頭し、裁判官の面前で和解をして和解調書を作成してもらう手続であり、起訴前の和解ともいう。公正証書と異なり、即決和解の対象に限定はないので、金銭給付だけでなく、土地や家屋の明渡

についても行うことができる。和解調書には確定判決と同一の効力がある（同法267条）。

(2) 民事訴訟

契約に関する紛争を強制的に解決するには、裁判所に訴訟（民事訴訟）を提起するほかない。民事訴訟は、相手方を裁判所に呼び出し、契約に基づく権利を強制的に実現することのできる唯一の方法である。

民事訴訟手続の概略は、以下のとおりである。

(A) 管轄

  (a) 管轄の種類

訴えの提起のためには、訴状を裁判所に提出しなければならない（民事訴訟法133条）が、それをどの裁判所に提出すべきかを明らかにしているのが管轄に関する定めである。

第一審の管轄には事物管轄と土地管轄があり、土地管轄は任意管轄と専属管轄に分類される。任意管轄については合意管轄と応訴管轄が認められる。

国内取引紛争について管轄が深刻な紛争になることはあまりないが、国際取引紛争については、管轄が大きな問題となる。相手国の裁判所に管轄が認められれば、紛争解決における主導的立場を相手方に取られることは明らかだからである。国際契約において、裁判管轄をいずれの国の裁判所とするかが重要な交渉課題とされる所以である。

  (b) 事物管轄

民事事件の第一審管轄裁判所には簡易裁判所と地方裁判所があり、そのいずれが管轄を有するかの定めを「事物管轄」という。現在では、請求額が140万円を超えない請求については、簡易裁判所の事物管轄とされている（裁判所法33条1項1号）。

  (c) 土地管轄

所在地を異にする裁判所のいずれが事件を担当するかの定めが土地管轄である。民事訴訟法は、基準となる特定の地点（これを「裁判籍」という）を定め、それを管轄区域とする裁判所に土地管轄を認めている。

被告の住所地はいかなる事件についても裁判籍となり、これを「普通裁判籍」という（民事訴訟法4条1項・2項）。

このほか、財産上の請求については義務履行地、手形・小切手による金銭請求については支払地、不法行為に関する訴えについては不法行為地等、事件の種類によって裁判籍が個別に定められており（同法5条）、これを「特別裁判籍」という。

債権の義務履行地は、特段の定めがない場合、特定物の引渡を除き、債権者の現在の住所とされている（民法484条）。したがって、契約に基づく義務の履行又はその不履行による損害賠償を求める訴訟については、義務履行地である債権者の住所地を管轄区域とする裁判所に管轄が認められることが多い。

　(d) 合意管轄・応訴管轄

当事者間で第一審の管轄裁判所を合意によって定めることもできる（民事訴訟法11条）。これを「合意管轄」という。管轄の合意については既に述べた（第3章2 (7)）。

また、第一審裁判所で被告が管轄違いの抗弁を提出しないで本案について弁論し、又は弁論準備手続で申述をしたときは、その裁判所は管轄権を有する（同法12条）。これを「応訴管轄」という。

　(e) 移送

管轄のない裁判所に訴えが提起された場合、裁判所は、申立又は職権により、管轄裁判所に訴訟を移送する（民事訴訟法16条）。これを「必要的移送」という。

また、第一審裁判所は、訴訟が管轄に属する場合でも、当事者及び尋問を受ける証人の住所、使用すべき検証物の所在地その他の事情を考慮して、訴訟の著しい遅滞を避け、又は当事者間の衡平を図るため必要があると認めるときは、申立により又は職権で、訴訟を管轄裁判所に移送することができる（同法17条）。これを「裁量移送」という。

　(f) 専属管轄

株主総会決議取消訴訟等、会社の組織に関する訴えは、被告となる会社の本店の所在地を管轄する地方裁判所の管轄に専属する（会社法835条）。

第4章　契約をめぐる紛争の解決手段

法律によってこのような定めのあるものを「専属管轄」といい、合意管轄や応訴管轄は認められない（民事訴訟法13条1項）。また、移送も認められず（同法20条1項）、専属管轄違反の訴えは却下される。

(B) 重複起訴の禁止

裁判所に係属する事件については、当事者は、さらに訴えを提起することができない（民事訴訟法142条）。訴えの提起によるこのような効果を「重複起訴の禁止」という。「二重起訴の禁止」ともいう。

重複起訴が禁止されるのは、同一事件について手続を重複して行うことが訴訟経済に反するからであり、また、同一事件について異なる判断がなされるのを防止するためでもある。したがって、ここにいう事件とは、同一当事者間において訴訟物（訴訟上の請求ともいう）を同じくする事件を指すものである（兼子一『民事訴訟法体系』174頁）。

訴訟物とは、訴えの対象となる実体法上の権利関係をいい、重複起訴の禁止のほか、訴えの併合の有無（同法136条）、訴えの変更の有無（同法143条）、既判力の客観的範囲（同法114条）についても訴訟物が基準となる（兼子・前掲書162頁）。

ただし、ここにいう「裁判所」とは、我が国の裁判所を指すものであり、外国で提起された訴訟と訴訟物を同一にする訴訟を我が国で提起しても、重複起訴の禁止には触れない。ただし、特別な事情がある場合には我が国の裁判管轄が否定される場合もある。この問題を「国際的訴訟競合」という。この点は後述する（後記4 (5)）。

(C) 口頭弁論・弁論準備手続

訴状が提出されると、裁判所は、訴状を審査し、不適法な訴状には補正命令を出す（民事訴訟法137条）が、訴状が適法であれば、口頭弁論期日を指定して被告に訴状の副本と呼出状を送達する（同法94条、138条、139条）。

被告が出頭せず、または請求を争う趣旨の書面を提出しなければ、原告の請求を認めたものとみなされ（同法159条3項）、原告勝訴の判決が言い渡される。これを「欠席判決」という。欠席判決の割合は結構高く、平成29年の司法統計によれば、全地方裁判所の判決13万7128件のうち、欠席判決は9万3599件（約68％）である[37]。

双方が出頭すると、口頭弁論期日が開催され、当事者が、公開の法廷において、裁判所の面前で、口頭で自己の事実上・法律上の主張を述べるというのが法の建前である。しかし、実際は、訴状、答弁書、準備書面といった書面を中心に弁論がなされ、また、非公開の準備室や裁判官室で争点整理（弁論準備手続）が行われる（同法第2編第3章）。

　公開の法廷で口頭弁論を行うのは、行政事件や、民事事件のうち傍聴人が多く見込まれるものに限られる。また、その場合でも、準備書面を読み上げたり、要旨を述べるようなことはせず、裁判官が「準備書面のとおり陳述しますか」と尋ね、当事者代理人の弁護士が「陳述いたします」と回答するという形で進むのが普通である。

　当事者は、攻撃防御方法を訴訟の進行状況に応じて適切な時期に提出しなければならず（同法156条）、当事者が、故意又は重大な過失により時機に後れて提出した攻撃防御方法は、訴訟の完結を遅延させると認められるときは、却下されることがある（同法157条1項）。通常、証人尋問が終了した後に新たな主張立証が認められることはない（もちろん、これまでの主張立証を整理・補充するだけのものであれば許される）。

　(D) 証拠調べ

　口頭弁論ないし弁論準備手続において争点が整理されれば、証拠調べに入る。ただし、書証については、口頭弁論期日又は弁論準備手続期日において既に提出され、取調を完了していることが多いので、ここでは証人尋問が中心になる。証人尋問は公開の法廷で行われる。

　審理の促進を図るため、証人尋問は集中して1日で終わらせるのが原則である（民事訴訟法182条）。そのために、弁論準備手続において、裁判官と代理人が協議して争点を絞り、証人の数を限定することが行われている。また、証人又は当事者本人の陳述書を事前に提出させ、主尋問の時間を短縮するとともに、相手方に反対尋問の事前準備をさせることが行われている。集中証拠調べに陳述書は不可欠のものである。

　かつては、証人尋問は1期日に1人という形でさみだれ式に行われ、主尋

37　http://www.courts.go.jp/app/files/toukei/813/009813.pdf

問が終了するとその期日は終了し、反対尋問の準備のために、次回期日を証人尋問調書の作成後に指定するということが多かった。そのため、証人尋問が全部終了するのに1年以上かかるということも珍しくはなかった。これが訴訟遅延の大きな原因となっていたが、陳述書と集中証拠調べの導入により、大きく改善された。

　ちなみに、最高裁判所が公表した「裁判の迅速化に係る検証に関する報告書[38]」によれば、新受件数は増加傾向にあるものの、平均審理期間は短縮傾向にあり、昭和48年の17.3か月をピークに、平成20年には6.5か月にまで下がっている（同報告書20頁の【図3】参照）。

(E) 和解

　訴訟が係属した後も、裁判所はいつでも和解を試みることができる（民事訴訟法89条）。この場合、当事者間に紛争解決の合意が成立すれば、訴訟は終了し、和解調書を作成する。和解調書には確定判決と同一の効力がある（同法267条）。これを「訴訟上の和解」という。

　訴訟上の和解の効力は即決和解と同じであるが、即決和解は、通常、訴え提起時において既に合意が成立している場合であるのに対し、訴訟上の和解は、紛争解決の合意がないまま訴えの提起となり、審理の後に合意が成立する場合を想定している。また、即決和解は簡易裁判所のみの手続であるが、訴訟上の和解は、地方裁判所や高等裁判所でも行われる。

　平成29年司法統計（注37）によれば、地方裁判所の既済事件総数33万9711件のうち、和解で終了したのは3万8706件（11％）である。訴訟上の和解が紛争解決に重要な役割を担っていることが分かる。もっとも、近年では判決（特に欠席判決）の割合が高くなっていることが特徴的である。

　最近では、証拠調べが終了し、裁判官が事件に対する心証をある程度固めた段階で和解勧告をする事例が多い。したがって、この段階での和解勧告は、判決内容をある程度予想させるものとなる。かつては、公平性・中立性を保つため、裁判官は当事者に心証を開示すべきではないという議論が強かったが、最近では、心証を開示することは、審理の段階に応じた概括的・暫定的

38　http://www.courts.go.jp/about/siryo/hokoku_03_hokokusyo/index.html

なものであることを前提としつつ行えば公平性・中立性の点で問題はなく、その内容が適正であれば、却って和解に対する国民の信頼を増すものとされている（司法研修所編『4訂 民事訴訟第一審手続の解説』60頁）。

なお、訴訟上の和解は、確定判決と同一の効力を有する点において、訴訟行為としての性質を持つというべきであるが、当事者の合意に基づく点で、和解契約としての性質を持つことに変わりはなく、意思表示の瑕疵（錯誤等）により無効になる場合もあり得る（最判昭和31・3・30民集10巻3号242頁）。これは即決和解、調停による合意についても同様である。

(F) 判決

和解が不調となれば、裁判所は、当事者双方に最終準備書面の提出を促し、それが陳述された後、審理の終結を宣言して判決言渡期日を定め、その期日に判決の言渡しを行う。

判決の言渡しは、口頭弁論の終結の日から2か月以内にしなければならない（民事訴訟法251条本文）。ただし、事件が複雑であるときその他特別の事情があるときは、この限りではなく（同条ただし書）、口頭弁論の終結後2か月を超えて言渡される判決は多い。

判決に対して不服のある当事者は上訴（控訴・上告）することができる。上訴期間を経過したこと、または、上告審判決が言い渡されたことにより、もはや上訴することができなくなったら判決が確定し、確定判決に基づき強制執行ができる状態になる。これを確定判決の執行力という。

確定判決には、執行力のほか既判力が生じる。既判力とは、確定した判決の内容である判断の通用性をいい、当事者及び裁判所はその判断に拘束され、当事者はこれに反する主張ができず、裁判所もこれに反する判断ができなくなるものである（兼子・前掲書334頁）。

(G) 特殊な訴訟

以上は通常の民事訴訟であるが、民事訴訟法は、それ以外にも手形訴訟、少額訴訟、督促手続という特殊な訴訟形態を定めている。いずれも早期に債務名義（後記 (3) (A)）を取得するための制度である。

(a) 手形訴訟

手形訴訟とは、手形の取立のため、とくに迅速な事件処理を目指して設け

られた特別の民事訴訟手続である（民事訴訟法第5編）。

　迅速な審理のため、取り調べる証拠は書証に限定される（同法352条）。そのようにして簡易迅速に判決（手形判決）が言い渡されるので、被告は異議を出すことにより、通常の民事訴訟に移行する権利が与えられる（同法353条）。異議後の手続は通常の民事訴訟と同じである（同法361条）。

　小切手の取立についても、手形訴訟と同じ手続が利用できる（同法367条）。これを小切手訴訟という。

　(b) 少額訴訟

　少額訴訟とは、簡易裁判所において、請求額が60万円以下の事件について簡易迅速な手続で審理をするために、平成15年の改正によって設けられた特別の民事訴訟手続である（民事訴訟法第6編）。

　口頭弁論は1回だけとし、証拠調べは即時に取り調べることのできる証拠に限定される（同法370条、371条）。手形訴訟と異なり、その場に在廷している限り証人尋問もできる（同法372条）。判決の言い渡しは口頭弁論終結後直ちに行い（同法374条1項）、裁判所は、請求を認容する判決において、被告の資力等の事情を勘案し、分割払い等の支払の猶予を定めることができる（同法375条）。

　手形訴訟と同様に、判決に対して被告は異議を述べることができ、それによって手続は通常の民事訴訟に移行する（同法378条、379条）。

　このように、少額訴訟は、少額な金銭債権を簡易迅速に請求できるように配慮された特別な訴訟制度である。この制度の意義について、小島武司中央大学名誉教授は、次のように述べている（竹下守夫編集代表『講座・新民事訴訟法Ⅲ』196頁）。

　「少額請求は一般市民にとってそれなりの経済的重みをもつものであり、日常生活上数多く発生するこれらの請求が救済されずに放置されるならば、司法制度を支えようとする精神的気風が一般市民の間で著しく損なわれ、司法制度は、長期的にみて立法や行政との関係でその地位を相対的に弱めていくことになろう。このことを別の角度からみれば、少額裁判は、司法への信頼を高め、法システムをより活力のあるものにするための絶好の機会をわれわれに与えてくれるということになろう」

(c) 督促手続

督促手続とは、簡易裁判所の裁判所書記官が、債務者に対して金銭等の支払を命じ、これが異議なく確定した場合に強制執行を可能とするための制度である（民事訴訟法第7編）。

金銭その他の代替物又は有価証券の一定の数量を請求するについては、裁判所書記官は、債権者の申立により、それらの給付を命ずる支払督促を発することができる（同法382条、387条）。手形訴訟や少額訴訟とは異なり、裁判所書記官が発布する命令であって、民事訴訟の判決ではない。しかし、支払督促に対して一定期間内に異議がなければ、裁判所書記官は仮執行宣言を付し（同法388条）、さらに仮執行宣言付支払督促に対する異議もなければ、支払督促は確定判決と同一の効力を有することになる（同法396条）。

支払督促に対して債務者は異議の申立をすることができ、それが仮執行宣言前であれば支払督促は失効し（同法390条）、仮執行宣言後であれば通常訴訟に移行する（同法395条）。

(3) 強制執行

(A) 債務名義

契約の法的拘束力とは、判決を取得してそれを強制的に実現すること（たとえば、債務者の財産を差し押えて競売に付し、売却代金から自己の債権の支払を受けること）である。このように、強制的に権利を実現する手続を強制執行というが、そのような強制執行がなされる請求権の存在を明らかにした公的な文書を「債務名義」という。債務名義がなければ強制執行をすることはできない（民事執行法22条）。

民事執行法22条は、債務名義として、確定判決（1号）、仮執行の宣言を付した判決（2号）、執行証書（5号）、確定した執行判決のある外国裁判所の判決（6号）、確定した執行決定のある仲裁判断（6号の2）、確定判決と同一の効力を有するもの（7号）等を挙げている。確定判決と同一の効力を有するものとは、和解調書（民事訴訟法267条）、調停調書（民事調停法16条）、仮執行宣言付支払督促（民事訴訟法396条）等である。

(B) 請求異議・第三者異議

債務名義に表示された権利が存在しない場合、あるいは消滅した場合、債務者は、強制執行を許さないよう求める訴えを裁判所に提起することができる（民事執行法35条1項）。これを「請求異議の訴え」という。

債務名義に表示された権利の対象が債務者の所有物でない場合、本当の所有者は、強制執行を許さないよう求める訴えを裁判所に提起することができる（同法38条1項）。これを「第三者異議の訴え」という。

ただし、請求異議の訴え、第三者異議の訴えを提起しても、そのままでは強制執行の手続が止まることはなく、訴訟を続けているうちに強制執行手続が終了してしまえば、それらの訴えは目的を失ってしまう。そこで、これらの訴えの判決があるまで暫定的に強制執行を停止すべきことを裁判所に求めることが必要になる（同法36条、38条4項）。これを「強制執行の停止」という。

強制執行の停止命令は、通常、申立人に担保を立てさせることによって発令する。これは、請求異議・第三者異議に理由がなかった場合において、強制執行の停止により債権者が被る損害の賠償を担保するためである。債権者は、他の債権者に先立って当該担保から弁済を受けることができる（同法15条2項、民事訴訟法77条）。

(C) 強制執行の方法

(a) 強制執行の種類

強制執行の方法には、直接強制、代替執行、間接強制がある（民法414条、民事執行法171条、172条）。

ただし、債務の性質が強制執行を許さないときは、これらの方法をとることはできない（民法414条1項ただし書）。債務の性質が強制執行を許さないとは、債務者の自由意思に委ねるべきであって、国家が強制力を用いて実現することは適当でないとされるものをいう（内田貴『民法Ⅲ［第3版］債権総論・担保物権』122頁）。たとえば、①大判昭和10・4・25新聞3835号5頁（カフェー丸玉事件）のように合意に法的拘束力がない場合の債務（このような法的拘束力のない債務を「自然債務」という）、②夫婦の同居義務（大決昭和5・9・30民集9巻11号926頁）、③作家や学者が本を書く債務や

芸術家が作品を創作する債務、などがそれに当たる。

　(b) 直接強制

　直接強制とは、債務者の財産を直接的に取り上げる手続であり、債務者が債権者に金銭あるいは金銭以外の物を引き渡すべき債務（これを「与える債務」という）について適用される。

　具体的には以下のような方法がとられる。

① 　金銭債権の場合、ⅰ債務者の不動産を差し押さえ、競売にかけて換価し、売却代金を債権者に配当する方法（強制競売）、ⅱ債務者の不動産を差し押さえ、裁判所が指名する管理人が当該不動産の収益を債権者に配当する方法（強制管理）、ⅲ債務者の第三債務者に対する債権を差し押さえ、第三債務者から弁済を受ける方法（債権執行）、などがある（民事執行法第2章第2節）。

② 　非金銭債権の場合、不動産の引渡については、執行官が債務者の不動産に対する占有を解いて債権者に占有を取得させる方法、動産の引渡については、執行官が債務者からこれを取り上げて債権者に引き渡す方法がとられる（民事執行法168条、169条）。

　(c) 代替執行・間接強制

　債務者が債権者のために一定の行為をなすべき債務、あるいは一定の行為をしてはならない債務を「なす債務」といい、このうち、債務者が一定の行為をなすべき債務を「作為債務」、一定の行為をしてはならない債務を「不作為債務」という。これを直接に実現する方法はないので、以下のような方法がとられる。

① 　作為債務のうち、第三者が代わって行うことができる債務（代替的作為債務）については、代替執行という方法がとられる。代替執行とは、裁判所の決定により、第三者が債務者に代わって債務を履行し、その費用を債務者から徴収するという方法である（民事執行法171条4項）。

② 　作為債務のうち、第三者が代わって行うことができない債務（非代替的作為債務）については、代替執行ができないので、間接強制という方法がとられる。間接強制とは、債務者が義務の履行を遅延した期間に応じ、または、債務不履行があれば直ちに、裁判所が債務者に相当の金銭

を支払うよう命ずることにより、債務者に対して間接的に履行を促す方法である（民事執行法 172 条 1 項）。

③　不作為債務についても、代替執行（この場合は、債務者の費用で、債務者がした行為の結果を除去し、又は将来のために適当な処分をすることを裁判所が命ずる方法）と間接強制がなされる（民事執行法 171 条 1 項、174 条 1 項）。

(d) 改正民法

旧民法 414 条は、以下のとおり定めていた。

① 　債務者が任意に債務を履行しないときは、債権者は、その強制履行を裁判所に請求することができる。ただし、債務の性質がこれを許さないときは、この限りでない。（1 項）

② 　債務の性質が強制履行を許さない場合において、その債務が作為を目的とするときは、債権者は、債務者の費用で第三者にこれをさせることを裁判所に請求することができる。ただし、法律行為を目的とする債務については、裁判をもって債務者の意思表示に代えることができる。（2 項）

③ 　不作為を目的とする債務については、債務者の費用で、債務者がした行為の結果を除去し、又は将来のため適当な処分をすることを裁判所に請求することができる。（3 項）

改正民法は、民法 414 条 1 項を「債務者が任意に債務の履行をしないときは、債権者は、民事執行法その他の強制執行の手続に関する法令の規定に従い、直接強制、代替執行、間接強制その他の方法による履行の強制を裁判所に請求することができる。ただし、債務の性質がこれを許さないときは、この限りでない」と改正し、同条 2 項と 3 項を削除することとした。

強制執行の方法について、直接強制、代替執行、間接強制という種類があり、それぞれにつき上記のような扱いがなされることには異論がないものの、これが民法 414 条の条文と必ずしも整合しないように見えるため、これまで様々な解釈論が展開されてきた（内田・前掲書 119 頁）。改正民法は、同条 2 項と 3 項については、それが強制執行の方法に関するものであり、民事執行法において定めるのが適当として、それらを削除することとし、その代わ

りに、同条1項に実体法と手続法を架橋する条文を置くこととしたものである。この点に関する補足説明は以下のとおりである（補足説明109頁）。

> 履行の強制について定める民法第414条（とりわけ第1項から第3項まで）については、かねてより、同条が公権としての強制執行請求権（第1項）及び強制執行の方法（第2項及び第3項）を定めたものであると理解する立場から、実体法である民法中に規定するのにふさわしくない旨の指摘がある。他方で、国家の助力を得て強制的にその実現を図ることができること（履行の強制が可能であること）自体は債権の実体法的効力の一つであるとするのが、近時の学説の一般的な理解であると思われる。以上を踏まえ、本文（1）（改正民法414条1項：筆者注）は、債権の基本的効力の一つとして、国家の助力を得て強制的にその内容の実現を図ることができること（履行の強制）を定めるものである。民法第414条第1項の規定内容を基本的に維持しつつ、実体法と手続法を架橋する趣旨で、履行の強制の方法が民事執行法により定められる旨の文言を付加している。その際、直接強制、間接強制、代替執行といった執行方法のメニューを例示として掲げている。それぞれの執行方法がどのような場面で発動し得るかについては、民法では規定せず、民事執行法に委ねるものとしている。

(4) 保全処分

(A) 意義

民事訴訟を提起しても、結論が出るまで時間がかかる。訴訟の目的が金銭の支払である場合、訴訟係属中に、弁済原資となる債務者の財産（これを「責任財産」という）が失われれば、勝訴判決を貰っても絵に描いた餅である。また、訴訟の目的が金銭以外の物の引渡であれば、債務者がその名義を第三者に移転してしまうと、債務者に対する勝訴判決をもって強制執行をすることができなくなる。そのほか、訴訟係属中に債権者が著しい損害を受け、勝訴判決を得てもそれが事実上無意味になる場合もあり得る。このような事態を避けるための制度が保全処分である。

(B) 保全処分の種類

保全処分には仮差押と仮処分があり、仮処分には係争物に関する仮処分と仮の地位を定める仮処分とがある。いずれも、債権者の申立により裁判所が

命令（これを「保全命令」という）を発することによってなされる（民事保全法2条1項）。

(C) 仮差押

仮差押命令は、金銭の支払を目的とする債権について、強制執行をすることができなくなるおそれがあるとき、又は強制執行に著しい困難を生ずるおそれがあるときに発する（民事保全法20条1項）。そのようなおそれを「保全の必要性」という。たとえば、債務者が資産の隠匿をしようとしている場合、債務者が経済的に困窮して資産を他に売却するおそれのある場合などがそれである。仮差押における保全の必要性とは、債務者の責任財産を維持し、金銭債権の支払を保全することである。

不動産に対する仮差押の執行は、仮差押の登記をする方法により（同法47条1項）、動産に対する仮差押の執行は、執行官が目的物を占有する方法により（同法49条1項）、債権に対する仮差押は、第三債務者に対し債務者への弁済を禁止する命令を発する方法により（同法50条1項）、それぞれ行われる。

仮差押がなされると、その目的物について債務者の処分行為が禁止され、これに違反する債務者の行為は仮差押債権者に対抗できない。仮差押債権者が債務名義を取得して強制執行を申し立てれば、それらの処分は無効とみなされる。たとえば、不動産仮差押の登記がなされた後に第三者に所有権移転登記がなされていても、当該所有権移転登記は職権で抹消され（民事執行法59条2項、82条）、強制競売における買受人は負担のない所有権を取得する。

(D) 係争物に関する仮処分

係争物に関する仮処分は、その現状の変更により、債権者が権利を実行することができなくなるおそれがあるとき、又は権利を実行するのに著しい困難を生ずるおそれがあるときに発することができる（民事保全法23条1項）。たとえば、建物明渡請求訴訟の被告が占有を第三者に移転するおそれのある場合には、明渡請求権を保全するために占有移転禁止の仮処分を発令し、所有権移転登記請求訴訟の被告が第三者に当該不動産の名義を変えるおそれがある場合には、登記請求権を保全するために処分禁止の仮処分を発令するのである。このように、係争物に関する仮処分における保全の必要性は、仮差

押とは異なり、非金銭債権の保全にある。

　占有移転禁止の仮処分は、執行官が目的物を占有する方法により行うが、占有名義が変更にならない限り、明渡請求権は保全されているといえるので、債務者に引き続き使用を許すのが普通である（同法49条1項、52条1項、民事執行法123条4項）。ただし、債務者の使用を許した場合、目的物が毀損される等、債権者に著しい損害が生ずる場合には、債務者に使用を許さず、債権者に保管（及び使用）を認め、あるいは、債権者に直接引渡を命ずる場合もある。これを「断行の仮処分」という。

　処分禁止の仮処分は、処分禁止の登記をする方法により行う（民事保全法53条1項）。処分禁止の登記後になされた登記に係る権利の取得は仮処分債権者に対抗できず、それを抹消することができる（同法58条1項・2項）。仮処分債権者は、旧名義人を相手取った訴訟を維持したままで、自己への所有権移転登記を実現することができるのである。

(E) 仮の地位を定める仮処分

　仮の地位を定める仮処分は、争いがある権利関係について債権者に生じる著しい損害又は急迫の危険を避けるためこれを必要とするときに発することができる（民事保全法23条2項）。

　仮の地位を定める仮処分における保全の必要性は、債権者に生じる著しい損害又は急迫の危険を避ける点にある。ただし、暫定的ではあるものの、本案訴訟で勝訴したのと同一の地位を債権者に与えることになるので、このような保全の必要性が認められるのは極めて例外的な場合に限定される。労働者が使用者に対し、解雇の無効を主張して賃金請求訴訟を提起した場合において、労働者の当面の生活保持のため、期間を区切って賃金の仮払いを命ずるのが典型例である。

　事業再編に関してなされた基本合意書（債務者に債権者との独占的交渉義務を負わせたもの）に基づき、第三者と協議の差止を求めた仮処分の申立について、保全の必要性を欠くとした最高裁判決（最判平成16・8・30民集58巻6号1763頁）がある。これについては後述する（第5章5(3)(D)）。

第4章 契約をめぐる紛争の解決手段

4 国際取引紛争

　我が国の企業と外国の企業との間で紛争が生じた場合、いずれの国の裁判所が管轄を有するか（国際裁判管轄）、我が国の裁判所ではいずれの国の法律が適用されるか（準拠法）、外国の裁判所が下した判決は我が国においていかなる効力を有するか（外国判決の承認）、また、それによって強制執行を行う方法はいかなるものか（外国判決の執行）、という問題がある。
　また、我が国と外国の双方で裁判が提起された場合はどうなるか（国際的訴訟競合）についても議論がある。
　なお、国際取引契約において仲裁合意がなされることが多いので、その点にも触れておきたい。

（1）国際裁判管轄

　（A）民事訴訟法改正
　平成23年5月改正の民事訴訟法は、国際裁判管轄に関する定めを設けた（民事訴訟法第2章第1節「日本の裁判所の管轄権」）。国際裁判管轄については、平成8年の民事訴訟法全面改正においても検討課題となっていたが、最終的には改正条文から落とされ、将来の立法課題とされていたものである（小林秀之『新民事訴訟法の解説』364頁）。
　（B）国際裁判管轄に関する定め
　改正民事訴訟法における国際裁判管轄の定めは、以下のとおりである。
　第1に、我が国の民事訴訟法が定める裁判籍（被告の住所地、義務履行地、手形小切手の支払地、財産の所在地、事務所又は営業所所在地、不法行為地等）が我が国にあるものについては、我が国の裁判所の裁判管轄を認める（民事訴訟法3条の2、3条の3）とともに、合意管轄と応訴管轄に対応する裁判管轄も認める（同法3条の7）など、基本的に我が国の民事訴訟法における土地管轄に関する定めに依拠している。
　第2に、我が国の裁判所に管轄権が認められる場合（専属的合意管轄を除く）でも、事案の性質、応訴による被告の負担の程度、証拠の所在地その他

の事情を考慮して、我が国の裁判所が審理及び裁判をすることが当事者間の衡平を害し、又は適正かつ迅速な審理の実現を妨げることとなる特別の事情があると認めるときは、その訴えを却下できるものとしている（同法3条の9）[39]。

(C) 判例

民事訴訟法改正以前において、最高裁（最判昭和56・10・16民集35巻7号1224頁）は、国際裁判管轄は、当事者間の公平、裁判の適正・迅速の理念により条理に従って決定するのが相当であるとしつつ、我が国の民事訴訟法の規定する裁判籍のいずれかが国内にあるときは、これらに関する訴訟事件につき、被告を日本国の裁判権に服させるのが右条理に適うとした。

その後、最高裁（最判平成9・11・11民集51巻10号4055頁）は、上記昭和56年の最高裁判決を引用しつつ、我が国の民訴法の規定する裁判籍のいずれかが我が国内にあるときは、原則として、我が国の裁判所に提起された訴訟事件につき、被告を我が国の裁判権に服させるのが相当であるが、我が国で裁判を行うことが当事者間の公平、裁判の適正・迅速を期するという理念に反する特段の事情があると認められる場合には、我が国の国際裁判管轄を否定すべきであるとした。

改正民事訴訟法における国際裁判管轄の定めは、上記各最高裁判決に拠ったものである。

なお、上記最判平成9・11・11は、以下のとおり判示して、我が国の裁判所の国際裁判管轄を否定した原審を維持した。民事訴訟法3条の9にいう「特別の事情」とは何かを知るのに有益な判示であるといえよう。

> （中略）本件契約は、ドイツ連邦共和国内で締結され、被上告人に同国内における種々の業務を委託することを目的とするものであり、本件契約において我が国内の地を債務の履行場所とすること又は準拠法を日本法とすることが明示的に合意されていたわけではないから、本件契約上の債務の履行を求める訴えが我が国の裁判所に提起されることは、被上告人の予測の範囲を超えるもの

39　土地管轄の場合、管轄違いは管轄裁判所への移送である（民事訴訟法16条）が、国際裁判管轄の場合、管轄違いは訴えの却下になる。

といわざるを得ない。また、被上告人は、20年以上にわたり、ドイツ連邦共和国内に生活上及び営業上の本拠を置いており被上告人が同国内の業者から自動車を買い付け、その代金を支払った経緯に関する書類など被上告人の防御のための証拠方法も、同国内に集中している。他方、上告会社は同国から自動車等を輸入していた業者であるから、同国の裁判所に訴訟を提起させることが上告会社に過大な負担を課すことになるともいえない。右の事情を考慮すれば、我が国の裁判所において本件訴訟に応訴することを被上告人に強いることは、当事者間の公平、裁判の適正・迅速を期するという理念に反するものというべきであり、本件契約の効力についての準拠法が日本法であるか否かにかかわらず、本件については、我が国の国際裁判管轄を否定すべき特段の事情があるということができる。

(2) 準拠法

(A) 準拠法の定め方

我が国の裁判所に国際裁判管轄が認められたからといって、準拠法が当然に我が国の法律になるとはいえない。

国際取引については、準拠法の合意[40]があるのが普通であるから、通常はそれによるが、仮に、準拠法の合意がない場合は、法の適用に関する通則法（平成18年法律第78号）によって定めることになる。

(B) 法の適用に関する通則法

法の適用に関する通則法は、契約の成立及び効力に関する準拠法について、①契約当時において契約に最も密接な関係のある地の法とし、②契約において特徴的な給付を当事者の一方のみがするときは、その当事者の常居所地の法を契約に最も密接な関係のある地の法と推定し、②不動産を目的とする契約については不動産の所在地の法を契約に最も密接な関係のある地の法と推定するとしている（同法8条）。

ただし、消費者契約と労働契約については、社会政策的な観点から、これ

---

40 黙示の合意を含む（最判平成9・9・4民集51巻8号3657頁）。

らの原則に修正が加えられている（同法11条、12条）。

(C) 公序良俗違反の外国法

外国法によるべき場合において、その規定の適用が公序良俗に反するときは、これを適用しないとされている（同法42条）。

この点に関する判例として、我が国の判例において認められている継続的契約保護の法理は、特別法による労働者保護・賃借人保護とは異なり、日本の公序を構成するものではなく、契約準拠法である韓国法により契約の更新拒絶を認めることは公序良俗に反しないとしたもの（東京地決平成19・8・28判時1991号89頁）がある。

(D) 外国法の証明

準拠法とされる外国法は、これを事実として扱うべきか、国内法と同様に法律として扱うべきかという問題がある。

前者であれば、外国法は主張立証の対象であり、外国法の適用を自己に有利に援用する側がその点についての主張立証責任を負うと考えられる。後者であれば、裁判所が職権で外国法を調査しなければならず、それが不明の場合でも主張立証責任に応じて裁判をすることはできず、何らかの法原則を当てはめて判断しなければならない。

英米法は前者の立場であるが、我が国では「裁判官は法を知る」という原則に基づき、後者の立場に立つのが正当とされている。

最高裁（最判昭和56・7・2民集35巻5号881頁）は、大韓民国人の死亡により開始した相続の準拠法たる韓国法の適用の誤りを主張してした上告を認容しており、これは、外国法違反を法令違反として扱ったものと解することができる。

外国法を法律として扱う以上、当事者がその存在及び内容を証明できない場合でも、裁判所は外国法を根拠とする主張を排斥することなく、職権調査のうえ適用すべき法律を明らかにする義務があることになる。それでも外国法が判明しない場合は、条理によって解決するほかない（結果的には我が国の法令を適用することになる）と解する見解が有力である。もっとも、問題となった外国法に近似する外国法を適用した判例（東京地判昭和51・3・19下民集27巻1～4号125頁）もある。

(3) 外国判決の承認

(A) 意義

外国の裁判所が下した判決をどう扱うかについては、国際条約も国際慣習もないので、外国判決の効力を認めるか否かは各国の自由である。しかし、たいていの国は、国際礼譲の観点からその効力を一定の限度で認めており、我が国も同じである。これを「外国判決の承認」という。

(B) 承認の要件

民事訴訟法118条は、外国判決の承認のためには、①法令又は条約により外国裁判所の裁判権が認められること（1号）、②敗訴の被告が訴訟の開始に必要な呼出し若しくは命令の送達（公示送達その他これに類する送達を除く）を受けたこと又はこれを受けなかったが応訴したこと（2号）、③判決の内容及び訴訟手続が我が国における公の秩序又は善良の風俗に反しないこと（3号）、④相互の保証があること（4号）、以上の要件を全て具備しなければならないと定めている。

(a) 間接管轄

1号は、外国判決をした裁判所が我が国の法令に照らして国際的裁判管轄を有していることを要件とするものである。これを「間接管轄」といい、我が国の裁判所が国際的裁判管轄を有するか否かに関する「直接管轄」と区別されている。

この点について、最高裁（最判平成26・4・24民集68巻4号329頁）は、人事に関する訴え以外の訴えにおける間接管轄の有無については、基本的に我が国の民訴法の定める国際裁判管轄に関する規定に準拠しつつ、個々の事案における具体的事情に即して、外国裁判所の判決を我が国が承認するのが適当か否かという観点から、条理に照らして判断すべきものと解するのが相当であるとしている。

(b) 適式な呼出

2号は、当事者の手続的保証の観点から、被告に対する適式な呼出がなされたことを要件とするものである。

この点については、我が国では、外国における送達は、裁判長がその国の

管轄官庁又はその国に駐在する日本の大使、公使若しくは領事に嘱託してすることになっている（民事訴訟法 108 条）が、外国では、原告又は原告代理人が直接被告に郵便で訴状等を送達し、あるいは、直接被告に訴状を交付することが認められる場合があるので、そのような送達が我が国でされたときの効力が問題となる。

この点に関する判例として、以下のようなものがある。

- 裁判上の文書の送達につき、判決国と我が国との間に司法共助に関する条約が締結されていて、訴訟手続の開始に必要な文書の送達が右条約に定める方法によるべきものとされているときは、右条約に定められた方法を遵守しない送達は、民事訴訟法 118 条 2 項の要件を満たさない（最判平成 10・4・28 民集 52 巻 3 号 853 頁）。
- 日本に住所を有し米国オハイオ州に一時滞在した日本人に対して、日本語の翻訳が添付されることなく同州法に従って送達された訴状に基づいてされた同州裁判所の判決は、有効な送達に基づかないものであって、民事訴訟法 118 条 2 項の要件を具備したものとはいえない（東京高判平成 9・9・18 高民集 50 巻 3 号 319 頁）。

(c) 公序良俗

3 号は、民法 90 条が公序良俗に反する契約を無効としていることから来るものである。外国判決の内容だけでなく訴訟手続が公序良俗に反する場合も承認されない。

この点に関する判例として、以下のようなものがある。

- 同一当事者間に、我が国と米国の各裁判所で相互に矛盾抵触する確定判決が存するときは、右判決の先後に関係なく、米国裁判所の判決を承認することは、我が国の裁判法秩序に反し、民事訴訟法 118 条 3 号の要件を欠く（大阪地判昭和 52・12・22 判夕 361 号 127 頁）。
- 外国判決のうち、懲罰的損害賠償としての金銭の支払を命ずる部分は、我が国の公の秩序に反し、その効力を有しない（最判平成 9・7・11 民集 51 巻 6 号 2573 頁）
- 弁護士費用を含む訴訟費用の全額をいずれかの当事者の一方に負担させる裁判は、実際に生じた費用の範囲内でその負担を命ずるものである限り、公の

秩序に反するものではない（最判平成 10・4・28 民集 52 巻 3 号 853 頁）。

　(d) 相互主義

　4 号は、外交通商における相互主義に基づくものであり、我が国の判決が当該外国でも承認されることの保証が必要という趣旨である。

　しかし、外国判決の承認のための要件が我が国と外国とで厳密に一致していることまで要求しているものではなく、最高裁（最判昭和 58・6・7 民集 37 巻 5 号 611 頁）は、相互の保証とは、当該判決をした外国裁判所の属する国において、我が国の裁判所がしたこれと同種類の判決が我が国における条件と重要な点で異ならない条件のもとで効力を有するものとされていることをいうとしている。

(4) 外国判決の執行

　(A) 意義

　外国判決に基づいて我が国で強制執行をするには、我が国の裁判所に対して執行判決を求める訴えを提起しなければならない（民事執行法 24 条 1 項）。

　当該訴訟においては、裁判の当否を調査することはないが、対象となる外国判決が、①確定したものであること、②民事訴訟法 118 条各号所定の要件（外国判決の承認のための要件）を備えていること、が証明されなければならない（同条 2 項・3 項）。これらが証明されれば、裁判所は、外国判決による強制執行を許す旨を宣言する（同条 4 項）。

　確定した執行判決のある外国判決が債務名義となる（同法 22 条 6 号）。

　(B) 判例

　外国判決の承認については既に述べたとおりであるが、確定した外国判決に当たるかどうかについては、以下のような判例がある。

・仮処分の性質を有する米国の裁判は、日本の裁判所において効力を認めることはできない（大判大正 6・5・28 評論 6 巻民訴 291 頁）。
・香港高等法院がした訴訟費用負担命令並びにこれと一体を成す費用査定書及

び費用証明書は、民事執行法 24 条所定の「外国裁判所の判決」に当たる（最判平成 10・4・28 民集 52 巻 3 号 853 頁）。

なお、外国判決に記載されていない利息についても、それが判決によって支払を命じられる金員に付随して計算上明らかに発生し、当該外国の法制上は執行することができるとされている場合は、この利息を付加して執行判決をすることができるとしたもの（最判平成 9・7・11 民集 51 巻 6 号 2530 頁）がある。

(5) 国際的訴訟競合

既に述べたとおり、我が国の確定判決と矛盾抵触する外国判決は、公序良俗に反するものとして効力が承認されないという判例（前掲大阪地判昭和 52・12・22）がある。そのため、製造物責任に基づく損害賠償請求訴訟を米国において提起された企業が、我が国で当該損害賠償債務の不存在の確認を求めて提訴するという事例が見られるようになった。

このように、同一事件について我が国と外国で同時に訴訟が係属することを「国際的訴訟競合」といい、その扱いについて議論がある。平成 23 年の民事訴訟法改正においても、この点に関する規律を定めることが検討されたが、最終的には採用されなかった。

まず、これが重複起訴の禁止（民事訴訟法 142 条）に当たるかどうかという問題があるが、同条の「裁判所」とは我が国の裁判所を指すので、既に外国で係属中の事件について我が国で訴えを提起することは重複起訴に当たらないとするのが判例である（大阪地判昭和 48・10・9 判時 728 号 76 頁、東京地判昭和 62・6・23 判時 1240 号 27 頁、東京地判平成 1・6・19 判タ 703 号 240 頁）。

しかしながら、重複起訴の禁止の趣旨（訴訟経済・矛盾した判決の回避）は、国際的訴訟競合の場合にも等しく妥当するので、一定の制限を加えるべきであるという見解も有力である。

この点に関する判例として、民事訴訟法 118 条が一定の要件の下に外国判

決の効力を承認する制度を設けている趣旨を考えると、国際的訴訟競合の場合にも、先行する外国訴訟で本案判決がされてそれが確定に至ることが相当の確実性をもって予測され、かつ、その判決が我が国で承認される可能性があるときは、判決の抵触の防止や当事者間の公平、裁判の適正・迅速、訴訟経済の観点から、重複起訴の禁止の法理を類推して、後訴を規制することが相当とされることもありうるとしたもの（東京地判平成1・5・30判時1348号91頁）がある。

(6) 国際仲裁

(A) 国際仲裁のメリット

国際取引については、紛争解決手段として、訴訟よりも仲裁が選択されることが多いが、その理由は、既に述べた仲裁のメリット（第3章2 (8) (C) (a)）のほか、①外国に住む被告に訴状を送達するには、外交ルートを通じて行わなければならず、非常に面倒で時間がかかるが、仲裁にはそのような制約がないこと、②国際取引における裁判管轄をいずれの国に指定しても、相手方当事者にとっての不公平感は避けられないが、第三国での仲裁に付託することでそれを避けることができること、以上のようなメリットが考慮されているものと思われる。

(B) 国際仲裁機関

国際仲裁の場合も、個別的仲裁（個別に仲裁人を選任する方法）と制度的仲裁（常設の仲裁機関を利用する方法）とがある。

国際取引契約では後者を利用するのが一般的である。国際取引に関する代表的な常設仲裁機関としては、パリに本部を置く国際商業会議所（International Chamber of Commerce）が有名である。我が国にも、国際商事仲裁協会と日本海運集会所がある。これらは、それぞれに固有の仲裁規則を有し、仲裁手続を定めている。

(C) 効力

国際仲裁の効力は、我が国を仲裁地とした仲裁の効力と同じである（仲裁法45条1項かっこ書）。仲裁判断の承認・執行については、外国判決の承

認・執行と同様の規律がなされている（同法45条、46条）ので、国際仲裁の効力を国内仲裁と別異に扱う必要がないからである。

第5章

契約交渉

第5章　契約交渉

1　はじめに

　これまで、契約と契約書に関する法理及び契約をめぐる紛争処理について述べてきたが、契約が成立する前には当事者間で契約締結に向けた交渉がなされている（現代型契約における「書式の戦い」については既に述べた）はずであって、契約交渉の重要性はいくら強調してもしすぎることはない。そこで、最後に、契約交渉について一章を設けることとしたい。
　契約交渉の論点には、事実的側面と法的側面がある。
　事実的側面としては、交渉の準備に当たって留意すべき事項と、いわゆる「交渉術」と呼ばれるものがある。
　法的側面としては、契約締結過程に入った当事者間の法的規律の問題がある。ここでは「契約締結上の過失」と「レター・オブ・インテント」の二つについて触れることとしたい。

2　交渉の準備

　契約交渉に臨むに当たって担当者が留意すべき事項には、契約の対象となる取引にかかる会社の狙いや方針を再確認すること及びそれに必要な情報を収集すること、そして、交渉相手の情報を得ることなどがある。具体的には以下のとおりである。

（1）会社の狙いや方針の再確認

　この取引において会社は何を狙っているのか、目的や趣旨とそれに基づく会社の方針を再確認して、交渉に関わる責任者や各部門の関係者とも認識を共有し、意識を合わせなければならない。

特に法務担当者がこの交渉に関わるに当たり、必ずしもその取引の計画初期段階から関与しているとは限らず、真の狙いや背景を掴みきれていないこともあり得る。また複数の関係部門がある場合に、関係部門間で思うところがずれていることもあり得る。方針等の再確認に当たっては、責任者だけでなく、各部門の実務のキーパーソンからも話を聞くことが重要である。法務担当者がこの取引を正確・適切に理解するために必要であるだけでなく、その過程で会社内部の認識・意識にずれがある場合にこれを発見し、是正する機会ともなり得る。法務担当者の大切な役割のひとつでもある。重要な案件であれば、この時点から顧問弁護士など外部専門家とも情報を共有し、意識を合わせておくことが望ましい。

(2) 取引の相手方と取引の対象についての事実確認

　商業登記簿や信用調査会社等を利用して相手方の調査をすることにより、相手方の信用、特色等を知ることが必要である。過去に取引がある場合には、担当者から取引の内容と経過（交渉経過を含む）のヒアリングをすることが考えられる。また、現実の取引においては、グループ会社を含む複数の関係者が存在することがあり、直接に具体的な交渉をしてきた相手方と、実際に契約を取り交わす相手方が異なることもあるので、契約を取り交わす相手方は誰かをよく確認しておくことも大切である。

　取引対象となる商品・サービスについては、ホームページ、商品カタログ、特許公報等によって確認し、その特性等を把握することが必要である。その商品が機械・器具などの有体物なのか、ソフトウェアやサービスなどの無体物なのかにより、取引の枠組みや重点も変わってくるからである。さらに、それが新規なもの、画期的なものである場合には、その内容の真実性や信頼性について専門家の意見を聞くことも考えられる。

(3) 交渉の目的の設定

　多少の譲歩はしても、契約を成立させることが必要であるのか、自社の利

益が少しでも損なわれるような結果は絶対に避けるべきなのか、あるいはその中間なのかという交渉姿勢をしっかりとさせるために、交渉の目的を設定しなければならない。交渉の目的を設定するためには、会社の狙いや方針を十分に理解しておくことが必要となる。

　交渉に臨む際には、その事案に応じて、予め交渉が妥結する可能性を検討し、不調になった場合にどうするかを考えておく必要がある。

　例えば、紛争案件の示談交渉であれば、それが不調となった場合に裁判になる可能性とその結果を予測することが重要である。敗訴の可能性が高ければ、強気の交渉はできないはずである。もっとも、勝訴の可能性が高くとも、レピュテーションリスクを考えてそれを思いとどまることもある（ただし、権利の不行使が役員の善管注意義務違反にならないように、思いとどまる判断をした場合であっても、十分な情報に基づき、合理的な判断をしたという証拠を残すなどの配慮をする必要もある）。

(4) 会社の利益を極大化する取引形態（取引の枠組み）の検討

　会社の狙いや方針を踏まえて、取引の相手方との力関係や取引の対象など、個別事案ごとに、いかなる取引形態をとる（取引の枠組みをつくる）ことが会社の利益を極大化することになるかを考えなければならない。

　例えば、相手方が保有する知的財産の確保がポイントとなる取引であれば、公的な審査と登録を要する特許権等の産業財産権なのか、審査等が不要なプログラム著作権なのか、権利とまではいえないノウハウ等の財産的情報なのか、それらが混在したものかをまず押さえる必要がある。それが特許権だとすれば、それを相手方から譲渡を受ければ、その権利は将来にわたって独占的に確保できるが、その対価が大きくなる一方で、投下資本を回収する間に、その技術が陳腐化するおそれもある。これに対し、特許権につき実施権の許諾（ライセンス）を受けるのであれば、専用実施権でない限り権利は独占できないが、譲渡よりも対価の面でメリットがあり、投資回収との関係でも身軽なため、事業計画が立てやすく、その変更や撤退もやりやすくなる。

　M&Aの場合には、株式の取得であれば、手続が簡明というメリットがあ

る反面、対象会社の簿外債務を含むリスクを引き受けるおそれがある。事業譲渡の場合は、リスクの遮断はできるが、対象事業の承継手続きに手間どる可能性がある。いずれの場合にも、相手方に支払うべき対価を自社の株式とすることで、現金の準備を不要とする方法がある。どのように対価を支払うかを決めるに際しては、決算への影響も考えなければならない。

　これらの要素を考慮しながら、会社の狙いや方針に基づき、会社の利益を極大化することになる取引形態（取引の枠組み）を検討しなければならない。

(5) 具体的な交渉の戦略と戦術の立案

　上記の調査・検討を通じて、具体的な交渉の戦略と戦術を事前に立案したうえで交渉に臨むことが肝要である。

　交渉戦略については、自社の利益を極大化することを目指すことはもちろんであるが、相手方の利益にも十分配慮することが必要である。双方に利益をもたらすウィン・ウィン型の交渉が望ましいことはいうまでもない。なぜなら、それが妥結の可能性を高める要素だからであり、また、一方がひとり勝ちのような結果となる交渉は、後日に禍根を遺すことになりかねないからである。

　なお、交渉の戦術はもちろんのこと、その戦略についても、必要以上に拘泥してはならない。交渉過程における相手方との対話を通じて、相手方の主張や視点を受け入れることがかえって自社の利益を極大化できると分かることもある。このような場合には、取引の枠組みや交渉の戦略・戦術を適切に変更すべきである。大切なことは、会社の狙いや方針をよく理解し、それに照らして柔軟に対応しながら交渉を進めることである。

　交渉の戦術（交渉術）については、後記3以下で説明する。

第5章　契約交渉

3　交渉術

本来、交渉は実践であって理論ではない。しかし、そこにはいくつかの基本的な原則（心構えというべきか）があると説かれている。交渉に関する書籍は多数あるが、契約法に関する概説書では触れられることの少ない分野である。本書では、ごく簡単にその一端に触れることとしたい。

(1) 交渉の分析概念

交渉の基本的な分析概念として、分配型交渉と統合型交渉（ゼロ・サム型交渉とウィン・ウィン型交渉）、BATNA、留保価格というものがある。概略以下のとおりである（太田勝造＝草野芳郎編『ロースクール交渉学［第2版］』16頁以下参照）。

(A) ウィン・ウィン型交渉

ウィン・ウィン型交渉とは、当事者が協力して利益を新たに創造し、それを獲得する形の交渉であり、限られた利益（パイ）を当事者間で奪い合う形のゼロ・サム型交渉と対比される。

ロジャー・フィッシャー＝ウィリアム・ユーリー（金山宣夫＝浅井和子訳）『ハーバード流交渉術』103頁に、ひとつのオレンジをめぐって姉妹が喧嘩となり、半分に分けることで折り合いが付いたが、姉は中身を食べて皮を捨て、妹は中身を捨ててケーキを作るのに皮を使ったという例が挙げられている。ゼロ・サム型の交渉になったため、もっと有利な結論（姉は中身を全部取り、妹は皮を全部取る）が得られる機会を失ったということである。

ゼロ・サム型の交渉にこだわると、結局「足して二で割る」式の結果に終わることが多く、本来得ることができたはずの利益が得られない可能性がある、交渉当事者はウィン・ウィン型の交渉を目指すべきである。

(B) BATNA

交渉がまとまらない場合に選択できる最良の状態をBATNA（Best Alternative To a Negotiated Agreement）という。相手方の提案がBATNAを下回るのであれば、交渉は打ち切るべきである。

BATNAが何かを把握しておくことで、①相手方の提案が合理的なものか、交渉をいつ打ち切るべきかを冷静に判断できる、②BATNAが強い場合は交渉上有利、BATNAが弱い場合は交渉上不利なので、自己の交渉力を冷静に判断できる、以上のようなメリットがある。

(C) 留保価格

交渉によって譲歩できる最大限の水準を留保価格（Reservation Price）という。相手方の提案が留保価格を超えれば受諾は不可能である。いかなる交渉においても、自己が譲歩できる最大限の線を用意しておくことは必須である。

もちろん、相手方にも留保価格があり、双方の留保価格が重なり合う限度で交渉がなされることになる。たとえば、売買契約交渉において、売手が300万円未満なら売らないと考え、買手が400万円を超えたら買わないと考えている場合、売手の留保価格は300万円、買手の留保価格は400万円であり、300万円から400万円の間で妥結の可能性がある。これをZOPA（Zone Of Possible Agreement）という。

BATNAがある場合、留保価格はそれと連動して決まる。上記の例で、買手が同じ物を別の売手から400万円を超えてしか購入できないと分かっておれば、留保価格400万円以下で妥結することに意味があるが、別の売手から250万円で購入できることが判明すれば、300万円を超えて妥結する意味はないので、買手の留保価格は300万円を下回るはずである。この場合はZOPAがなくなるので、交渉は妥結しない。もっとも、BATNAがなければこのようなことは起こらない。

交渉に当たっては、自己の留保価格を設定する（BATNAがあればそれを踏まえる）とともに、相手方の留保価格を推測し、ZOPAがどの範囲かの見当をつけることが重要である。

(2) 交渉戦術

交渉戦術として、以下のようなものがあるといわれている（弁護士を念頭に置いたものであるが、ビジネス交渉でも利用可能と思われる）。いずれも、

太田＝草野・前掲書165頁以下からの引用であるが、コメントは筆者が付したものである。

〈準備段階での戦術〉
① 交渉は可能な限り自分のオフィスで行う。
　　交渉のために先方のオフィスに乗り込むのは緊張を強いられるが、自分のオフィスであれば気楽である。適宜休憩を取るなど、自分が交渉手続を主導することができる。
② 相手の人数と同じか、少し多くの人数を確保する。
　　枯れ木も山のにぎわいというが、人数で相手にプレッシャーを与えることは可能である（逆に、相手より人数が少ないためにプレッシャーをかけられることは避けなければならない）。
　　もっとも、虚仮威しのために交渉に関係のない者まで動員したことを見破られたら、自分の弱みを見せたのと同じである。
③ 時間がたっぷり取れる時刻に行う。
　　交渉は、直ちに条件提示に入るわけではなく、前段階がある。人間関係の構築も必要であるし、事実関係を理解するための説明もしなければならない。また、交渉は時間に制限を有する方が不利である（逆に、相手方が時間を気にしているようなら、要求を受諾させるチャンスである）。
④ 事実を十分に調査する。
　　正しい事実に基づかない議論は説得力を持たない。また、相手方が事実に反する主張をしたら直ちに否定しなければ、誤った事実を前提に議論が進んでしまう。事前の準備を怠って有効な交渉ができることはない。
⑤ 自己の立場を固定する。
　　交渉相手に対し、容易に譲歩しない人物だという印象を与えれば、交渉を優位に進めることができる（相手方にとっては、交渉の妥結を優先すれば譲歩を余儀なくされる）。
　　ただし、交渉の最終目標は、タフ・ネゴシエーターであるという人物評価をさせることではなく、合意の成立であるから、余り自己の立場に

こだわって交渉するのは適当でない。安易な譲歩はしないが、双方に利益となれば受け入れる柔軟性を持っていると思わせなければならない。
⑥　自己の要求のひとつを「前提条件」として位置付ける。
　　どうしても譲れない要求があり、それが受け入れられなければ交渉は不調になると相手に思わせることは有効である。それが当方にとって重要であるが、先方にとっては必ずしも重要でない場合は、相手方が容易にその要求を受諾する可能性がある。

〈交渉初期段階での戦術〉
⑦　最初のオファーは相手方にさせる。
　　いったんオファーをすると、それが最大限となり、後はそこからいくら譲歩できるかというだけになる。相手方に最初オファーさせることで、相手方の要求の最大値を確定させることができる。
⑧　最初のオファーを非常に高くする。
　　最初のオファーを非常に高くすることで、譲歩の余地（交渉の余地）を大きくすることができる。もっとも、非常識に高いオファーは、相手方の反感を買い、早期に交渉決裂となるおそれがあるから、注意が必要である。
⑨　中心的な議題を最初にあげる。
　　枝葉末節にこだわった交渉は時間を浪費するだけである。交渉における中心的な議題が何かを見据えて、それを解決することに集中すべきである。そのような交渉態度は、相手方にも好印象を与えるはずである。
⑩　相手方に最初の妥協をさせる。
　　これにより、相手方の譲歩の程度（限度）を推し量ることができる。それとの比較で、自分がどの程度の譲歩をしたらよいかが分かる。

〈戦術一般〉
⑪　２人の交渉担当者に別の役割を果たさせる。
　　ひとりが強硬な態度を取り、もうひとりが友好的な態度を取る。相手方に対し、交渉相手が自分の意見に耳を貸し、パートナーを説得してく

れているかのような錯覚を与える。これにより、友好的な交渉担当者の提案を受諾しやすくさせる。刑事ドラマにおける被疑者取調のシーンで良く見る光景である。

⑫　法と正義に訴える。

　弁護士同士の交渉であれば、法と正義に基づく議論には反論できない。ビジネスマンでもさほど変わりないはずである。もっとも、何が法と正義かについて双方の認識が一致していなければならない。

⑬　相手方が弱気な場合は強気に出る。

　弱気な交渉者と強気な交渉者が交渉をすれば、ほとんどの場合、弱気な方が大きな譲歩を迫られる。弱気な交渉者は、相手方との円満な交渉を重視し、交渉の決裂をおそれている。そのため、ある程度強気に出ても反撃を受けるおそれはなく、交渉を有利に進めることができる。

　相手方が強気の交渉者であれば、こちら側も強気の交渉者を送り出すほかない。この場合、交渉は不調になることが多いが、正義に反する結果となるよりはマシである。

⑭　必要な場合は苛立ってみせる。

　弱気な交渉者は、相手方が気分を害し、円満な交渉ができなくなることを恐れる。そのため、あえて感情的に振る舞い、譲歩を引き出すという戦術である。逆に、交渉において相手方が苛立った素振りを見せても、それを恐れたり、気に病んだりする必要はないということである。

⑮　交渉進行中に要求の一部をつり上げる。

　一旦提示した要求をつり上げることは、原則として交渉倫理に反すると思われるが、それでも、相手方が妥結を優先する限り、有効な場合がある。また、それを取り下げることで、あたかも譲歩したかのような外形を作ることができる。

　もちろん、相手方の交渉態度いかんによるのであって、たとえば、双方で合意した前提条件に基づいて要求したのに、相手方がそれを否定すれば、当初の要求は撤回しても構わない。

⑯　妥協するだけの権限を与えられていないと主張する。

　本当は権限があるのに、それがないかのように主張することは、代理

人の戦術として頻繁に使われるものである（本人が交渉の場に出ないことのメリットのひとつである）。「私は貴殿の提案が合理的だと思うが、なにせ本人が強硬で説得に難渋している。もう少し譲歩していただければ説得しやすい」などと言えば、相手方は代理人に敬意を表して譲歩する可能性がある。この程度の話法は、交渉術として許容範囲だと思われる。

⑰　サインする前に依頼者に十分確認する。

　交渉の素人である本人は、代理人の説得に一旦は納得しても、すぐに気が変わることは頻繁にある。代理人が苦労してこぎ着けた合意を覆すことも平気である。逆に、代理人が本人の真意を十分に確認しないで交渉に臨んでいる危険もある。本人からの責任追及を受けないためにも、何度でも本人の意向を確認することが肝要である。裁判上の和解であれば、本人の同席を求めるべきである（裁判官による説得の方が効果のある場合もある）。

〈事後戦略〉

⑱　相手方を気分よくさせる。

　納得いかないのに無理矢理合意させられたという気持ちを相手方が持てば、後で合意の効力が争われるおそれがある。また、自分の要求が通ったという気持ちにさせれば、合意事項の履行も円滑である。

⑲　合意成立後、依頼者にこれを拒否させ、要求をつり上げる。

　依頼者が本当に拒否したなら仕方ないが、依頼者は受諾しているのに、さらに相手方の譲渡を得るために拒否させることは、交渉倫理に反するやり口である。しかし、相手方が妥結を急ぐ場合は、このような提案でも受け入れる可能性がなくはない。

⑳　合意事項は自分自身で直ちに書面化する。

　口頭の合意だけでは十分ではない。後で合意内容が争われることのないよう、書面（契約書）にすることは必須である。

　書面化するに当たっても、条項についての交渉（書式の戦い）が待っている。その際、交渉の主導権を握るには、自ら書面を作成して提示す

ることが必要である。もっとも、自ら作成した書面を後で変更することは難しくなるので、条項の細部にわたって周到な準備と検討が必要である。

(3) 交渉倫理

　交渉においても、倫理に悖る手段を用いてはならないことは当然である。特に、弁護士の場合は法曹倫理に反しないよう振る舞う必要がある。平成16年に日本弁護士連合会が定めた弁護士職務基本規程は、第5条で「弁護士は、真実を尊重し、信義に従い、誠実かつ公正に職務を行うものとする」と定めている。弁護士は、契約交渉に当たっても、このような信義誠実義務に反してはならない。

　交渉において求められる倫理としては、①相手を騙してはならない、②ことさら事実を隠蔽してはならない、③一方当事者のみが著しく有利になるような結論は避ける、④相手には敬意をもって接する、などということが挙げられている（太田＝草野・前掲書153頁）。

　いずれも、常識にかなったものであり、交渉戦術も、交渉倫理に反しない限度で実行されなければならない。交渉による解決は重要なものであるが、倫理を逸脱して行うことはできないし、非常識な結論をもたらすような交渉は避けるべきである。

　ただし、相手方が交渉倫理に反する行為に及ぶことは十分にありうるので、それを踏まえて交渉に臨む必要がある。上記（2）の中には交渉倫理に反するか、反するおそれのあるものも含まれているが、自分がそれを利用しないとしても、相手方がそれを利用する可能性のあることを知っておくのは重要である。

(4) 交渉コンペ

　最後に、大学対抗交渉コンペティション[41]における審査表に掲げられた評価項目を紹介する。交渉に当たっての心構えという点で、学生のみならず実務

家にも参考になるものと思われる。

① ［事前メモ］事前メモは分かりやすく、内容的にも過不足ないものであるか。
② ［目標設定］交渉の目標は適切に設定・理解されていたか（目指すウィン・ウィンの方向性・展望の適切さ）。
③ ［交渉戦略］交渉目標に照らして、交渉戦略は適切に建てられていたか。
④ ［建設的提案］交渉の目標・戦略に照らして、合理的な提案を柔軟かつ建設的に行なっていたか。
⑤ ［効果的説得］交渉の目標と戦略に照らして、効果的な議論を説得的に展開していたか。
⑥ ［当意即妙］相手の主張や提案に対して、適時に要を得た誠実な対応が取れていたか（リスポンシヴネス）。
⑦ ［意思疎通］相手方の考え・利害を理解するための、効果的なコミュニケーションができていたか。
⑧ ［筋を通す］安易に妥協したり、過度に強引になったりすることなく、交渉目標を追求したか。
⑨ ［交渉マナー］交渉態度やマナーは、ビジネスマンとして適切だったか
⑩ ［チームワーク］チーム全員が各自の役職に応じた役割を果たし、チームワーク良く交渉したか。
⑪ ［BATNA］交渉権限の範囲内で、自陣にできるだけ有利な合意を追求したか。BATNAを逸脱した交渉は行わなかったか。
⑫ ［ワーキング・リレーション］相手方との間で、良きワーキング・リレーションを構築しようと努力したか。
⑬ ［合意メモ］合意内容を適切に反映した合意メモとなっているか。
⑭ ［交渉倫理］交渉倫理を逸脱することなく交渉を進めたか。
⑮ ［自己評価］交渉の経緯と結果について適切な説明ができ、彼我をフェ

41　交渉に対する社会の関心を深め、学生に交渉を学ぶインセンティブを高めるために、大学を越えた交渉と仲裁の他流試合の場として2002年に設立された、毎年1回、2日間にわたって行われる仲裁・交渉の大学対抗戦であり、1日目には模擬仲裁を、2日目には模擬交渉を行う。(http://www.negocom.jp/)

アに反省・批評できたか。

①ないし③が準備段階に関する留意点である。この段階では、事実関係の適切な把握と交渉の目標・戦略の適切性が問われている。審査員に事前メモを提出して評価を受けることになるが、実務的にも、交渉に当たって事前メモを作成することは励行されてよいと思われる。準備なくして交渉に臨むのは無謀というものである。

④ないし⑧と⑩が交渉内容に関する留意点である。ここでは、建設的な提案をすること、効果的な議論を説得的に展開すること、相手方の主張に対する要を得た対応をすること、効果的なコミュニケーションを行うこと、安易な妥協や過度な強引さを避けること、BATNAを逸脱しないこと、などが求められている。現実の交渉においても十分通用する項目であり、実務における交渉担当者が拳拳服膺してしかるべきである。

⑨⑪⑫⑭が交渉態度に関する留意点である。ここでは、ビジネスマンとして適切なマナー、チームワーク、相手方との良好な関係の維持、交渉倫理を逸脱しないこと、などが求められている。上記（2）に挙げた交渉戦術とは厳密には一致しないかも知れないが、それは、大学対抗交渉コンペという事柄の性質上、学生に対する教育的側面が重視されているからである。現実の交渉が綺麗事だけではすまないのは当然であるが、望ましい交渉態度であり、実務においても常に念頭に置く必要があろう。

⑬⑮は事後戦略に関する留意点である。合意メモが合意内容を適切に反映すべきことは当然であるし、交渉担当者が上司に対し、交渉の経緯と結果を適切に説明すべきことも当然である。実務にも通用する観点である。

4 契約締結上の過失

(1) 意義と類型

判例上、契約交渉過程における信義則上の義務に違反したことを理由に、

当事者の一方が相手方に生じた損害を賠償すべき義務を負う場合があるとされている。これが「契約締結上の過失」と呼ばれるものである。

改正民法には採用されなかったが、中間試案は「契約締結の自由と契約交渉の不当破棄」と「契約締結過程における情報提供義務」という二つの定めを置くこととしていた。これは、契約締結上の過失として判例で認められる類型を明文化しようとしたものである。

中間試案は以下のようなものであった。

1　契約締結の自由と契約交渉の不当破棄
　　契約を締結するための交渉の当事者の一方は、契約が成立しなかった場合であっても、これによって相手方に生じた損害を賠償する責任を負わないものとする。ただし、相手方が契約の成立が確実であると信じ、かつ、契約の性質、当事者の知識及び経験、交渉の進捗状況その他交渉に関する一切の事情に照らしてそのように信じることが相当であると認められる場合において、その当事者の一方が、正当な理由なく契約の成立を妨げたときは、その当事者の一方は、これによって相手方に生じた損害を賠償する責任を負うものとする。
2　契約締結過程における情報提供義務
　　契約の当事者の一方がある情報を契約締結前に知らずに当該契約を締結したために損害を受けた場合であっても、相手方は、その損害を賠償する責任を負わないものとする。ただし、次のいずれにも該当する場合には、相手方は、その損害を賠償しなければならないものとする。
　⑴　相手方が当該情報を契約締結以前に知り、又は知ることができたこと。
　⑵　その当事者の一方が当該情報を契約締結前に知っていれば当該契約を締結せず、又はその内容では当該契約を締結しなかったと認められ、かつ、それを相手方が知ることができたこと。
　⑶　契約の性質、当事者の知識及び経験、契約を締結する目的、契約交渉の経緯その他当該契約に関する一切の事情に照らし、その当事者の一方が自ら当該情報を入手することを期待することができないこと。
　⑷　その内容で当該契約を締結したことによって生じる不利益をその当事者の一方に負担させることが、上記⑶の事情に照らして相当でないこと。

そこで、以下において、これら二つの類型に従って契約締結上の過失について述べる。

第5章 契約交渉

(2) 契約締結の自由と契約交渉の不当破棄

(A) 契約交渉の不当破棄と信義則

契約自由の原則により、当事者には契約を成立させるか否かの自由がある。この点は既に述べた（第1章8（1）(A)）。したがって、契約交渉を一方的に破棄したからといって賠償責任を負うことはないのが原則である。

しかしながら、上記中間試案にあるように、相手方において契約の成立が確実であると信じ、かつ、そのように信じることが相当であると認められる場合、正当な理由なく交渉を破棄した当事者は信義則上賠償責任を負うべきだという考え方があり、これは、以下のとおり最高裁も採用するところとなっている。このような契約締結上の過失責任の根拠は、契約準備段階における信義則上の注意義務に求められる（内田貴『民法Ⅱ［第3版］債権各論』25頁）。

(B) 判例

最高裁において、契約交渉の不当破棄について賠償責任を認められた事案には、以下のようなものがある。

- マンションの購入希望者が、売却予定者に対し、歯科医院とするためのスペースについて注文を出し、レイアウト図を交付するなどしたうえ、電気容量の不足を指摘し、売却予定者が容量増加のための設計変更および施工をすることを容認したという事案において、購入予定者に契約締結上の過失に基づく賠償責任を認めた判断を維持したもの（最判昭和59・9・18判時1137号51頁）。
- 下請業者が施工業者との間で下請け契約を確実に締結できるものと信頼して準備作業を開始した場合において、施工業者が下請け業者の支出した費用を補てんする等の代償措置を講ずることなく施工計画を中止することは下請業者の信頼を不当に損なうものであり、施工業者は下請業者に対して損害賠償義務を負うとしたもの（最判平成18・9・4判時1940号30頁）。
- ゲーム機の売買において、発注者から具体的な発注がないにもかかわらず、中間に介在する商社が、メーカーに対して発注を口頭で約束し、発注書・条件提示書を交付するなどしたため、メーカーが製造に必要な部品を発注し、金型を完成させるなどの費用を支出したという事案において、商社には契約

> 締結上の過失に基づく損害賠償責任があるとしたもの（最判平成 19・2・27 判時 1964 号 45 頁）。

　ここでは「相手方において契約の成立が確実であると信じ、かつ、そのように信じることが相当であると認められる場合」という要件が問題になっている。前掲昭和 59・9・18 の事案では、注文者が主導して設計変更させたこと、前掲平成 18・9・4 の事案では、下請業者が施工のための準備作業を開始していること、前掲平成 19・2・27 の事案では、メーカーが製造に必要な部品を発注し、金型を完成させるなどの費用を支出したこと、以上のような事実が重視されていると考えられる。

(C) 補足説明

　この点に関する補足説明は以下のとおりである（補足説明 337 頁ないし 340 頁）。契約交渉の不当破棄の要件についての考え方が示されている。

> （中略）損害賠償義務が発生するための要件として、まず、相手方が契約の成立が確実であると信じたことが必要である。契約締結の拒絶等が自由であるという原則の例外として損害賠償義務が発生するのは、契約が締結されるという相手方の信頼を保護するためであるからである。
> 　（中略）契約の成立が確実であると「信ずることが相当であると認められる」ことが必要である。単に相手方が一方的に契約の成立が確実であると思いこんだだけで損害賠償義務を負担させるのは当事者にとって予想外の負担を強いることになるから、損害賠償の要件としては契約の成立が確実であるという相手方の信頼が合理的なものであることが必要である。相手方の信頼が相当であると認められることが必要とされるのは、このような趣旨に基づく。
> 　どのような場合に契約の成立が確実であると信ずるのが相当であるかは事案に応じて個別に判断されるが、その際に考慮すべきこととして、本文では、「契約の性質、当事者の知識及び経験、交渉の進捗状況その他交渉に関する一切の事情」を挙げている。契約の性質としては、例えば、複雑な取引であってその種の取引については契約書に調印するまでは契約が成立していないという理解が一般である場合には、契約書が作成されていないことは信頼の相当性を否定する方向に働き、一方、契約書の作成前に履行に着手することが一般的であるとかそもそも契約書が作成されないことが多い取引類型においては、当事者の口頭のやりとりのみで契約成立への信頼が相当であると判断されることが

あると考えられる。また、交渉の進捗状況としては、例えば、必ず契約すると当事者が約束したとか、相手方が契約の締結や債務の履行に必要な準備行為を始めることを承認したなどの当事者の先行行為、契約条項の大部分が合意されているなどの事情があれば、信頼の相当性が認められる方向で考慮されることになると考えられる。これに対して、交渉のたびに中間的な合意が書面化され、それが交渉の到達点を示すものに過ぎず、契約の成立を示すものではないということが確認されていれば、信頼の相当性を否定する方向に働く事情として考慮されることになると考えられる。

(中略)当事者の一方が「契約の成立を妨げた」ことが必要である。「契約の成立を妨げた」に該当する典型的なケースは、交渉の当事者が自ら契約の締結を拒絶した場合である。もっとも、これに限らず、契約交渉が破綻するような事態を故意に招来したときは、「契約の成立を妨げた」に該当すると考えられる。例えば、当事者の一方が契約の締結を回避するために言を左右にして契約交渉を引き延ばしたとか、相手方が契約締結を断念するように敢えて相手方が到底受諾しないような契約条件を提示したなど不誠実な交渉態度に終始し、そのために相手方が契約の締結を断念し、交渉が終了した場合である。この場合には、形式的には交渉を拒絶したのは相手方であるが、契約交渉が破綻する原因を故意に作り出したのはもう一方の当事者であり、この当事者が「契約の成立を妨げた」と言える。

(中略)当事者が契約の成立を妨げたことについて正当な理由がないことが必要である。相手方が契約成立が確実であると信頼するのが相当である場合であっても、この時点ではまだ契約は成立しておらず、原則として契約締結の拒絶等も自由であることを考えると、当事者に契約を締結しない正当な理由がある場合にまで損害賠償を負担させることはできないからである。正当な理由があると言えるかどうかは事案に応じて個別に判断されるが、例えば、契約交渉が進展し、互いに契約の成立が確実であると当事者が相互に考えるようになった段階で、相手方が反社会的勢力の構成員であることが判明した場合などには、正当な理由があると考えられる。

(3) 契約締結過程における情報提供義務

(A) 情報提供義務違反と信義則

上記のとおり、契約締結交渉を一方的に破棄した場合、契約締結上の過失が認められて損害賠償責任を負う可能性があるが、契約締結上の過失が認め

られるのは、そのような場合に限られない。契約締結上の過失責任は契約準備過程における信義則上の注意義務違反を根拠にするものであるから、契約準備過程において契約交渉の破棄以外の信義則上の注意義務違反があれば、それも賠償責任の発生原因になってしかるべきだからである。

その一類型として、上記中間試案が挙げる「契約締結過程における情報提供義務違反」がある。

(B) 判例

この点に関する判例には、以下のようなものがある。

(a) 説明義務違反を認めた判例

最高裁（最判平成 16・11・18 民集 58 巻 8 号 2225 頁）は、公営団地の建替に伴い、旧借家人が建替後の分譲住宅を購入するに当たり、未分譲の住宅については直ちに当該分譲価格と同等で一般公募を行うとの覚書を締結していたのに、バブル崩壊後の不動産価格の下落により、しばらく一般公募はなされず、最終的に 25% 以上分譲価格を引き下げて販売がなされたという事案について、以下のとおり判示し、売主の説明義務違反を認めて慰謝料の支払を命じた原判決を維持した。

> （中略）A は、被上告人らが、本件優先購入条項により、本件各譲渡契約締結の時点において、被上告人らに対するあっせん後未分譲住宅の一般公募が直ちに行われると認識していたことを少なくとも容易に知ることができたにもかかわらず、被上告人らに対し、上記一般公募を直ちにする意思がないことを全く説明せず、これにより被上告人らが A の設定に係る分譲住宅の価格の適否について十分に検討した上で本件各譲渡契約を締結するか否かを決定する機会を奪ったものというべきであって、A が当該説明をしなかったことは信義誠実の原則に著しく違反するものであるといわざるを得ない。そうすると、被上告人らが A との間で本件各譲渡契約を締結するか否かの意思決定は財産的利益に関するものではあるが、A の上記行為は慰謝料請求権の発生を肯認し得る違法行為と評価することが相当である。

(b) 説明義務違反を認めなかった判例

他方、最高裁（最判平成 15・12・9 民集 57 巻 11 号 1887 頁）は、火災保険契約を締結するに当たり、地震保険不加入欄に押印していた原告が、地震

第5章　契約交渉

により消失した自宅の火災保険を受けられなかったのは、地震保険不加入欄へ押印することの意味について十分説明を受けなかったからだとして、保険会社に慰謝料の支払いを求めた事案については、以下のとおり判示して、原告の請求を一部認容した原判決を破棄した。

> 　地震保険に加入するか否かの意思決定は、生命、身体等の人格的利益に関するものではなく、財産的利益に関するものであることにかんがみると、この意思決定に関し、仮に保険会社側からの情報提供が説明に何らかの不十分、不適切な点があったとしても、特段の事情が存しない限り、これをもって慰謝料請求権の発生を肯認し得る違法行為と評価することはできないというべきである。

　(c) 両判決の検討

　不法行為責任の有無は、侵害行為と被侵害利益との相関関係によって判断されるというのが有力な考え方であり（加藤一郎『不法行為（増補版）』37頁）、判例もそれをそのような判断の枠組みを採用することがある。[42] 前掲最判平成16・11・18と最判平成15・12・9とで結論を分けたのは、説明の不十分性（侵害行為）の程度もさることながら、意思決定の自由の侵害（被侵害利益）の程度において、分譲マンションの購入と地震保険への加入では、前者の方が大きいという価値判断があったものと思われる。

　(C) 説明義務の主体

　なお、最高裁（最判平成18・6・12判時1941号94頁）は、銀行の担当者が顧客に対し、銀行からの借入により顧客の所有地に建物を建築した後、敷地の一部を売却して借入金の返済に充てるという計画を提案したところ、売却予定地が建築予定の建物の敷地として二重に使用されていたことから売却ができず、予定した返済資金を確保できなくなったという事案について、以下のとおり判示して、原告の銀行に対する損害賠償請求を棄却した原判決を破棄した。

42　景観利益は法的保護に値するとしながら、侵害行為の態様や程度が社会的相当性を欠くものでないとして、マンション建設会社の不法行為責任を否定した国立高層マンション事件判決（最判平成18・3・30民集60巻3号948頁）参照。

> 　借入金の返済可能性は借受人が検討すべきであり、もともと銀行に説明義務があるとはいえない。しかし、本件の場合、銀行の担当者が建築会社の担当者を紹介し、敷地の一部を売却することで返済資金を捻出する計画を説明したというのであるから、事情によっては、銀行にも信義則上の説明義務が認められる余地がある。

　これは、一義的に情報提供義務を負うのは建設会社であるが、建築資金を融資する銀行にもそれと同様の責任が生じる場合があるとしたものである。

　これと同趣旨の判例として、宅地建物取引業者が、業務において密接な関係にある売主から委託をうけて、売主と一体となって、売買契約の締結手続のほか、買主に対する引渡を含めた一切の事務を行い、買主においても、当該宅地建物取引業者をマンション販売に係る事務を行う者として信頼したうえで売買契約を締結した等の事情の下においては、当該宅建物取引業者には、信義則上、売主と同様の情報提供義務があるとしたもの（最判平成17・9・16 判時 1912 号 8 頁）がある。

（D）補足説明

　この点に関する補足説明は以下のとおりである（補足説明 343 頁ないし345 頁）。情報提供義務の要件についての考え方が示されている。

> 　（中略）情報提供義務の要件として、まず、情報を提供する側の当事者がその情報を知っているか、知ることができたことが必要であるとしている。当事者が知り得ない情報についてまで情報提供義務を負担させることはできないから、知り得ない情報が除外されているのは当然である。
> 　当該情報を現に知っていた場合だけでなく、現実には知らないが知ることができた場合にまで情報提供義務を負うことがあるか。例えば専門家がその専門性を理由として情報提供義務が課される場合に、情報収集義務を怠ってその情報を知らなかったときには情報提供義務を負わないのは不合理な場合がある。例えば、フランチャイズ契約の締結に当たって、フランチャイザーが不正確な売上予測情報を示したためにフランチャイジーが損害を被った場合に損害賠償を認容した裁判例があるが、このような場合には、フランチャイザーは正確な情報を知っていたわけではない。
> 　（中略）これまで信義則を根拠として情報提供義務が課されてきたのは、契

約を締結するかどうか、どのような条件で契約を締結するかを適切に判断することができるようにするためであると考えられる。そこで、その情報が契約締結の可否又は契約条件の判断に影響を与えないものについては、情報提供義務の対象から除外されることになる。

判断に影響するかどうかは、その当事者が適切に判断できるかどうかを問題にするものであるから、情報を受けるべき個別の当事者を基準として判断されるのであり、取引通念など従って客観的に判断されるのではない。

（中略）当事者が情報提供義務を負うためには、その情報が相手方の判断に影響することをその当事者が知っている必要がある。情報提供義務は、従来信義則を根拠に認められてきたが、契約の当事者の態度が信義則に反すると言えるためには、少なくとも、その情報が相手方の判断に影響することを知っていたか知り得たことにもかかわらず、その提供を怠ったことが必要であると考えられるからである。

（中略）問題となる情報を相手方が自ら取得することが期待されるのであれば、相手方以外の者に情報提供を義務付ける必要はないからである。

相手方が自ら取得することを期待できない場合の典型としては、当該相手方にとって、当該情報を取得することが不可能又は著しく困難である場合が挙げられる。また、その相手方が調査を尽くせばその情報を取得することが著しく困難であるとまでは言えない場合であっても、取引通念上、同種の取引において相手方の立場に置かれた者がそのような情報収集を行うべきであると一般に解されていない場合も、「期待することができない」に該当する。

相手方自身に情報収集を期待することができるかどうかは、契約の性質、当事者の知識及び経験、契約を締結する目的、契約交渉の経緯その他当該契約に関する一切の事情に照らして判断される。「契約の性質」として、例えば、その取引が複雑で専門的なものか、それとも一般的・日常的に行われている取引か、投機的な取引など当事者が損害を被るリスクの高いものであるかどうか、そのリスクが一般に認知されているかどうか等が考慮されることになると考えられる。「当事者の知識及び経験」としては、例えば、その取引について専門的な知識や経験を有する者であるかどうか、その契約を締結するかどうかを適切に判断するために必要な情報の収集手段を有しているかどうか、職業、教育歴等を考慮することになると考えられる。

（中略）取引において、一方が他方に対して情報において優位にあることを利用して利益を得ることは、それ自体としては信義則に反するものではない。一方当事者が有する情報を他方当事者に有償で提供するという契約もあり、（中略）このような場合に情報提供義務を認めてはその取引自体が成り立たない。また、情報の提供そのものが契約の内容になっている場合でなくても、ビ

> ジネスにおいては、努力して情報を取得した者がその努力に応じて有利な立場で取引を行うことができるのは自由競争の範囲内であり、むしろ望ましいことであると言える。
>   そこで、(中略) その情報を知らずに契約をすることによって相手方に生ずる不利益を負担させることが相当でない場合に限って、情報提供義務が生ずることとしている。

(4) 契約締結上の過失による損害賠償の範囲

(A) 履行利益

契約締結上の過失の場合、契約は成立していないので、契約が成立したことを前提とする損害は発生しない。たとえば、売買契約の不履行の場合、契約が履行されれば転売して利益を得たはずだからその利益（これを「履行利益」という）を賠償しなければならないが、契約締結上の過失の場合、契約は成立しておらず、相手方に履行義務はないので、履行利益の賠償を求めることはできないということである。

この点について、最高裁（最決平成16・8・30民集58巻6号1763頁）は、レター・オブ・インテント（後記5参照）に定める独占交渉義務違反による損害賠償の範囲について、以下のとおり判示している。

> （中略）本件基本合意書には、抗告人及び相手方らが、本件協働事業化に関する最終的な合意をすべき義務を負う旨を定めた規定はなく、最終的な合意が成立するか否かは、今後の交渉次第であって、本件基本合意書は、その成立を保証するものではなく、抗告人は、その成立についての期待を有するにすぎないものであることが明らかである。そうであるとすると、相手方らが本件条項に違反することにより抗告人が被る損害については、最終的な合意の成立により抗告人が得られるはずの利益相当の損害とみるのは相当ではなく、抗告人が第三者の介入を排除して有利な立場で相手方らと交渉を進めることにより、抗告人と相手方らとの間で本件協働事業化に関する最終的な合意が成立するとの期待が侵害されることによる損害とみるべきである。

(B) 信頼利益

契約が成立するものと信じて支出した費用等、相手方が契約交渉過程において実際に被った損害（これを「信頼利益」という）は賠償の対象となる。この点につき、前掲最決平成16・8・30は「最終的な合意が成立するとの期待が侵害されることによる損害」という言い方をしているが、たとえば、不動産の売買契約の場合、現地調査費用、鑑定費用などがそれに当たるし、機械の売買契約であれば、開発・設計費用、部品代、金型代などが含まれることになろう。

契約交渉期間中の社員の給与はどうか。これも契約締結を信じて会社が負担した費用だから、信頼利益として賠償すべきだという議論もあり得よう。しかし、社員の給与は会社との雇用契約によって発生するのであり、その契約交渉のために発生するのではないから、特段の事情のない限り、賠償の対象にはならないと思われる。

(C) 慰謝料

以上は財産的損害に関するものであるが、精神的損害（苦痛）ももちろん賠償（慰謝料）の対象になる（民法710条）。上記 (3)(B)(a) の最高裁判決も認めるところである。

(5) 契約締結上の過失の法的性質

(A) 不法行為か債務不履行か

契約締結上の過失により当事者は損害賠償義務を負うが、これは不法行為責任なのか債務不履行責任なのかという問題がある。

不法行為による損害賠償債務は、被害者又はその法定代理人が損害及び加害者を知った時から3年又は不法行為の時から20年で時効にかかる（民法724条）が、債務不履行による損害賠償債務の時効期間は、原則として損害賠償債務の発生を知ってから5年又は発生してから10年（同法168条1項）である。そこで、債務不履行か不法行為かで事件の結論が異なる場合が生じ得る。

信用協同組合に対する出資者が、信用組合が破綻して出資金の払戻しを受

けられなくなったことから、出資勧誘の際の説明義務違反を主張して損害賠償請求をしたが、既に不法行為による損害賠償請求権の時効が成立していたという事案について、原審は、債務不履行責任が成立するとして請求を一部認容したのに対し、最高裁（最判平成 23・4・22 民集 65 巻 3 号 1405 頁）は、以下のとおり判示して、原判決を破棄した。

> 契約の一方当事者が、当該契約の締結に先立ち、信義則上の説明義務に違反して、当該契約を締結するか否かに関する判断に影響を及ぼすべき情報を相手方に提供しなかった場合には、上記一方当事者は、相手方が当該契約を締結したことにより被った損害につき、不法行為による賠償責任を負うことがあるのは格別、当該契約上の債務の不履行による賠償責任を負うことはないというべきである。
> なぜなら、上記のように、一方当事者が信義則上の説明義務に違反したために、相手方が本来であれば締結しなかったはずの契約を締結するに至り、損害を被った場合には、後に締結された契約は、上記説明義務の違反によって生じた結果と位置付けられるのであって、上記説明義務をもって上記契約に基づいて生じた義務であるということは、それを契約上の本来的な債務というか付随義務というかにかかわらず、一種の背理であるといわざるを得ないからである。契約締結の準備段階においても、信義則が当事者間の法律関係を規律し、信義則上の義務が発生するからといって、その義務が当然にその後に締結された契約に基づくものであるということにならないことはいうまでもない。

契約上の債務が発生していない以上、契約締結上の過失（説明義務違反）は、不法行為責任であるというのが最高裁の立場といえる。

(B) 安全配慮義務

前掲最判平成 23・4・22 は「契約上の付随義務」という用語を使っているが、これは、契約には明示されずとも、信義則上、契約に付随して当事者に課される義務をいう。

その代表例として、雇用契約における使用者の労働者に対する安全配慮義務がある。使用者は、労働者に対し、雇用契約上の本来的な債務としての賃金支払義務を負うだけではなく、付随義務として、労働者に対して適切な労働環境を確保し、労働者の生命、身体の安全を確保すべき義務があるとされているのである。

第 5 章　契約交渉

最高裁（最判昭和 50・2・25 民集 29 巻 2 号 143 頁）は、職務遂行中に事故死した自衛隊員の両親が、国に対して不法行為による損害賠償請求をしたという事案について、原審が、不法行為による損害賠償請求権は時効により消滅したとして請求を棄却したのに対し、国は、公務員の生命及び健康等を危険から保護するよう配慮すべき義務を負っており、このような安全配慮義務違反による損害賠償請求権の消滅時効は 10 年であると判示して、原判決を破棄した[43]。最高裁は、国が安全配慮義務を負う根拠について、以下のとおり判示している。

> （中略）安全配慮義務は、ある法律関係に基づいて特別な社会的接触の関係に入った当事者間において、当該法律関係の付随義務として当事者の一方又は双方が相手方に対して信義則上負う義務として一般的に認められるべきものであつて、国と公務員との間においても別異に解すべき論拠はな（い）。

(C) 関係的契約理論

前掲最判昭和 50・2・25 は、ある法律関係に基づいて特別な社会的接触の関係に入ったことをもって付随義務が発生する根拠とした。だとすれば、契約締結の前にもそのような「社会的接触の関係」を観念できれば、そこに付随義務の発生を認めることができるはずではないかという議論が当然に出て来る。

契約締結上の過失は債務不履行だとする考え方は、このような契約上の付随義務が契約成立前にも発生することを認めるものである。

ただ、これには理論的な難点があると思われる。本書の冒頭で、契約の拘束力を正当化するのは当事者の意思である、当事者が自由な意思によって義務を負うことを約束したからそれに拘束される、これは「人は自らの意思にのみ拘束される」という近代的自由主義の帰結である、という説明をした（第 1 章 2）。しかるに、契約が成立していない段階では、当事者は契約上の義務を負担する意思がないからである。

契約準備段階に入ったというだけで契約上の責任を負うことを認めようと

43　旧民法 167 条 1 項。

すれば、契約の拘束力の根拠を当事者の意思に置くという伝統的な考え方を根本的に変えなければならない。この点について、内田貴東京大学名誉教授は、次のように述べている（内田貴『民法Ⅲ［第3版］債権総論・担保物権』14頁）ので、参考までに紹介する。

「契約関係を、ことごとく個人の意思に還元し、その背後の社会関係から孤立して捉える近代法的な契約観は、実は、取引の現実に適合したものではない。現実の取引の多くは、様々な規範意識を共有する共同体（取引共同体）の中で行われている。当事者の意思も、そのような文脈の中において解釈されるべきだし、明示的な意思がなくても、その共同体に内在する規範に当事者が拘束されるのは、ごく自然のことのように思われる。新たな契約上の義務は、これらの内在的な規範の法の次元への反映と見るべきではないか、というのが私の考え方である（関係的契約理論と呼ばれる理論）」

5　レター・オブ・インテント

(1) 意義と効力

(A) 意義

契約交渉がある一定の段階まで至ったとき、当事者間でそれまでに一応の了解を得た事項をまとめた書面を作成することがある。この書面をレター・オブ・インテント（Letter of Intent：LOI）という。メモランダム・オブ・アンダスタンディング（Memorandum of Understanding：MOU）と呼ばれることもあり、日本語で「基本合意書」という言い方がなされることもある。

交渉が長期化する場合や、複雑な法律関係について協議する場合などに作成されるものであり、その典型例としてはM&Aがある。M&Aの場合にはレター・オブ・インテントが作成されるのが普通である。

(B) 事実上の効果

レター・オブ・インテントは最終契約そのものではないし、最終契約の締結を当事者に義務付けるものでもない。レター・オブ・インテントにおいて、当該書面には法的拘束力がない旨をわざわざ明記することもある。

しかし、レター・オブ・インテントを作成することにより、最終契約を成立させる道義的な義務があるという認識が当事者間に生まれ、また、契約成立に向けての期待が株主や債権者等の第三者にも生じるので、それが契約締結に向けた圧力になるという事実上の効果がある。

しかも、レター・オブ・インテントを作成した後に取引計画を公表した場合、その後に契約交渉が不首尾に終わると、当事者に何か不都合な点が発見されたからではないかという風評が立つ可能性があるので、それを避けるためにはある程度の譲歩は仕方がないと考えるようになる。

このように、レター・オブ・インテントは契約締結を促進させる要因にもなるのである。

また、いったんレター・オブ・インテントに記載した事項については、これを最終契約で変更することが事実上困難になるという効果もある。

(C) 契約締結上の過失との関係

なお、相手方が契約の成立が確実であると信じ、かつ契約の性質、当事者の知識及び経験、交渉の進捗状況その他交渉に関する一切の事情に照らしてそのように信ずることが相当であると認められる場合において、その当事者の一方が、正当な理由なく契約の成立を妨げたときは、その当事者の一方は、契約締結上の過失に基づく損害賠償義務を負うことがある。この点は既に述べたとおり（上記4）であるが、レター・オブ・インテントが作成されるということは、契約が成立すると信じることが相当と認められる事情のひとつといえる。

(2) 最終契約との関係

(A) 問題の所在

レター・オブ・インテントには、最終契約書の内容となる事項の全部又は

一部が書かれるのが普通であり（後記文例参照）、最終契約が成立したかのような外観を呈することになる。そこで、レター・オブ・インテントそのものが、契約書と同等の効力を有すると解される可能性がある。

以下、この点が争われた判例について述べることとしたい。

(B) 米国の判例

この点に関する米国の判例として有名なのがテキサコ対ペンズオイル事件判決（Texaco, Inc. v. Pennzoil Co., 729 S. W. 2d 768, writ of error refused, 748 S. W. 2d 631 (Tex. 1988), cert. dismissed, 485 U. S. 994 (1988)）である。

事案は以下のようなものであった。

いずれも石油会社であるペンズオイルとゲッティ・オイルは、M&Aに関するレター・オブ・インテント（実際の名称は「Memorandum of Agreement」であった）を作成し、取締役会の承認を経てその旨の報道発表がなされた。しかるに、最終契約書が調印される前に、ゲッティ・オイルは別の石油会社であるテキサコとM&A契約を締結し、ペンズオイルとの交渉を破棄した。

第一審裁判所の陪審員は、ペンズオイルとゲッティ・オイルとの間に契約が成立していたと判断し、テキサコが故意にペンズオイルの契約上の権利を侵害したとして、賠償金の支払を命じた。テキサス州控訴裁判所も、原審の判断を維持したが、その中で、レター・オブ・インテントが作成されたにとどまる場合であっても、最終契約書の調印を待たずに契約が成立する場合のあることを認めた。その判示の一部を日本語に訳して引用する。

> （中略）非公式の約束に拘束されるか、正式に調印した契約書にのみ拘束されるかは、当事者に任意の選択権がある。有効な契約が何時成立するかを決定するについて強調されるべきは当事者の意思であって、形式ではない。
> 　契約の成立に適用されるルールを決めるのは当事者が表現した意思である。意思を判断するに当たって裁判所が考慮すべきなのは、当事者の発言と行動である。なぜなら、それらが意思の客観的な徴表となるからである。（中略）ただ外部に現れた意思の表現のみが考慮される。内心に秘められた意思あるいは主観的な意思は、当事者が拘束されるか否かの問題にとっては取るに足りないものである。

第5章　契約交渉

> 　正式な署名のある契約書にのみ拘束されるとの意思を当事者が有しているか否かを判断するには、いくつかの要素が総合的に考慮される。①契約書にのみ拘束されるという権利を明文で留保したかどうか、②契約の成立を否定する当事者が契約の一部を履行したかどうか、③契約に必須な条項の全てが合意されていたかどうか、④取引が複雑又は重要であるがゆえに、契約書を作成することが通常予期されるものであるかどうか、である。

　本件では、M&Aという重要な契約である（上記考慮要素④に該当する）にもかかわらず、正式な契約書がないまま契約の成立が認められたのであるが、この点について裁判所は次のように判示している。

> 　確かに、本件取引の重要性に鑑みると、通常は契約書への調印が期待されよう。しかし、本件においては、陪審員の推認を支える十分な証拠がある。まず、メモランダム・オブ・アグリーメントは、ゲッティ・オイルの株主の多数によって支持され、代金の増額とともに取締役会が承認したものである。また、事前に合意された事項を記録するための協議が進行中であった。これらは契約成立に対する期待が満たされている理由となるものである。

(C) 我が国の判例

　我が国の判例でも、レター・オブ・インテントと解される文書がある場合に、契約が成立したか否かが争われた事案に関するものがある。その内容は、以下のとおりである。

- 株式譲渡によるM&Aの基本合意書で譲渡株式数と価格について特定されていたものの、文言上は譲渡価格等について交渉の余地を残しており、当事者から「今回は基本合意書締結に留める」という意思表明があったという事案で、当事者間に的確な合意ができていないとして、株式譲渡契約の成立を否定したもの（東京地判平成17・7・20判時1922号140頁）。
- 外国法人と日本法人との間でソフトウェアの独占販売に関するメモランダム・オブ・アンダスタンディングが作成されたものの、それは、数時間の交渉で了解に達した事項をホテルの備え付け用紙にメモで箇条書きしたものに過ぎず、その後当事者間で詳細な条項を含む契約書案のやりとりがなされた

> という事案について、ソフトウェアのソースコードに関するライセンス契約については詳細な条項を含む契約書を交わすのが通常であることから、メモランダム・オブ・アンダスタンディングが法的拘束力を有する契約とは認められないとしたもの（東京高判平成 12・4・19 判時 1745 号 96 頁）。

いずれも、レター・オブ・インテントに記載された条項の趣旨・文言、作成経緯、取引慣行等から当事者の意思を推認し、最終契約の成否を判断しているものといえる。

(3) 文例

以下は、株式譲渡による M&A に関するレター・オブ・インテントの文例である。

> ○○株式会社（以下「甲」という）と○○株式会社（以下「乙」という）及び○○株式会社（以下「丙」という）は、甲が丙の発行済株式の全部を乙から買い取ること（以下「本件取引」という）につき、以下のとおり合意する。
> 第 1 条（本件取引）
> 1　甲は、自ら又は子会社をして、乙の所有する丙の発行済株式の全部（以下「本件株式」という）を本合意書の定める条件で買い取る意向を有し、乙はこれを了承している。
> 2　本件株式の買取価格は金○○円（以下「本件価格」という）であり、甲は乙に対し、甲乙協議の上設定したクロージング日までに全額を支払う。
> 3　丙の取締役○名及び監査役○名は甲の指名によるものとする。
> 4　丙の取締役である A は、第 2 項のクロージング後速やかに退任し、丙は A に対し、退職慰労金として金○○円を支払う。
> 第 2 条（有効期間）
> 　　本合意書の有効期間は、平成○年○月○日（以下「本件期日」という）または本件取引に関する最終的かつ確定的な契約書（以下「最終契約書」という）が作成された日のいずれか早い日までとする。
> 第 3 条（買収監査）
> 1　甲は、本合意書締結後、本合意書の有効期間が満了するまでの間に、甲及びその選任する弁護士、公認会計士、M&A アドバイザー等により、丙の事

業内容及び財務内容等について調査を行うことができる。この場合、丙はそれに協力しなければならない。
2 前項の調査により、本件株式の評価に影響を与える重要な事項が発見された場合、本件価格は当該事項に応じて修正される。

第4条（誠実交渉義務）
　　甲と乙は、本件期日までの間、最終契約書を作成すべく誠実に交渉する。

第5条（独占交渉義務）
　　乙は、本合意書の有効期間内において、甲以外の第三者との間で、本件株式の全部又は一部の譲渡、丙の行う増資の引受、丙との合併、丙の事業の全部又は一部の譲渡、その他丙の経営権の移転を伴う一切の行為につき、交渉し、または契約その他一切の法律行為を行ってはならない。

第6条（違約金）
　　乙が前条の義務に反した場合、甲に対し違約金として金○○円を支払う。

第7条（善管注意義務）
　　本合意書の有効期間中、丙は、増減資、多額の借財その他丙の事業内容及び財務内容に大幅な変更を加える行為をしてはならない。ただし、甲乙が合意したものについてはこの限りではない。

第8条（公表）
　　甲乙丙は、他の当事者の書面による同意のない限り、本件取引の内容及び本件取引に基づく交渉の事実について公表してはならない。ただし、法令に基づく場合はこの限りでない。

第9条（秘密保持義務）
　　甲乙丙は、他の当事者から開示された情報を秘密として保持し、開示者の書面による同意なく第三者に漏洩してはならない。ただし、本件取引に関与する役員、従業員、弁護士、会計士、M＆Aコンサルタントについてはこの限りでない。この場合、被開示者は、これらの者にも自己と同一の秘密保持義務を課さなければならない。

第10条（費用負担）
　　本合意書及び本件取引によって生ずる費用については、甲乙各自の負担とする。

第11条（法的拘束力）
1　第1条は法的拘束力を有せず、甲乙はともに最終契約書を作成する義務を負わない。
2　第1条以外の条項は全て法的拘束力を有するものとする。

(A) 法的拘束力

よく「レター・オブ・インテントは法的拘束力を有しない」といわれるが、それは、最終契約が成立していないというにとどまり、レター・オブ・インテントの中に、それ自体として法的拘束力ある条項を挿入することは何ら問題がない。これは契約の自由の原則の適用範囲である。

文例では、第11条2項により、第1条以外の条項は全て法的拘束力を有するものと定めてあるので、第1条以外の全ての条項について当事者はそれを遵守する義務があり、その違反は債務不履行となる。

このような法的拘束力に関する明示の規定がない場合には、条項の趣旨・文言、作成経緯等から法的拘束力の有無を個別に判断するほかないが、文例にあるような、誠実交渉条項（第4条）、独占交渉条項（第5条）、秘密保持条項（第9条）などは、通常法的拘束力を有するものと解されている。

逆に「本合意書は法的拘束力を有しない」という条項が定められている場合であっても、上記のような誠実交渉義務、独占交渉義務、秘密保持義務は法的拘束力を有するというべきであろう。

(B) 誠実交渉条項

これは、契約締結上の過失（前記4参照）の根拠となる契約締結過程における信義則上の義務を明文で規定したものといえる。信義則上の義務を明示の合意事項まで格上げしたものであるから、当然法的拘束力があると考えられている。

(C) 秘密保持条項

これは、契約締結交渉過程で提供される営業秘密について、それを第三者に開示しない義務を当事者双方に負わせるものである。

株式譲渡契約の場合、株式発行会社の財務、法務、ビジネスについて買収監査（デュー・ディリジェンス）を実施し、譲渡対価の相当性や譲渡によるリスク等を検討する必要があるが、その際に開示される会社の営業秘密を秘匿しておく必要があるために規定される。秘密保持条項が法的拘束力を持つべきなのは、その目的から明らかである。

なお、秘密保持条項については、レター・オブ・インテントとは別に秘密保持契約書が作成されることの方が多い。秘密保持契約については既に述べ

第5章　契約交渉

た（第3章3）。

　秘密保持義務の対象としては、営業秘密だけでなく、契約の内容及び契約交渉を行っていること自体を含めることがある。文例の第8条はそのことを示している。

　当事者の一方又は双方が上場会社であるときは、証券取引所が求める適時開示との関係が問題になる。東京証券取引所の有価証券上場規程402条は、上場会社の運営、業務若しくは財産又は上場株券等に関する重要な事項であって投資者の投資判断に著しい影響を及ぼすものを行うことを決定した場合、直ちにその内容を開示しなければならないと定めている。投資家に適切な判断材料をタイムリーに提供し、市場の公正性と健全性に対する信頼を確保することを目的とするものであり、これを適時開示という。

　文例にあるような株式譲渡によるM&Aは、適時開示の対象になる会社の重要事項であることが多く、また、レター・オブ・インテントを作成すれば「決定」したと認められることも多いと思われる。しかし、機が熟さぬうちにM&Aが公表されれば、社内外の反対派による巻き返しに遭うであろうし、株価が大きく変動して対価に影響することなどにより、円滑な交渉の妨げになるおそれがある。その結果、交渉が頓挫することもあり得るので、当事者が公表の時期にこだわるのにはそれなりの理由がある。

　この点について、東京証券取引所『会社情報適時開示ガイドブック（2014年6月版）』には、次のような見解が述べられている。

　「合併等の組織再編を行うことについて決定をした場合には直ちにその内容を開示することが義務づけられており、一般に、LOI（契約趣意書）の締結やMOU（基本合意書）の締結などを行い、当該組織再編を実行することについて事実上決定した場合は、その時点において適時開示することが必要となります。ただし、例えば、LOIやMOUの締結が単なる準備行為に過ぎないものであったり、交渉を開始するに当たっての一定の合意でしかなく、その成立の見込みが立つものでないときや当該時点で公表するとその成立に至らないおそれが高いときまで、適時開示することが求められるものではありません」

(D) 独占的交渉条項
　(a) 意義
　独占的交渉条項とは、レター・オブ・インテントを作成した当事者が第三者と交渉することを禁ずる条項である。
　契約交渉に入った当事者は、費用をかけて交渉したにもかかわらず、相手方が第三者と契約を締結することによってそれまでの費用が無駄になることを避けるために、独占的交渉条項をレター・オブ・インテントに記載したいと考える。このような当事者の期待は法的に保護されるべきであるから、仮に、独占的交渉条項の法的拘束力について定めがなかったとしても、特段の事情のない限り、その法的拘束力は認められて然るべきである。
　(b) 住友信託対UFJ事件（保全の必要性）
　レター・オブ・インテントにおける独占的交渉条項が問題となった事案に住友信託対UFJ事件がある。
　UFJグループと住友信託銀行とがM&Aの交渉を行い、その過程で作成された基本合意書には独占的交渉条項があったにもかかわらず、UFJグループが三菱東京ファイナンシャルグループとM&Aの協議を開始したので、住友信託銀行がUFJグループを相手取って、三菱東京ファイナンシャルグループと協議を行うことの差止を求める仮処分を申し立てたという事案に関するものである。
　第一審は申立を認容したが、第二審は、最終合意が成立する可能性がないので、独占的交渉義務は消滅したとして、第一審の決定を取り消して申立を却下した。これに対し、最高裁（前掲最判平成16・8・30）は、以下のとおり判示して、原決定を維持した。

> （中略）抗告人が被る損害の性質、内容が上記のようなものであり、事後の損害賠償によっては償えないほどのものとまではいえないこと、前記のとおり、抗告人と相手方らとの間で、本件基本合意に基づく本件協働事業化に関する最

44　最終的な合意が成立するとの期待が侵害されることによる損害であって、最終的な合意によって得られる利益ではないということ（前記4(4)参照）。

第5章　契約交渉

> 終的な合意が成立する可能性は相当低いこと、しかるに、本件仮処分命令の申立ては、平成18年3月末日までの長期間にわたり、相手方らが抗告人以外の第三者との間で前記情報提供又は協議を行うことの差止めを求めるものであり、これが認められた場合に相手方らの被る損害は、相手方らの現在置かれている状況からみて、相当大きなものと解されること等を総合的に考慮すると、本件仮処分命令により、暫定的に、相手方らが抗告人以外の第三者との間で前記情報提供又は協議を行うことを差し止めなければ、抗告人に著しい損害や急迫の危険が生ずるものとはいえず、本件仮処分命令の申立ては、上記要件を欠くものというべきである。

つまり、最高裁は、本件仮処分（仮の地位を定める仮処分）の申立の要件である保全の必要性（第4章3（4）（E）参照）の疎明がないので、被保全権利があるかどうかにかかわらず、仮処分の申立に理由がないとしたのである。

(c) 被保全権利

上記のとおり、最高裁は、住友信託銀行の申立には保全の必要性がないと判断したのであるが、被保全権利の観点からは、①独占的交渉義務はいかなる場合に消滅するのか、②独占的交渉義務に反した場合に第三者との交渉を差し止めることができるのか、という問題がある。

①の問題について、最高裁は以下のとおり判示している（ただし、結論としては、最終的な合意が成立する可能性がないとはいえないので、独占的交渉義務は消滅していないとしている）。

> （中略）本件条項は、両者が、今後、本件協働事業化に関する最終的な合意の成立に向けての交渉を行うに当たり、本件基本合意書の目的と抵触し得る取引等に係る情報の提供や協議を第三者との間で行わないことを相互に約したものであって、上記の交渉と密接不可分なものであり、上記の交渉を第三者の介入を受けないで円滑、かつ、能率的に行い、最終的な合意を成立させるための、いわば手段として定められたものであることが明らかである。したがって、今後、抗告人と相手方らが交渉を重ねても、社会通念上、上記の最終的な合意が成立する可能性が存しないと判断されるに至った場合には、本件条項に基づく債務も消滅するものと解される。

②の問題ついては、最高裁は判断していないと見るのが適切である（「最高裁判所判例解説民事篇平成 16 年度（下）」533 頁）。

この場合、第三者と協議をしないことを合意している以上、協議を差し止める権利があるのは当然ではないかと思われるかも知れないが、必ずしもそうとはいえない。

確かに、民法 414 条 1 項は、債務者が任意に債務の履行をしないときは、債権者は、その強制履行を裁判所に請求することができると定めている。しかし、これは、直接強制が可能な「与える債務」については当然当てはまるが、直接強制ができない「なす債務」については、全てがそうだとは言い難いからである。同条ただし書も「債務の性質がこれを許さないときは、この限りでない」としている。

英米法では、非金銭債権の不履行については、裁判所は原則として損害賠償を命じることができるだけであり、義務の履行を強制することはできないとする法理がある（ゴードン・D・シェーバー＝クロード・D・ローワー・（内藤加代子訳）『アメリカ契約法』188 頁）。これは、英米法がコモンローとエクイティという二つの制度を持つ沿革によるものであるが、大陸法を基礎とするユニドロワ原則も、以下のとおり、非金銭債権については一定の場合にそれを行使できない場合があることが認めている。

第 7.2.2 条（非金銭債務の履行）
　金銭の支払以外の債務を負う債務者がそれを履行しないときには、債権者はその履行を請求することができる。ただし、以下の各号のいずれかに該当するときはこの限りではない。
　(a)　履行が法律上、または事実上不可能であるとき。
　(b)　履行または履行の強制が、不合理なほどに困難であるか、費用のかかるものであるとき。
　(c)　債権者が、他から履行を得ることが合理的にみて可能であるとき。
　(d)　履行が、当該債務者のみがなし得る性格のものであるとき。
　(e)　債権者が、不履行を知り、または知るべきであった時から合理的な期間内に履行を請求しないとき。

(E) 買収監査

最後に文例の第3条にある「買収監査」について説明する。

(a) 意義

M&Aに関して当事者間にレター・オブ・インテントが作成されると、買主は、対象会社から詳細な資料の提供を受け、担当者へのインタビューを行うなどして調査を行う。これが「買収監査」であり、通常「デュー・ディリジェンス」と呼ばれる。

デュー・ディリジェンスの目的は、主として、買収対価（対象会社の企業価値の査定）が適正か否か、買収を不可能若しくは困難にするような障碍があるかないか等を判断することにある。

M&Aに関する最終契約書は、デュー・ディリジェンスに基づき作成されるので、デュー・ディリジェンスの結果、レター・オブ・インテント作成時に合意した内容について見直しがなされることがある。個別の条項だけでなく、M&Aの手法（事業譲渡、株式譲渡、合併、会社分割、株式交換・株式移転等）自体が見直されることもあり、さらに、買収自体を断念することもありうる。

デュー・ディリジェンスの対象は、主として、財務状況（ファイナンシャル・デュー・ディリジェンス）、事業収益力（ビジネス・デュー・ディリジェンス）、法的リスク（リーガル・デュー・ディリジェンス）の三つであるが、最近では、これにITや環境問題のデュー・ディリジェンスが加わることもある。

(b) 買主の取締役の善管注意義務

デュー・ディリジェンスをめぐる法律問題に関しては、まず、デュー・ディリジェンスを行う側（買主側）の取締役の善管注意義務（忠実義務）がある。デュー・ディリジェンスの目的は、対象会社の事業価値を査定し、隠された法的リスクを掘り起こすこと等により、買主が不測の損害を被らないようにすることにある。したがって、デュー・ディリジェンスが十分でないこと（事業価値の査定が高すぎる、高額な簿外債務を見落とす等）により買主に損害が発生すれば、買主の取締役が株主代表訴訟によって責任追及を受ける虞がある。

5 レター・オブ・インテント

　朝日新聞がソフトバンク・マードックグループらから全国朝日放送の株式を購入したことについて、買取価格が不当に高額であったとして、取締役に対して損害賠償を請求する株主代表訴訟が提起された事案について、大阪地裁は、次のとおり判示している（大阪地判平成11・5・26判時1710号153頁）。

　　（中略）いわゆる非上場株式である本件株式を実質的に買い取るに当たっては、朝日新聞社の経営目標における本件株式取得の必要性を考慮しつつ、相手方との交渉を経て決定されるものであるとすると、右価額の評価自体、正に、長期的な視野に立って、諸事情を総合考慮して行うべき場合であり、専門的かつ総合的な経営判断が要求されるというべきものであって、取締役らに委ねられる裁量の範囲も広いと解せられる。
　　（中略）朝日新聞社は、マードック側が本件株式を譲渡する可能性があるという確度の高い情報を入手すると、社長秘書役の山本を中心とするプロジェクトチームに指示して、まず、ソフトバンクらが旺文社から本件株式を実質的に買い取った際の価格（中略）を慎重に確認させた。しかも、ソフトバンクらとの間で基本的な合意が成立した後、君和田、山本並びに朝日新聞社の経理・法務部門の担当者、顧問会計事務所及び顧問弁護士からなる約10名の交渉団が、ソフトバンクらの交渉団（弁護士及び公認会計士を含む）との間で、本件株式の譲渡契約の交渉を行うに当たっても、まず、ソフトバンクらが旺文社から本件株式を実質的に買い取った際の契約書、支払通知書等の一次資料を精査し、ソフトバンクらが旺文社に対して支払った金額（中略）を再度確認している。
　　しかも、ソフトバンクらは、旺文社から実質的に買い取った際の価格と同額以上の価格でなければ本件株式を朝日新聞社に実質的に譲渡しないとの強い意向を表明し、これに固執していた。非上場株式を相対交渉で買い取るに当たり、相手方が当該株式をわずか九か月前に買い取り、四か月前にその代金の決済を終えたばかりである場合に相手方が右買取価格を最低額として固執することは自然であるから、朝日新聞社としては、ソフトバンクらが要求する最低条件で本件株式を実質的に買い取るか、買取りを断念するかを決断せざるを得なかったのである。
　　（中略）朝日新聞社の長期的経営計画において欠くべからざるものであるという経営判断に立ち、本件株式をソフトバンクらの買取価格と同一の価格で買い取ったこと（本件取引）は、その裁量の範囲を逸脱するものではないものと言うべきである。

第5章　契約交渉

この事件では、取締役、経理・法務部門の担当者、顧問会計事務所及び顧問弁護士からなるプロジェクトチームを組織して、適正なデュー・ディリジェンスを実施したということが、取締役の経営判断の正当性を基礎づける事情のひとつとされている。

(c) 売主の情報開示義務

デュー・ディリジェンスを受ける側（売主側）の問題として、売主には対象会社の情報を買主に開示する義務があるのかということがある。この点については、対等な契約当事者間における私的自治の原則により、売主には原則として情報提供義務はなく、買主の自己責任において契約締結の有無を決すべきであるというのが、裁判所の基本的な考え方ということができる。

業務及び資本提携に基づき株式の譲渡がなされた後、対象会社に粉飾決算があったことが判明し上場廃止となったため、買主が対象会社とその取締役に対し、粉飾決算について告知すべき義務を怠ったとして損害賠償を請求した事案について、東京地裁は、以下のとおり判示している（東京地判平成19・9・27判時1987号134頁）。

> 企業間の買収については、私人間の取引であることから私的自治の原則が適用となり、同原則からは、買収に関する契約を締結するに当たっての情報収集や分析は、契約当事者の責任において各自が行うべきものである。そうだとすると、情報収集や分析が不十分であったなどのために契約当事者の一方が不利益を被ったとしても、当該不利益は当該当事者が自ら負担するのが原則であると解するのが相当である。したがって、企業買収において資本・業務提携契約が締結される場合、企業は相互に対等な当事者として契約を締結するのが通常であるから、上記の原則が適用され、特段の事情がない限り、上記の原則を修正して相手方当事者に情報提供義務や説明義務を負わせることはできないと解するのが相当である。

このように、デュー・ディリジェンスは買主の自己責任において実行されなければならず、売主に情報開示義務はないうえ、そもそも、デュー・ディリジェンス自体万能なものではない。そこで、最終契約において、売主による表明保証責任を定め、デュー・ディリジェンスを補完する必要がある。この点は既に述べた（第3章9(4)）。

判例索引

大判大正 6・2・24 民録 23 輯 284 頁 …………………………………27
大判大正 6・5・28 評論 6 巻民訴 291 頁 ……………………………248
大判大正 6・6・27 民録 23 輯 1153 頁 ………………………………74
大判大正 7・10・3 民録 24 輯 1852 頁 ………………………………27
大判大正 9・11・15 民録 26 輯 1779 頁 ………………………………73
大判大正 10・3・15 民録 27 輯 434 頁 ………………………………121
大判大正 10・5・17 民録 27 巻 929 頁 ………………………………75
大判大正 15・11・25 民集 5 巻 11 号 763 頁 ………………………74、76
大決昭和 5・9・30 民集 9 巻 11 号 926 頁 …………………………236
大判昭和 10・4・25 新聞 3835 号 5 頁 …………………………5、95、236
大判昭和 10・7・15 民集 14 巻 1401 頁 ………………………………113
大判昭和 17・9・30 民集 21 巻 911 頁 ………………………………31
大判昭和 19・6・28 民集 23 巻 387 頁 ………………………………19
最判昭和 29・2・12 民集 8 巻 2 号 465 頁 …………………………28
最判昭和 29・6・22 民集 8 巻 6 号 1170 頁 …………………………56
最判昭和 29・11・26 民集 8 巻 11 号 2087 頁 ………………………29
最判昭和 30・7・15 民集 9 巻 9 号 1069 頁 …………………………56
最判昭和 30・10・7 民集 9 巻 1616 頁 ………………………………37
最判昭和 31・3・30 民集 10 巻 3 号 242 頁 …………………………233
最判昭和 31・12・6 民集 10 巻 12 号 1527 頁 ………………………74
最判昭和 32・7・5 民集 11 巻 7 号 1193 頁 …………………………43
最判昭和 32・11・29 民集 11 巻 12 号 1994 頁 ………………………60
最判昭和 32・12・19 民集 11 巻 13 号 2299 頁 ………………………28
最判昭和 33・5・23 民集 12 巻 8 号 1105 頁 ………………………58
最判昭和 33・6・14 民集 12 巻 9 号 192 頁 ………………………28、226
最判昭和 33・7・1 民集 12 巻 11 号 1601 頁 ………………………31
最判昭和 34・5・14 民集 13 巻 5 号 609 頁 …………………………66
最判昭和 35・2・2 民集 14 巻 1 号 36 頁 …………………………26

293

最判昭和 35・3・18 民集 14 巻 4 号 483 頁	35
最判昭和 35・6・2 集民 42 号 75 頁	94
最判昭和 35・10・14 民集 14 巻 12 号 2499 頁	55
最判昭和 35・10・18 民集 14 巻 12 号 2764 頁	58
最判昭和 35・10・21 民集 14 巻 12 号 2661 頁	57
最判昭和 35・11・29 民集 14 巻 13 号 2869 頁	75
最判昭和 36・11・21 民集 15 巻 10 号 2507 頁	73、74
最判昭和 36・12・12 民集 15 巻 11 号 2756 頁	58
最判昭和 37・5・29 民集 16 巻 5 号 1226 頁	99
最判昭和 38・6・13 民集 17 巻 5 号 744 頁	35
最判昭和 38・9・5 民集 17 巻 8 号 909 頁	54
最判昭和 38・11・28 民集 17 巻 11 号 1446 頁	26
最判昭和 39・4・2 民集 18 巻 4 号 497 頁	58
最判昭和 39・5・12 民集 18 巻 4 号 597 頁	93
最判昭和 40・4・22 民集 19 巻 3 号 703 頁	36
最判昭和 40・9・10 民集 19 巻 6 号 1512 頁	29
最判昭和 40・9・22 民集 19 巻 6 号 1600 頁	52、197
最判昭和 40・9・22 民集 19 巻 6 号 1656 頁	52、197
最判昭和 41・3・18 民集 20 巻 3 号 451 頁	26
最判昭和 42・4・6 民集 21 巻 3 号 533 頁	73
最判昭和 42・4・20 民集 21 巻 3 号 697 頁	54
最判昭和 42・11・14 民集 21 巻 3 号 697 頁	25
最判昭和 42・12・21・集民 89 号 457 頁	92
最判昭和 43・3・15 民集 22 巻 3 号 587 頁	226
最判昭和 43・11・1 民集 22 巻 12 号 2402 頁	209
最判昭和 43・12・25 民集 22 巻 13 号 3511 頁	52
最判昭和 44・7・25 判時 574 号 26 頁	59
最判昭和 44・11・14 民集 23 巻 11 号 2023 頁	24
最判昭和 44・11・27 民集 23 巻 11 号 2301 頁	55
最判昭和 44・12・19 民集 23 巻 12 号 2539 頁	58
最判昭和 45・4・16 民集 24 巻 4 号 266 頁	26

最判昭和 45・6・24 民集 24 巻 6 号 625 頁	208
最判昭和 45・7・24 民集 24 巻 7 号 1116 頁	26
最判昭和 45・7・28 民集 24 巻 7 号 1203 頁	60
最判昭和 45・9・22 民集 24 巻 10 号 424 頁	26
最判昭和 45・11・26 集民 101 号 565 頁	92
最判昭和 46・6・3 民集 25 巻 4 号 455 頁	59
最判昭和 47・1・25 判時 662 号 85 頁	145
最判昭和 47・3・2 集民 105 号 225 頁	93
最判昭和 47・9・7 集民 26 巻 7 号 1327 頁	66
最判昭和 48・3・16 金法 683 号 25 頁	15
大阪地判昭和 48・10・9 判時 728 号 76 頁	249
最判昭和 48・12・11 民集 27 巻 11 号 1529 頁	53
最判昭和 49・3・22 民集 28 巻 2 号 368 頁	59
最判昭和 49・9・2 民集 28 巻 6 号 1152 頁	31、66
最判昭和 49・9・26 民集 28 巻 6 号 1213 頁	31
最判昭和 50・2・20 民集 29 巻 2 号 99 頁	74
最判昭和 50・2・25 民集 29 巻 2 号 143 頁	278
最判昭和 50・3・6 民集 29 巻 3 号 220 頁	36
東京高判昭和 50・6・30 判時 790 号 63 頁	96
東京地判昭和 51・3・19 下民集 27 巻 1〜4 号 125 頁	245
最判昭和 52・2・22 民集 31 巻 1 号 79 頁	69
大阪地判昭和 52・12・22 判タ 361 号 127 頁	247、249
東京高判昭和 53・7・19 判時 904 号 70 頁	24
最判昭和 55・9・11 民集 34 巻 5 号 683 頁	26
最判昭和 56・4・25 民集 29 巻 4 号 481 頁	69
最判昭和 56・7・2 民集 35 巻 5 号 881 頁	245
最判昭和 56・10・16 民集 35 巻 7 号 1224 頁	243
最判昭和 57・3・30 民集 36 巻 3 号 484 頁	115、116
東京高決昭和 58・1・19 判時 1076 号 6 頁	122
最判昭和 58・6・7 民集 37 巻 5 号 611 頁	248
最判昭和 59・9・18 判時 1137 号 51 頁	268

大阪高判昭和 60・12・20 無体裁集 17 巻 3 号 614 頁 ……………………194
最判昭和 61・5・29 判時 1196 号 102 頁 ……………………………………39
最判昭和 61・11・20 民集 40 巻 7 号 1167 頁 ………………………………38
東京地判昭和 62・6・23 判時 1240 号 27 頁 ………………………………249
最判昭和 62・7・7 民集 41 巻 5 号 1133 頁 ……………………………63、64
札幌高決昭和 62・9・3 判時 1258 号 76 頁 …………………………………78
最判昭和 62・11・10 民集 41 巻 8 号 1559 頁 ………………………………99
東京地判平成 1・5・30 判時 1348 号 91 頁 ………………………………250
東京地判平成 1・6・19 判タ 703 号 240 頁 ………………………………249
最判平成 1・9・14 判時 1336 号 93 頁 ………………………………………28
最判平成 1・12・14 民集 43 巻 12 号 2051 頁 ………………………………39
最判平成 2・2・22 商事法務 1209 号 49 頁 …………………………………50
東京地判平成 5・9・27 判時 1474 号 25 頁 …………………………………80
最判平成 5・12・16 判時 1489 号 114 頁 ……………………………………28
最判平成 6・1・20 民集 48 巻 1 号 1 頁 ……………………………………52
最判平成 6・4・19 民集 48 巻 3 号 922 頁 …………………………………60
最判平成 6・4・22 民集 48 巻 3 号 944 頁 …………………………………36
東京高判平成 6・9・14 判時 1507 号 43 頁 …………………………………80
最判平成 7・7・7 金法 1436 号 31 頁 ………………………………………24
東京地判平成 7・12・13 判タ 938 号 160 頁 ………………………………118
東京地判平成 7・12・26 労判 689 号 26 頁 …………………………………7
最判平成 8・6・18 判時 1577 号 87 頁 ………………………………………28
最判平成 8・11・12 民集 50 巻 10 号 2673 頁 ……………………………74、77
東京高判平成 8・12・18 金法 1511 号 61 頁 ………………………………201
最判平成 9・2・14 民集 51 巻 2 号 337 頁 …………………………………66
最判平成 9・2・25 判時 1599 号 66 頁 ……………………………………100
最判平成 9・7・11 民集 51 巻 6 号 2530 頁 ……………………………247、249
最判平成 9・7・11 民集 51 巻 6 号 2573 頁 ……………………………247、249
最判平成 9・9・4 民集 51 巻 8 号 3657 頁 ………………………………244
東京高判平成 9・9・18 高民集 50 巻 3 号 319 頁 …………………………247
最判平成 9・11・11 民集 51 巻 10 号 4055 頁 ……………………………243

最判平成 10・4・28 民集 52 巻 3 号 853 頁 …………………………247、248、249
最判平成 10・12・18 民集 52 巻 9 号 1866 頁 …………………………………81
最判平成 11・2・23 民集 53 巻 2 号 193 頁 ……………………………………36
大阪地判平成 11・5・26 判時 1710 号 153 頁 ………………………………291
東京高判平成 12・4・19 判時 1745 号 96 頁 …………………………………283
最判平成 13・3・27 民集 55 巻 2 号 434 頁 ……………………………………44
最判平成 13・6・11 判時 1757 号 62 頁 ………………………………………39
最判平成 14・6・13 判時 1816 号 25 頁 ………………………………………92
最判平成 14・7・11 判時 1805 号 56 頁 ………………………………………28
最判平成 15・4・18 民集 57 巻 4 号 366 頁 ……………………………………38
最判平成 15・12・9 民集 57 巻 11 号 1887 頁 …………………………271、272
最決平成 16・8・30 民集 58 巻 6 号 1763 頁 …………………………275、276
最判平成 16・11・18 民集 58 巻 8 号 2225 頁 …………………………271、272
東京地判平成 17・7・20 判時 1922 号 140 頁 ………………………………282
最判平成 17・9・16 日判時 1912 号 8 頁 ……………………………………273
大阪地判平成 17・9・16 判時 1920 号 96 頁 ………………………………82、83
東京地判平成 18・1・17 判時 1920 号 136 頁 ………………………………200
最判平成 18・2・23 民集 60 巻 2 号 546 頁 ……………………………………27
最判平成 18・3・28 判時 1950 号 167 頁 ……………………………………69
最判平成 18・3・30 民集 60 巻 3 号 948 頁 …………………………………272
東京地判平成 18・5・30 判時 1954 号 80 頁 …………………………………106
最判平成 18・6・12 判時 1941 号 94 頁 ……………………………………272
最判平成 18・9・4 判時 1940 号 30 頁 ………………………………………268
最判平成 18・11・27 民集 60 巻 9 号 3437 頁 …………………………………47
最判平成 19・2・27 判時 1964 号 45 頁 ……………………………………269
最判平成 19・4・3 民集 61 巻 3 号 967 頁 …………………………………205
福岡高判平成 19・6・19 判タ 1244 号 213 頁 ………………………………78
東京地決平成 19・8・28 判時 1991 号 89 頁 ………………………………245
東京地判平成 19・9・27 判時 1987 号 134 頁 ………………………………292
最判平成 21・4・17 民集 63 巻 4 号 535 頁 ……………………………………53
最判平成 22・6・1 民集 64 巻 4 号 953 頁 …………………………………146

大阪地判平成 22・6・10 金法 1913 号 112 頁 …………………………………24
最判平成 22・10・14 集民 235 号 21 頁 ……………………………………168
東京地判平成 22・12・22 判時 2118 号 50 頁 ………………………………120
最判平成 23・4・22 民集 65 巻 3 号 1405 頁 ………………………………277
最判平成 23・7・15 民集 65 巻 5 号 2269 頁 …………………………………45
東京地判平成 23・7・28 判時 2143 号 128 頁 ………………………………83
札幌高判平成 23・7・29 判時 2133 号 13 頁 …………………………………78
最判平成 26・4・24 民集 68 巻 4 号 329 頁 …………………………………246

事項索引

数字・アルファベット

BATNA（Best Alternative To a Negotiated Agreement） 258、259

CMS：Cash Management System 220

Letter of Intent：LOI 279

M&A（Merger and Acquisition）契約 195

Memorandum of Understanding：MOU 279

Whereas Clause 111

ZOPA（Zone Of Possible Agreement） 259

ア 行

与える債務 237、289

斡旋 124

誤った表示でも害を与えない 16、41、93

安全配慮義務 277

依拠性 193

意思主義 5、22、27

意思と表示の不一致 22

意思の合致 16

意思の自由 23

意思の不合致 19、29、93

意思の不存在 23

慰謝料 271、272、276

意匠権 193

移送 229

一時的契約 15

一般条項 111

委任契約 50

委任状 94

違約金 47

違約金条項 21

印影 93

印鑑証明書 94

印章 94

ウィン・ウィン型交渉 258

請負と雇用の区別 161

請負と売買の区別 160

売主の知る限り 202

営業の自由 179

営業秘密 131

英米法 6、96

応訴管轄 229、230、242

カ 行

解雇 68

外国判決の執行 242、248

外国判決の承認 246、248

外国法の証明 245

解除 73、113

買取請求権 213

299

事項索引

既判力　233
改変　187
解約権の留保　72、113
解約申入れ　72、81
改良技術　182
価格調整条項　198
確定　147
確定判決と同一の効力　125、227、
　　232、233、235
確定判決の執行力　233
確認機能　87
隠れた瑕疵　104、143
瑕疵　89、143
瑕疵ある意思表示　30
貸金業の登録　219
貸金業法　219
瑕疵担保責任　89、200
過失相殺　201
加入電話約款　44
カフェー丸玉事件　5、24、95、236
株式　210
株式会社　207
株式買取請求権　197
株式の譲渡制限　212
株主総会　214
株主総会決議の取消原因　218
可分性　130
仮差押　115、240
仮執行宣言付支払督促　235
仮処分　115、239
仮の地位を定める仮処分　241

過料　136
簡易裁判所　228
関係的契約理論　279
慣行　97
監査役　217
間接管轄　246
間接強制　236、237、238
間接取引　51
完全合意　117
完全合意条項　97
関連会社　212
期間満了　72、112
企業買収　116、117
企業秘密　131
議決権行使の拘束　215
議決権拘束契約　218
危険負担　67、70、148、162
技術又は職業の秘密　136
偽造　94
起訴前の和解　227
規範的解釈　40、43
基本契約　139
基本合意書　279
基本代理権　58
義務履行地　229
欺罔行為　30
客観的瑕疵概念説　146
キャラクター　184
求償　150、177
競業　51
競業取引　51

競業避止義務　197
強行規定　34
強行規定違反　34
競合的合意管轄　121
強制執行　235
強制執行の停止　236
鏡像理論　17
共通の意思　16、40、95
共通の理解　41
強迫　30
虚偽表示　23
拒否権　219
銀行振込　140
近代的自由主義　5
口約束　95
クロージング　198
経営判断　83、292
経験則　92、93
形式的証拠力　22、91、92、93、94
形式秘　133
芸娼妓契約　37、38
係争物に関する仮処分　240
継続性原理　79
継続的契約　15、112
継続的取引　77
継続的売買契約　103、139
契約関係継続義務　79
契約期間　112
契約金　173
契約自由の原則　32、33、95
契約準備段階における信義則上の注意義務　268
契約上の付随義務　277
契約締結過程における情報提供義務　267、270
契約締結上の過失　266、280
契約締結上の過失の法的性質　276
契約締結の自由と契約交渉の不当破棄　268
契約の意義　4
契約の解釈　8、40
契約の成立　16
契約の成立と無効　20
契約の不成立　19、21
契約の無効　19
契約不適合　165
契約不適合と未完成の区別　165
欠陥　149
決議要件　214
欠席判決　230
厳格な地域制限　153
権限外の行為の表見代理　58
検査受忍義務　175
検査通知義務　145
検査役の調査　210
現実の引渡　141
原始定款　209
検収　164
顕出　93
原状に復させる義務　75
現状有姿（AS IS）　202
現物出資　209

301

顕名　50
権利外観法理　55
権利金　172
権利者の許諾　185
権利処理　185
権利の放棄　129
権利表示　190
権利保護資格要件　31
権利濫用　81
合意解除　71
合意管轄　121、229、242
合意優先の原則　33
効果意思　16、23
合資会社　206
交渉術　254
交渉戦術　259
公証人の認証　209
交渉倫理　264
公序良俗　247
公序良俗違反　37
更新拒絶　72、77、106、112
更新料　45
公正競争阻害性　179、180、183
公正証書　97
更生手続開始　115
公正取引委員会　136
口銭　166
控訴　233
拘束条件付取引　155、181
拘束的取引　153
合同会社　206

口頭証拠の原則　117
口頭の契約　95
口頭弁論　230
合弁契約　206
合弁契約の地位の承継　214
合名会社　206
効力規定　35
子会社　212
小切手訴訟　234
顧客吸引力　184
国際裁判管轄　243
国際商業会議所（International Chamber of Commerce）　250
国際商事仲裁協会　250
国際仲裁　250
国際仲裁機関　250
国際的合意管轄　122
国際的訴訟競合　230、242、249
国際取引紛争　242
告知　16、78
互譲　124
個別契約　139
個別的仲裁　123、250
コモンローとエクイティ　289

サ　行

在学契約の解除　47
再許諾　172、187
債権者主義　67、69、71、149
債権者の危険負担　67
債権の発生原因　4

催告解除　76
催告権　62
在庫処分　192
在庫処理　159
財産引受　209
最終準備書面　233
採証法則　92
最低保証料　174
裁判官は法を知る　245
裁判所書記官　235
裁判籍　228、242
債務者主義　67、68、70、149、162
債務者の危険負担　67、68
債務の性質が強制執行を許さないとき　236
債務不履行による解除　73
債務名義　235
裁量移送　229
詐欺　30
詐欺防止法　96
先物取引　39
作為債務　237
錯誤　27、226
指図による占有移転　141
サブ・ライセンス　187
始期　87
時機に後れて提出した攻撃防御方法　231
指揮命令　161
事業譲渡　197
事業譲渡契約　196

事業用借地権契約　96
資金調達　219
市場取引の原則　33
市場における有力な供給者　153、155
指針　179、180、181、182、183
自然債務　236
下請　167
下請負人　168
示談　225
示談契約　225
執行開始の要件　66
執行決定　125
執行証書　226
実施　169
実施権の許諾　169、171
実質的証拠力　92
実質秘　133
支店　50
自動更新　112
支配人　50
支払停止　116
支払督促　235
事物管轄　228
私文書の真正の推定　21
資本維持の原則　212
資本金　210
資本金の額　212
資本準備金　212
氏名表示権　190
社会的妥当性　37

303

事項索引

借地借家法　34、106
借家契約　81、106
集合動産譲渡担保　99
集中証拠調べ　231、232
重複起訴の禁止　230、249
重要な財産の処分　52
就労債務　68
主観的瑕疵概念説　146
授業料　47
授権資本制度　211
授権表示　57
主張責任　20
主張立証責任　20、61、64、90
出資額　206、209
出資比率　211、212
出所表示　190
守秘義務　134
受領遅滞　71
純売上　103、170、173
準拠法　126、242、244
少額訴訟　234
消化仕入れ　103
償還　68
条件　169
条件と期限　169
商号　208
商号専用権　208
証拠価値　22、91、93
上告　233
証拠契約　90、97、118
証拠力　91

証紙（シール）　191
少数株主　219
少数株主損益　212
上訴　233
譲渡禁止　126
譲渡担保　99
商取引の迅速主義　143、146
使用人　50
商人　142
商人間の売買　89、145
証人尋問　231
消費者契約　45
消費者契約法　9、45
消費者の利益を一方的に害する条項　45
商標　156
商標権　185
商品化　101、184
情報開示義務　292
情報管理責任者　134
情報の非対称性　83
証明力　91
条理　243
商流　166
食品衛生法　35
書式の戦い　17、263
処分禁止の仮処分　241
処分証書　92
署名又は押印　93
書面によらない保証契約　96
所有権留保　147

自力救済　106
自力執行　106
真意　22
侵害行為によって製造された物品の廃棄　178
侵害行為の差止　178
信義誠実義務　264
信義誠実の原則（信義則）　11、43、45
信義則違反　81
紳士協定　7
心証を開示　232
審尋　136
真正に成立　21、91
信頼関係　114
信頼関係の破壊　78
信頼利益　276
心裡留保　23、54
推薦入学　48
住友信託対 UFJ 事件　287
請求異議　236
請求異議の訴え　236
製作物供給契約　159
清算条項　226
誠実交渉条項　285
製造委託　172
製造物責任　149
正当事由　61、77、81
制度的仲裁　123、250
誓約（Covenant）　202
誓約条項　202

責任財産　239
責任地域制　153
説明義務違反　271
設立　207
設立時発行株式　211
セル・オフ　159、192
ゼロ・サム型交渉　258
善意の第三者　24、25、26、53、127
専属管轄　121、230
専属的合意管轄　122
前文　111、196
専有　169
占有移転禁止の仮処分　240、241
占有改定　141
専用実施権　171
争議行為　69
相互主義　248
捜索差押令状　136
相対的記載事項　209
争点整理　231
相当因果関係　150
双務契約　14、65
遡及効　75
遡及的に消滅　75
即時取得　148
組織再編　195
訴訟上の請求　230
訴訟上の和解　232
訴訟物　230
即決和解　227
損害賠償の予定　47、89、205

損失保証契約　38
存続規定　128
存続上の牽連性　68

タ　行

大学対抗交渉コンペティション
　264
対価の柔軟化　196
対抗要件　31
第三者異議　236
第三者異議の訴え　236
対処義務　150、177
代替執行　237、238
代替的作為債務　237
代表　49
代表権　49
代表権の制限　51
代表権の濫用　53
代表取締役　49
対面販売　80
ダイヤルQ^2　44
代理　49
代理権　49
代理権授与の表示による表見代理
　56
代理権消滅後の表見代理　59
代理権の濫用　53
代理店契約　78、154
多額の借財　52
諾成契約　15
諾否の通知義務　142

足して二で割る　258
断行の仮処分　241
地域外顧客への販売制限　153
チェンジ・オブ・コントロール条項
　116
遅延損害金　89
知的財産の利用に関する独占禁止法上
　の指針　179
中間試案　40、79、83、267
中間利益　69
仲裁　123、227
仲裁機関　123
仲裁合意　123
仲裁人　227
仲裁判断　123
仲裁判断の承認　125
仲裁判断の承認・執行　250
注文請書　141
注文書　141
調査嘱託　136
調停　124、227
調停案　227
調停委員会　227
調停調書　227
帳簿保存義務　175
直接管轄　246
直接強制　237
直接取引　51
著作権　100、185
著作権譲渡契約　100
著作権表示　190

著作者人格権　101、187、188
著作者の名誉又は声望　188
著作物性　193
著作物の利用許諾　101
陳述書　231、232
追認　62
追認拒絶　62
通常実施権　171
通知　129
定款　209
定款所定の目的　208
定期行為　74
定期借地権契約　96
定期建物賃貸借契約　96
定型条項　9、17
定型取引　10、11
定型取引合意　10
定型約款　9
定型約款準備者　10
停止期限　87
停止条件　168
定足数　214
手形　140
手形訴訟　233
手形判決　233
テキサコ対ペンズオイル事件　281
適時開示　286
適式な呼出　246
敵対的買収　117
出来高報酬　163
手付　99

デッドロック　216
デュー・ディリジェンス　132、197、200、285
テレビ番組のキャラクター　194
同一性保持権　101
登記　31
登記事項　49
動機の錯誤　27
東京地方裁判所厚生部事件　56
統合型交渉　258
同時履行の抗弁権　65
到達主義　129
登録　171、185、190、193、219
登録原簿　186
独占的許諾　172、180、187
独占的交渉条項　287
独占的販売権　153
独占的販売代理店　77
独占的販売店　153
督促手続　235
特定物　69
特別決議　197
特別裁判籍　229
特約店契約　80
独立当事者　130
土地管轄　228、242
特許権者　169
特許発明　169
取消　62
取消権　62
取締規定　35

307

取締役　216
取締役会　216
取締役会の承認　51
取締役の経営判断　292
取締役の善管注意義務（忠実義務）
　290
取引の安全　23、24、27、28、31、55、59

ナ　行
内心の意思　22
内容の錯誤　27
なす債務　237、289
二次的著作物の利用に関する原著作者
　の権利　100
二重起訴の禁止　230
二段階の推定　93
日本海運集会所　250
入学金　47
入学辞退　48
入金リンク　168
任意管轄　228
任意規定　34
任意的記載事項　209
農地売買契約　99
ノウハウ　137、169
「ノック・アウト」理論　18

ハ　行
買収監査　132、197、285
排除措置　178
排他条件付取引　155

破産申立　115
パススルー課税　206
発行価額　211
発行可能株式総数　211
発信主義　129
発生障害事由　61、64、90
発生事由　61、64、90
パブリシティの権利　185
払込剰余金　212
判決　233
反証　94
反対給付　67、68、70
反対尋問　231
販売拠点制　153
販売店（代理店）契約　151
非金銭債権の不履行　289
非代替的作為債務　237
必要的移送　229
必要的記載事項　207、209、210
非独占的販売権　153
非独占的販売店　153
被保全権利　288
秘密保持契約　131
秘密保持条項　285
表意者に重大な過失　28
表意者保護　28、30
表見支配人　55
表見代表取締役　55
表見代理　56
表見法理　55
表示主義　23

事項索引

表示の錯誤　27
表明保証　199
表明保証違反　200
表明保証条項　200
表明保証責任　292
不安の抗弁権　67
夫婦の同居義務　236
不確定期限　169
不可抗力　119
複製　101
附合契約　8
不公正な取引方法　152、179、180
不作為債務　237、238
不実の登記　26
不正競争防止法　131、185
不成立と無効　19
不争義務　137、181
普通裁判籍　229
物権の設定及び移転　70
不当な取引制限　80
不特定物売買　147
不返還特約　47、175
ブランド　156
不倫関係　38
文書送付嘱託　136
文書の提出命令　135
紛争処理法務　88
紛争予防機能　87
紛争予防法務　88
分配型交渉　258
平均賃金　69

平均的な損害　48
弁護士職務基本規程　264
弁護士費用　150
弁護士法　35
変態設立事項　209
片務契約　14
弁論主義　20
弁論準備手続　231
報告文書　92
方式主義　186
方式の自由　95
報酬　167
法人　206
法人格　206
法定解除権　72
法定管轄裁判所　122
法定利率　89
法的拘束力　4、8、20、285
法の適用に関する通則法　244
法律要件分類説　61
募集設立　207
保証　150
保証契約　98
保証債務の附従性　98
保全の必要性　240、287
保全命令　240
発起設立　207
発起人の報酬　209
翻案　101
翻案権　100
本店　50

309

事項索引

本店所在地　208
本来的解釈　40

マ 行

前借金　37
前払金　174
マーチャンダイジング　184
マーチャンダイジング（商品化）契約　184
見出し　131
ミニマム・ロイヤルティ　174、191
身分から契約へ　5
無益的記載事項　210
無過失責任　205
無限責任　206
無権代理人　62
無権代理人の責任　62
無催告解除　76
無償契約　14
無償行為　7
無方式主義　186
名義貸し　24
めくら判　20
メモランダム・オブ・アンダスタンディング　279
黙示の契約　95
目的外使用　137
元請負人　168

ヤ 行

約定解除権　72

約定利率　89
約款　7
やむを得ない事由　81
有価証券上場規程402条　286
有限責任　206
有限責任事業組合　206
有限責任事業組合契約に関する法律　206
友好的買収　117
有償契約　14
ユニオン・ショップ協定　39
ユニドロワ原則　9、16、17、41、118、289
要件事実　20
要証事実　92
要素の錯誤　27
要物契約　15

ラ 行

ライセンサー　169、185
ライセンシー　169、185
ライセンス契約　169
ラスト・ショット　18
ランニング・ロイヤルティ　172
利害相反取引　51
履行拒否権　70
履行上の牽連性　65
履行遅滞　74
履行不能　67、68、69、76
履行補助者　168
履行利益　275

立証機能　91
立証責任　20
留置権　65
流通・取引ガイドライン　152、153、155、156、157
流通・取引慣行に関する独占禁止法上の指針　152
留保解約権の行使　72、80
留保価格（Reservation Price）　259
利用許諾　101、137
レター・オブ・インテント　279

連結決算　212
ロイヤルティ　172、191
労働基準法　161
労働組合　39
ロックアウト　69

ワ　行

和解　178、232
和解勧告　232
和解契約　225
和解調書　227、232

著者略歴
昭和56年司法試験合格
昭和57年東京大学法学部卒
昭和59年司法修習終了（36期）
昭和59年〜平成8年裁判官（東京地裁、広島地裁、熊本地裁、最高裁家庭局）
昭和61年〜62年米国ワシントン大学ロースクール留学
平成2年〜4年郵政省出向（電気通信局課長補佐）
平成8年〜弁護士（丸の内法律事務所）
平成24年〜学習院大学法学部非常勤講師
［主要著作］
『企業法務判例クイックサーチ300』（レクシスネクシス・ジャパン、2013）
『企業顧問弁護士のための要件事実の作法』（レクシスネクシス・ジャパン、2016）
『損害賠償の法務』（勁草書房、2018）
『判例体系民事訴訟法編』（共著、第一法規）

契約の法務〔第2版〕

2015年8月20日　第1版第1刷発行
2019年1月20日　第2版第1刷発行

著　者　喜多村　勝　德

発行者　井　村　寿　人

発行所　株式会社　勁草書房
112-0005　東京都文京区水道2-1-1　振替　00150-2-175253
（編集）電話　03-3815-5277／FAX　03-3814-6968
（営業）電話　03-3814-6861／FAX　03-3814-6854
大日本法令印刷・中永製本所

©KITAMURA Katsunori　2019

ISBN978-4-326-40360-8　　Printed in Japan

＜出版者著作権管理機構　委託出版物＞
本書の無断複製は著作権法上での例外を除き禁じられています。
複製される場合は、そのつど事前に、出版者著作権管理機構
（電話　03-5244-5088、FAX　03-5244-5089、e-mail: info@jcopy.or.jp）
の許諾を得てください。

＊落丁本・乱丁本はお取替いたします。
http://www.keisoshobo.co.jp

喜多村勝德 著
損害賠償の法務
A5判・3,500円
ISBN978-4-326-40350-9

我妻榮＝良永和隆 著／遠藤浩 補訂
民法　第10版
B6判・2,300円
ISBN978-4-326-45111-1

髙橋淳＝松田誠司 編著
職務発明の実務Q＆A
A5判・4,500円
ISBN978-4-326-40348-6

今村与一 著
意思主義をめぐる法的思索
A5判・5,800円
ISBN978-4-326-40358-5

西埜章 著
損失補償法コンメンタール
A5判・13,000円
ISBN978-4-326-40359-2

道垣内弘人＝松原正明 編
家事法の理論・実務・判例2
A5判・4,000円
ISBN978-4-326-44965-1

――――――――― 勁草書房刊

表示価格は、2019年1月現在。消費税は含まれておりません。